皇城秘史

乾隆和他的妃子们

金满楼◎著

山西出版传媒集团
山西人民出版社

图书在版编目（CIP）数据

皇城秘史：乾隆和他的妃子们/金满楼著．—太原：山西人民出版社，2016.6
ISBN 978－7－203－09538－5

Ⅰ.①皇… Ⅱ.①金… Ⅲ.①皇室－史料－中国－清代 Ⅳ.①K827＝49

中国版本图书馆 CIP 数据核字（2016）第 058659 号

皇城秘史：乾隆和他的妃子们

著　　者：金满楼
责任编辑：李　鑫　翟丽娟
装帧设计：刘彦杰

出 版 者：山西出版传媒集团·山西人民出版社
地　　址：太原市建设南路 21 号
邮　　编：030012
发行营销：0351—4922220　4955996　4956039　4922127（传真）
天猫官网：http：//sxrmcbs. tmall. com　电话：0351—4922159
E — mail：sxskcb@ 163. com　发行部
sxskcb@ 126. com　总编室
网　　址：www. sxskcb. com

经 销 者：山西出版传媒集团·山西人民出版社
承 印 者：山西出版传媒集团·山西新华印业有限公司

开　　本：720mm × 1010mm　1/16
印　　张：20
字　　数：270 千字
印　　数：1—5 000 册
版　　次：2016 年 6 月　第 1 版
印　　次：2016 年 6 月　第 1 次印刷
书　　号：ISBN 978－7－203－09538－5
定　　价：39. 00 元

楔子

“杀子”疑云下的弘时之死

雍正元年（1723年）八月十七日，这一天是雍正生母、皇太后乌雅氏的出殡之日。当日上午，在皇太后梓宫恭送出宫后，京中各大臣奉命汇集于乾清宫西暖阁，等待雍正的上朝。

让众臣感到有些惊讶的是，一向不携细物的雍正这天却亲手捧了一个锦匣，其神色庄重，更是显得非同寻常。目睹此状后，极少数事前得到小道消息的大臣们暗自得意：不出所料，今日果然要宣布立储！

不过，消息灵通人士们只猜对了一半。这一天，雍正确实要宣布立储，密封的匣子里也确实放着立储文书，不过他只打算公布一半。按雍正的说法：立储之事，事关重大，昔日圣祖仁皇帝（康熙）为此心神憔悴，十余年中不能自安；“朕身为宗社之主，不得不预为之计”，今“特将此事亲写密封，藏于匣内，置之乾清宫正中、世祖章皇帝御书‘正大光明’匾额之后”；此处“乃宫中最高之处，以备不虞，诸王大臣咸宜知之，或收藏数十年，亦未可定”。

在众大臣没有异议的情况下，雍正命怡亲王允祥等总理事务四大臣留下，其他大臣先行退朝。随后，在雍正及四大臣的监督下，侍卫们搭起高梯，将密封锦匣小心翼翼地放置于乾清宫“正大光明”匾额之后，建储一事算是告一段落。

大体上说，雍正搞的这个“秘密建储”是两个“公开”与两个“不公开”：所谓“公开”，一是公开宣布已经建储，二是立储文书的存放地方公开；所谓“不公开”，则是立储文书不公开，储君（皇太子）是谁也不公开。

雍正之所以要这样做，主要是鉴于康熙朝储位不定而引发“九王夺储”的教训，其公布建储可以让大臣们人心思定，不公开储君又可避免皇子们骨肉相残及皇太子攘夺君权。更要紧的是，立储之后仍可更换人选，这实际上延长了皇子们之间的竞争，后者唯有时刻注意自己的言行，并尽可能展示自己更优秀的一面，方有机会成为皇位最有力的竞争者。

由此，“正大光明”匾额下的锦匣子成为宫中最神秘，也是诸皇子最为魂牵梦绕之处。因为大家虽然知道皇太子已经确定，但彼此间并不知道谁有这份幸运。

秘密建储的做法固然无懈可击，不过从立储的那一天起，身在局中、利益攸关的皇子们即已隐约猜到谜底，而有意无意中透出信息的不是别人，正是雍正自己。

元年正月，雍正在天坛行祭天祈谷之礼，以祷求丰年，这也是雍正登极后的首个大祀之典。事毕后，雍正将皇四子弘历召至养心殿，赐食一脔（即祭肉）。据后者的理解，这是父皇“为他日付托之本，志早先定，仰告昊苍，故俾承福受胙也”。

如果赐食祭肉还不为人知的话，那之后弘历受命前往景陵祭奠皇祖的举动就未免有些泄露天机了。当年十一月十三日是康熙皇帝的周年忌辰，按说该由雍正亲自前往致祭，但因为各种原因，年仅十三岁的弘历被命代其前往，而这离宣布秘密建储仅过了三个月。次年同日，弘历再次代其父前往景陵致祭。至此，即使再愚钝的人也该看出些名堂了。

对雍正的如此做法，最为敏感而又最为沮丧的大概就是弘历的兄长弘时了。

雍正子嗣并不旺，其一生共十个皇子，但未排序即夭殇的有四个，其他六个也仅有四个长大成年。按出生顺序，其皇长子弘晖生于康熙三十六年（1697年），系嫡福晋乌喇那拉氏所出，但弘晖八岁即告殇逝；与前者同年出生的弘昐三岁夭折，未能排序。

皇二子弘昀生于康熙三十九年（1700年），十一岁时夭折。

皇三子弘时生于康熙四十三年（1704年），系与弘昀同母（侧福晋李氏）所生。

皇四子弘历生于康熙五十年（1711年），生母钮祜禄氏。

皇五子弘昼与弘历同年（小三个月），生母耿氏。

其后年妃生福宜、福惠、福沛三子，但福宜、福沛都在降生不久即告夭折，均未及齿序。福惠倒是极得雍正欢心，可惜八岁时不幸殇逝。①

至于最小的皇六子弘瞻，其生于雍正十一年（1733年），因幼时一直住在圆明园，因而又被称为“圆明园阿哥”。这是后话。

由上可知，雍正即位后，弘时不仅是年龄最大的儿子，而且其生母李氏在雍邸时已是侧福晋，名分仅次于嫡福晋乌喇那拉氏；再者，弘时当年已满二十，且已有子嗣（其子永珅生于康熙六十年，即雍正长孙）。

以此分析，弘时无论从哪个角度来说都应是雍正立储的首要人选。但令其万分失望的是，雍正建储时却弃长择幼，选中了比弘时小七岁且生母地位低下的弘历——这究竟是为什么呢？

奇怪的事还在后头。大约在雍正二、三年间，弘时被交与廉亲王允禩为养子，而此时正是雍正即将围剿“八王党”的前夕。雍正四年（1726年）正月，廉亲王允禩被撤去黄带并从玉牒上除名，已为前者养子的弘时也在次月做了同样处理。当年九月，允禩死于禁所。一年后，已被赶出皇族的弘时也同样离世，死因不明。

让人有些匪夷所思的是，在一百五十九卷、一百三十余万字的雍正朝实录上，弘时及其死亡竟然不着一字，仿佛这个皇子根本就

①福惠生于康熙六十年，雍正六年(1728年)夭折。事后，雍正极为痛悼，特命“照亲王例殡葬”。雍正八年(1730年)，诚亲王允祉被罪时，其罪状即有：“前年八阿哥之事，诸王大臣无不深为悲悼。乃允祉欣喜之色倍于平时，存心阴险，莫此为什！此其恶逆之罪，法所难宥者一也。”乾隆继位后也曾说，“朕弟八阿哥，素为皇考钟爱”。

不存在，甚至连名字都不曾出现过一次。直到乾隆继位后，其在上谕中才稍稍透露了一点信息："从前三阿哥年少无知，性情放纵，行事不谨，皇考特加严惩，以教导朕兄弟等，使知儆戒。今三阿哥已故多年，朕念兄弟之谊，似应仍收入谱牒之内。著总理事务王大臣酌议具奏！"

这段上谕，被录入了乾隆朝实录。但除此外，清廷官修史书对此事再无任何新的信息。之后的《清史稿》，也以极简约的笔法对弘时做了如下记载："弘时，世宗第三子，早死，无嗣"；"弘时，雍正五年以放纵不谨，削宗籍，无封"。这无非是乾隆上谕的重复而已。

作为雍正的年长之子，弘时在官方记载上竟消失得如此彻底，这不免让后人多有猜疑。也正因为弘时之死是如此的云山雾罩，风行一时的电视剧《雍正王朝》中即编排了"雍正杀子"的情节，说弘时为争夺储位而派刺客前去刺杀弘历，阴谋被发现后，雍正下令将其赐死。临死前，弘时一再哀求父皇放过自己，但对争储之痛有切身体会的雍正却不松口，说："为了给弘历留下一个安定的基业，朕不能留你！"

《雍正王朝》中的"杀子"情节并非空穴来风，民国清史专家孟森先生即认为，"弘时长大，且已有子，忽于雍正五年八月初六日申刻以'年少放纵，行事不谨，削宗籍死'"；"夫'年少放纵，行事不谨'，语颇浑沦，何至处死，并削宗籍"？"世遂颇疑中有他故。"无独有偶，历史学者、爱新觉罗宗室后人金承艺先生也认为，弘时"不是被诛戮，就是被世宗赐令自尽"，而且死亡时间就在八月初六获罪除宗的这一天。

据查，以上两位先生的依据均源于1923年出版的《清皇室四谱》一书。此书著者唐邦治先生曾任清史馆协修，其书对清代皇室人物的记载最为详细。书中，唐先生明确指出，"皇三子弘时，……雍正五年丁未八月初六日申刻，以年少放纵，行事不谨，削宗籍死，年二十四。十三年十月，高宗即位，追复宗籍"。这大概是最早提出"雍正杀子说"的。

对于这种观点，清史专家杨珍提出了有力的质疑，其依据是台北故宫博物院中发现的雍正朝奏折，当时庄亲王允禄等奉命将雍正于四年二月十八日发布的上谕查明，曰：“弘时为人，断不可留于宫庭，是以令为允禩之子。今允禩缘罪撤去黄带，玉牒内已除其名，弘时岂可不撤黄带？著即撤其黄带，交与允祹，令其约束养赡。钦此。”

根据乾隆的意思，庄亲王允禄等提出的办理意见是：“三阿哥从前原因阿其那获罪株连，与本身获罪撤去黄带者不同。今已故多年，蒙皇上笃念兄弟之谊，欲仍收入谱牒，于情理允宜。应钦遵谕旨，将三阿哥仍载入玉牒。俟命下之日，交与宗人府办理可也。谨奏请旨。”乾隆接奏后批示：依议。①

据此可知，弘时在雍正四年（1726年）二月十八日被撤去黄带并玉牒除名，随后交由原履郡王允祹约束养赡，这距离其死亡尚有一年半时间。唐邦治先生误将其获罪原因等同于死因，或受乾隆上谕中“皇考特加严惩”一语误导，而孟森与金承艺两位先生可能是误引了唐老先生的论断。之所以如此，或许是因为乾隆朝实录在记载本事时只录乾隆上谕而将庄亲王允禄等人的相应奏折删去。而这种做法，从雍正朝实录及起居注删去有关弘时的一切信息来看，恐怕是乾隆有意而为之。由此，弘时之死成为一桩无头公案，也就不奇怪了。

由上可知，弘时确实因允禩一案被撤去黄带并玉牒除名，但这并非弘时的直接死因，更不能等同于被雍正即时处死。更何况，在雍正四年八、九月间，作为“八王党”首脑人物的允禟、允禩相继身亡，已被除籍的弘时苟全性命尚非易事，他如何可能掀起什么新的风浪？既然威胁不再，雍正何以会对弘时不依不饶，非要将其处死？这在情理上似乎有些说不过去。

不过，由于相关史料并未记载弘时究竟因何而死，那或许可以

①文中“阿其那”即允禩。故宫博物院（台北）：《宫中档雍正朝奏折》第26缉，第291页。转引自杨珍：《清朝皇位继承制度》，第403页。

推测：前者即使不是因为雍正下令处死，那他也极可能是因为父皇的如此待遇以致郁郁而终。以上推论如果成立的话，那么问题来了：雍正为什么要这样苛待自己的大儿子？

旅日清史学家杨启樵先生认为，弘时远在康熙时代就已失宠，父子矛盾已经表面化，雍正继位后也丝毫不掩饰对他的冷遇。从雍正元年“活计档”中对皇子的赏赐记载中可以发现，弘时只受赏过一次，远少于弘历与弘昼。至于“雍正杀子”的说法，杨先生认为并不可信，其提出的新看法是：弘时可能是因为行为极度不检而罹罪，一如康熙朝的废太子胤礽。①可惜的是，杨先生并未对此观点展开详细探讨。

说起弘时所受的冷遇，康熙五十九年（1720年）册封世子一事或可看出些端倪。当年十二月，诚亲王胤祉之子弘晟、恒亲王胤祺之子弘昇均被封为世子，而十七岁的弘时虽已到年龄但并未受封。按清制，世子是各亲王的指定继承人，十五岁以上即可册封，当时的雍正和胤祉、胤祺同为亲王，地位相当，弘时不封世子很可能是因为其父与康熙有所沟通而致。由此可见，此时的雍正即对弘时另有看法，这才导致后者被剥夺了册封为世子的资格。

当然，也不能一味地说雍正对弘时抱有成见，如为皇子聘请师傅之事，既可作为反证。雍正元年，安庆府教授王懋竑被选为弘时师傅，福建漳浦人蔡世远被选为弘历、弘昼师傅，入宫授读。王懋竑原籍江苏宝应，其自幼师从叔父、前朝状元王式丹，叔侄两代均有文名。王懋竑“精研朱子之学，身体力行”，据说曾为李光地、汤斌所称道。聘得如此鸿学宿儒，说明雍正此时对弘时仍抱有一定希望。

次年，王懋竑奔丧还乡，雍正令其“治丧毕即来京，不必俟三年满”，这也说明雍正对王懋竑的工作是满意的。是年暮冬，有从京师至江南办事的官员见到王懋竑，“促来春进京，且致三阿哥惓惓属望之意”。但奇怪的是，雍正三年八九月间，王懋竑扶病返京，但

①杨启樵:《揭开雍正皇帝隐秘的面纱》,第146页。

"养疴旅邸，不接一客"，半年后即休致归里。由此可见，弘时这时已经出事。[①]

王懋竑称病回乡，是否真是病体难支呢？答案恐怕是否定的，因为王懋竑直到乾隆六年（1741年）才去世，距其离京尚有十六年之久。耐人寻味的是，王懋竑乞假归里后即杜门谢客，十余年间唯埋首著书以自乐，但其著作除《白田草堂存稿》中提及雍正元年奉旨在三阿哥弘时处行走外，再无弘时的片言只语。如此看来，一生谨慎的王懋竑之所以来去匆匆，恐怕是因为看出弘时父子间的尖锐矛盾而不得不避祸远遁，以求逃脱事外了。

王懋竑离京之时，正是雍正打击"八王党"的最关键时期，而此时弘时也已被逐出宫并交与允禩为养子。正因为如此，一些论者多认为弘时因储位落空而全面倒向允禩等人，而后者也会利用各种机会予以拉拢，由此更激化了弘时与雍正的矛盾。

其中，孟森先生在论及弘时死因时，即认为与"世宗大戮其弟"有关。其表示："世宗处兄弟之酷，诸子皆不谓然。弘时不谨而有所流露，高宗谨而待时始发也。"换言之，当雍正在整肃允禩等人时，弘时极可能站在了其父的对立面并公开表示了对允禩等人的支持与同情，而这也可能是弘时被勒令改为允禩之子的原因之一。

弘时因支持乃父政敌而遭整肃的说法，逻辑上虽有一定的合理之处，不过缺乏相应的史料证明，如杨启樵先生即认为并无实据。

从时间线索来看，康熙晚年"九王夺嫡"的最高潮发生在"二废太子"期间，当时允禩虽处于声望的最高峰，但弘时尚且年幼，不太可能与允禩等人发生关系；等到康熙在世的最后几年，"八王党"的重心已移到十四阿哥允禵，弘时大概也不会去烧允禩的冷灶；至于雍正继位后，身为皇子的弘时应当知道其中的利害关系，即使储位落空，恐怕也不至于投向父皇政敌一边而自求速亡。由此，说弘时因对允禩等人产生好感而被罚为允禩之子，似乎也不尽合理。

①杨珍：《清朝皇位继承制度》，第410页。

坚持“雍正杀子说”的金承艺先生则认为，“八王党”被整肃时正是弘时成长过程中“反抗性最强的年代”，由此疾恶如仇并不计后果；在那种情形下，弘时对父皇有犯颜相抗的举动并给予后者不比寻常的困扰和羞愤，在无法抑制的激动和怒火下，弘时最终被除宗赐死。

为此，金先生还举出一个辅证，即弘时“被杀”一个月后，陕西兴汉镇总兵刘世明因其弟刘钖瑗涉嫌某罪案而自请处分，雍正在其奏折上有这样一段批语：“朕尚有阿其那、塞思黑等叛贼之弟，刘世明岂能保无锡瑗之兄弟乎？不但弟兄，便亲子亦难知其心术行事也。骨肉间原有两种——善缘、恶缘，所以释家言‘不是冤家不聚头’。”

金先生认为，雍正在批语中的满腔感慨，实际上是将弘时被严惩的原因做了一次约略的说明，而刘世明由是简在帝心，从此官运亨通，不数年升授福建巡抚，后来做到了福建总督。[①]这一说法，似乎也有些合理性。

有一种新的看法认为，引发弘时支持允禩与否分歧的原因，很可能是对允禄等人奏折的误读。原来，允禄等人转述的雍正原谕为满文，其全录译文为：“雍正四年二月十八日，召顺承郡王锡保、信郡王德昭、贝勒满都护、公讷图等入内面谕：尔等前为弘时请旨，时朕欲颁谕旨。朕稔知弘时，断不可留内，故特颁旨诸王大臣断决，以与允禩为子。今已将允禩治罪，掣回带子，从玉牒除名。弘时既与伊为子，不能不掣回弘时之带子，著将弘时带子掣回。（此为朕深思依理所办之事。）尔等勿得屡加（妄）奏。【治一小人罪时，朕亦慎重，惟恐受冤枉，岂有将弘时强行治罪之理?】（治允禩逐出宗室之罪，确实意外，此亦弘时之命。）弘时虽系允禩之子，若不交给他人管束，任其妄行，亦有关系脸面之处。【弘时】（其名亦令更

①金承艺:《关于清世宗皇三子弘时——看一代帝王的家庭悲剧》,台湾《故宫季刊》第15卷,第2期。

改，将此）交付允祹，虽非叔子，仍准管养之。”①

由此可知，弘时被逐出宗室的主要原因是他已被发与允禩为子，既然允禩被玉牒除名，那弘时也就没有保留宗籍的道理，否则即与体制不合。为此，雍正在谕旨上一再删改，以表明这是他充分考虑过的处理意见，希望各亲近王公大臣不要在这一问题上“屡加妄奏”。雍正还特别指出，他决没有将弘时强行治罪的意图，就算将允禩逐出宗室也属意外，不过事已如此，也只能说弘时命不好了。

乾隆继位后，允禄等人也认为弘时只是因为允禩获罪而受株连，“与本身获罪撤去黄带者不同”。换言之，弘时只是命不好、受株连，这与支持并站在允禩一边没有必然关系。再说了，弘时被撤去黄带后由其皇叔允祹约束养赡，这比允禩亲子弘旺被“发往热河充军”，后又被长期拘禁的境况是有明显区别了。

提出上述看法的文章作者洗桐女史认为，弘时之所以被发给允禩为子，很可能是前者表现出的沽名钓誉及贪渎行为让雍正觉得其与允禩相似，所以才有是举。为此，文中举出两例，一是雍正元年正月时，弘时拿出一千两银子命御史鄂齐多及另两位属人散骑郎老格、三等侍卫堆齐置办成衣帽、盘缠等物分别赏给居住在小庙内的七百余名乞丐，后者得到赏赐后万分感激，面南叩首，甚至高呼“我等如今得以生存，祝三阿哥福寿无涯”等语。此后，受赏之人大都离去，但还有六十余名病人仍留庙中，而庙内狭小，居住不便，鄂齐多遂向雍正请旨将庙堂予以扩建，这样既能保持寺庙的清净，病人也得以修养，“且亦副三阿哥造福百姓之至意”。

雍正接奏后批示：“多日来各种各样人、各种各样事内，此之所奏实非寻常。朕览折甚为嘉许，著照所请施行。内务府知道。”洗桐女史认为，这一批示看似赞许，实则更多的是揶揄，因为弘时的这种做法与当年允禩托其府上的侍读学士何焯回南方买书以博取士

①提请读者特别关注的是，【　】内中文字为雍正朱笔删除之处，（　）内中文字为其添加之处。引自洗桐女史：《皇子弘时》，来源为作者博客：http://blog.sina.com.cn/s/blog_4c6e17800100ecyk.html

人赞誉的本质并无二致。换言之，皇子赈济百姓本是好事，但以此沽名钓誉，却是雍正最为讨厌的。

此外，弘时的贪渎也是有据可查。雍正二年十月年羹尧进京陛见时，弘时曾遣哈哈珠子一人到年家借银一万两。此所谓“借”，其实和勒索也没什么区别，因为年羹尧不敢不借，恐怕也不敢要求偿还。事后，年羹尧只给了弘时八千两，由“哈哈珠子自行取去”。次年，年羹尧被清算时，此事被雍正知晓，而前者除自认“昏愦”外，无可置辩。由此可知，弘时之“性情放纵，行事不谨”，亦非虚言。

郭成康先生在《乾隆正传》中说，弘历“幼年总见浮灾”，而这很可能是他这位不怀好意的三哥弘时人为制造的，这也是后者被逐出宫的一大原因。①这一说法，似乎也没有相应的史料依据而可能是对雍正所说“弘时为人，断不可留于宫庭”一语的阐述发挥。由此语引出的弘时“秽乱宫闱论”，就更加离奇不可信了。事实上，在雍正继位后，弘时虽已完婚生子，但因为没有获得任何册封（仍为一普通阿哥），由此没有分府另居的资格而只能随同父皇阖家迁入紫禁城皇宫。至于之后获罪除籍，当然也不可能继续留于宫禁。

作为皇子，弘时的一生确实比较悲催，其生前虽有一子二女，但其子女在他本人死前均告夭折。②在弘时一家相继离开人世后，弘时生母、齐妃李氏在无望的苦痛中挨到乾隆二年（1737 年）四月去世。随着其离去，有关弘时的最后一丝痕迹也就此消失了。

富贵或天定，人亦难争之。古人迷信，爱看八字，皇族也不例外。康熙六十一年（1722 年）弘历初次见到皇祖时，后者即让人给弘历看过，曰：辛卯丁酉庚午丙子，即康熙五十年八月十三日子时。其下还有相命术士的批语，曰：“此命富贵天然，这是不用说。占得性情异常，聪明秀气出众，为人仁孝，学必文武精微。幼年总见浮灾，并不妨碍。运交十六岁为之得运，该当身健，诸事遂心，志

---

①郭成康:《乾隆正传》，第 143 页。

②弘时长子永珅于雍正二年正月夭折，年四岁；次女于雍正四年四月夭折，年三岁；长女于雍正五年四月夭折，未满六岁。四个月后，弘时弃世。

向更佳。命中看到妻星最贤最能，子息极多。柱中四正成格祯祥。别的不用问。”[1]

也就在弘时去世的那一年，十六岁的弘历奉命迎娶父皇选中的名门闺秀、大学士马奇的侄女富察氏。至此，弘历成婚成人，浮灾散尽，华丽而煊赫的乾隆王朝就此铺平了道路。不过，这一切和弘时已经没有任何关系了。

①这份档案保存于清内阁大库档案中，现已公开。郭成康：《乾隆正传》，第 120 页。

目 录

身世成谜·乾隆家事传闻多

伉俪折翼·东巡路上失元配

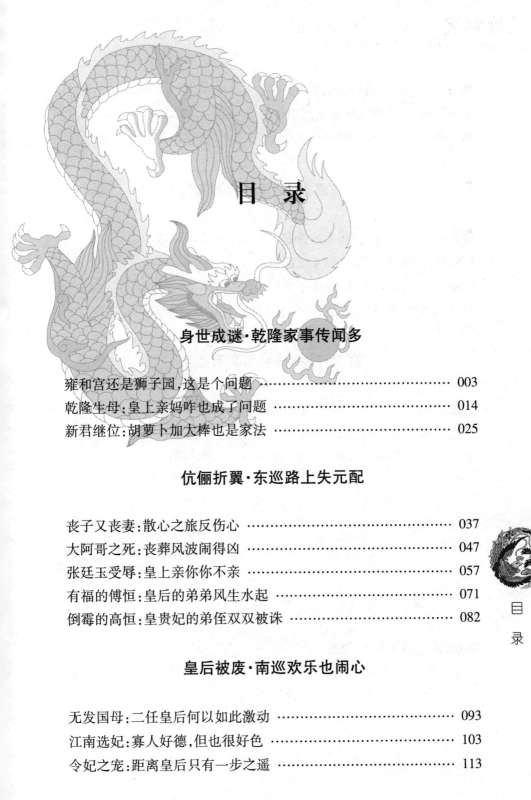

皇后被废·南巡欢乐也闹心

孤独鳏夫·宫里宫外都寂寞

寡人亦老·枯坐无聊老皇帝

尾　声

余　论

附　录

身世成谜

乾隆家事传闻多

雍和宫还是狮子园，这是个问题

乾隆是中国历史上最长寿的皇帝，其执政六十余年，自称“十全武功”、“十全老人”，按说他的历史是最清楚的。不过，在后人的七搅八搅下，其身世反而最为扑朔迷离。这事说来，还真怨不得别人，要怪只能怪乾隆、嘉庆、道光这祖孙三人自己添乱。

先从道光继位后的“遗诏风波”说起。嘉庆二十五年（1820年）七月中旬，在随行王公大臣及八旗铁骑的护卫下，嘉庆皇帝按往年的惯例前往承德避暑山庄举行“秋狝”大典。这大队人马浩浩荡荡，一路上虽说颇为辛苦，但也还算顺利。

七月二十四日，巡幸队伍行至广仁岭，若不出意外的话，次日即可抵达目的地。或许因为避暑山庄遥遥在望的缘故，刚过花甲之年的嘉庆这天也是兴致高涨，他一路快马加鞭，愣是把大队人马甩在了后面。

令人意想不到的是，身体一向健旺的嘉庆却于次日黄昏以一种非常离奇的方式驾崩了。由于死得过于突然并且事前毫无征兆，一些小道消息竟说嘉庆是被雷给劈死的。这种非官方的异说当然未必是真相，不过后来修的嘉庆朝实录更加不靠谱，因为后者居然说嘉庆死前从容回顾了自己一生的丰功伟绩，而且在随扈亲近大臣面前当众打开建储的密匣子并亲自宣布将皇位传给皇二子绵宁（即道光皇帝）。从事后的各种蛛丝马迹来看，这显然是在撒谎。

“天打雷劈”是敝国骂人的常用语，其发生的概率一向极稀少，打到皇帝身上的概率自然更加小之又小。不过，这种自然力的可能性毕竟还有，也不好全盘否定。假如排除这种听起来过于荒谬而近乎恶意的“雷劈说”，嘉庆极可能死于某种暴病（如突发的心脏病、脑溢血等），其突然的意外死亡终究是既定的事实。对极少数利益攸关者来说，皇帝猝死而皇位虚悬的权力真空期可真不好受，哪怕这一政治危机只持续了短短几个时辰。

所谓利益攸关者，首当其冲的自然是随扈在旁的皇子们，其次为随行的诸王公、军机大臣、御前大臣等高层人士。皇子的利益攸关无须过多解释，因为雍正朝后实行秘密建储，在打开传位密匣之前，谁都有可能继承皇位。至于那些高层人士，这时的拥立与表态简直就是押宝赌博，弄不好就得把自己的身家性命给搭上。

那问题出在什么地方呢？原来，按雍正制定的秘密建储办法，传位密匣有两个，一个放在乾清宫的“正大光明”匾下，另一个则由皇帝随身保管。可是，嘉庆死时远在承德，自然无法去取乾清宫的传位密匣，而嘉庆随身保管的那个却怎么找也找不到。此时的皇子们，在父皇死后除了哭号以尽孝子本分外别无他事（也不方便干其他事啊）。这下，解决政治危机的担子全交给了诸王公大臣们。

国不可一日无君。由于事发突然，行宫内八位最重要的王公大臣①决定召集紧急会议，以讨论当前最为紧迫的问题——拥立哪位皇子正位。待到众人坐定后，权势最重的首席军机托津首先提议，将传位密匣未能找到一事立即奏报皇后钮祜禄氏，请后者定夺。这一提议当然没有任何问题，因为无论哪位皇子继位，钮祜禄氏都将被尊奉为皇太后，她所作出的懿旨，势必起到至关重要的作用。

可惜的是，请皇太后懿旨固然不难，但热河距京城相距数百里，就算用最快的速度，来回也要个三五天。如此一来，仍不能解决当前的问题。这不，此事议定后，会场上的诸位王公大臣你看看我，

---

①即首席军机大臣、东阁大学士托津，军机大臣、文渊阁大学士戴均元，军机大臣、户部尚书卢荫溥，军机大臣、户部侍郎文孚，御前大臣赛冲阿及索特纳木多尔济，总管内务府大臣、宗室禧恩及世泰。

我看看你，谁也不肯在拥立大事上首先发言。是啊，猜对了加官进爵，这万一猜错了，可是不得了的事！

会场虽然一片沉寂，与会诸人的心中却是极其忙碌。在反复回忆之前的各种迹象后，他们最终不约而同地想到了那位最有可能的继承人，这就是皇二子绵宁。是啊，绵宁不仅是当时年纪最长的皇子，而且是嘉庆元后喜塔腊氏唯一所出。在嘉庆十八年（1813 年）天理教林清发起的“禁门之变”中，绵宁处乱不惊，率众侍卫奋力御敌并用鸟枪亲毙二人，力保宫城安靖。

事后，塞外行猎归来的嘉庆龙心大悦，盛赞二阿哥有胆有识，忠孝兼备。随后，嘉庆特发恩旨，封绵宁为和硕智亲王。就连立功的鸟枪，也御赐其名为“威烈”。从种种迹象看，储位非绵宁莫属。

默许归默许，但要真把他说出来却不是件容易事。如康熙末年，当大家都以为十四阿哥胤禵极可能继位时，最后的结果却是四阿哥胤禛入继大统，事后由此被整肃的人也不在少数。这次也是一样，猜中了固然皆大欢喜，但万一乾清宫里的传位遗诏写的不是绵宁，麻烦可就大了。有鉴于此，老于世故的众大臣们都假装闭目思索，不肯发言。

最后，打破沉默的是总管内务府大臣、宗室禧恩。这位八大“铁帽子王”之一、睿亲王多尔衮的七世孙，终究未失先人的勇莽本色。其扫视全场后，缓缓道：“二阿哥系孝淑皇后嫡出，又有定乱之功，一向最为先皇看重——我看就他吧。”

此言既出，全场震动。虽然多数人有立即赞同的冲动，但多年积累的官场经验还是将这一念头强行压下。事情明摆着，现在已经有人出头了，自己再去附议，岂不是多此一举、自找麻烦？

这时，会议的主持者、首席军机托津就不得不发言了。考虑再三后，托津与另一位中枢重臣戴均元对视了一眼，仍用谨慎、模棱之术而慢吞吞地说：“二阿哥智勇仁孝，简在帝心，固然是众望所寄，理当入承大统……”说到这里，托津有意顿了一下，说，“然而……”

很明显，托津是想给自己留条后路，这个“然而”的意思，无非是说传位密匣尚未找到、不宜过早定论。但此时此刻，正位是何等大事，一句“然而”，足以给自己惹祸了。

正当会场又要陷入沉默时，极富戏剧性的一幕出现了——传位密匣这时居然找到了！原来，这个关系朝代更替、贵重无比的鐍匣藏在随侍嘉庆的小太监身上。由于主人事前并未交代，小太监在慌乱当中，一时竟未能交出。①在这当口上，各王公大臣也没心思去过问这些细枝末节，他们要做的就是赶紧把匣子打开，看看里面究竟是何答案！

可是，鐍匣虽然找到了，但没有钥匙，一时无法打开。心急之下，托津用力拧开金锁，捧出宝书当众宣读——万幸的是，押中了！正是传位给皇二子绵宁！

绵宁即后来的道光皇帝，其入承宝位可谓一波三折、有惊无险。所谓“天下没有不透风的墙”，尽管托津、戴均元在此过程中也没犯什么大错，不过这二位很快就要为他们的谨慎而付出代价了。

当年九月初七，在道光皇帝举行登基大典仅十天后，托津、戴均元被赶出军机处。表面上看，这是“一朝天子一朝臣”，人走茶就凉，不过托、戴二人的把柄也确实被抓了个正着，那就是遗诏问题。

按以往惯例，每位皇帝驾崩时都要以其名义发布一道遗诏，以总结过去、放眼未来。不过，这只是说说而已，事实上那些遗诏多是继位者代作，尤其是事出意外之时。这一次，负责起草嘉庆遗诏的任务自然落在了几个军机大臣的身上，而他们犯了一个重大错误，那就是把乾隆皇帝的出生地给写错了：原本是雍和宫，竟写成了避暑山庄！

事情的经过大概是这样：由于嘉庆驾崩于承德，托津等人也就顺手在遗诏末段来了一句：“古天子终于狩所，盖有之矣。况滦阳

①“鐍匣藏于小太监身上”的说法见戴均元的墓志铭。喻大华在《道光皇帝》一书中对此有所质疑，并认为皇太后既发懿旨，则乾清宫亦无传位遗诏。

行宫为每岁临幸之地，我皇考即降生避暑山庄，予复何憾？”

这段话的大意是，乾隆皇帝出生在避暑山庄，那嘉庆皇帝死在这里似乎也没什么遗憾，反有某种因缘附会的神圣感。这句话原本无关宏旨，不过为后文做个铺垫。不巧的是，让一个有心人给瞧出毛病来了，这下事可就闹大了。

这个有心人是谁呢？翰林院编修刘凤诰。刘凤诰，字金门，江西萍乡人，乾隆五十四年（1789年）探花出身，先后任翰林院编修、内阁学士等职。嘉庆四年（1799年）后，刘凤诰出任《清高宗实录》纂修官，后又升任实录馆副总裁。八年后，《清高宗实录》告成，刘凤诰被赏加太子太保，时人誉为“宫保刘金门”。同年八月，刘凤诰因修实录有功而被派为浙江学政。这本是名利双收的好差使，但最后让刘凤诰自己给搞砸了。

原来，次年浙江乡试时，刘凤诰受人之托，徇私舞弊，结果引得士子闹事、御史弹劾。群情激奋之下，嘉庆遂命时任户部侍郎的托津及刑部侍郎周兆基、光禄寺少卿卢荫溥三人查办此案。一番调查下来，刘凤诰虽无受贿，但请托是实，托津等人初拟将其发往新疆伊犁效力赎罪。嘉庆接奏后，御笔改为遣戍黑龙江。

自此，南国才子北入冰天雪地，凄凄惶惶，委实苦不堪言。直到三年后，因收到朝廷钦颁的《御制南苑大阅诗墨刻》，黑龙江将军斌静按例上谢折。嘉庆披阅此折后，笑着对近臣说：“此非斌静所能书写，而必出自刘凤诰之笔也。”展读再三后，嘉庆又说：“其文愈胜昔，可谓穷苦始工也！”

或许是念及刘凤诰修实录有功，或许是觉得人才弃之可惜，嘉庆于次年特发恩旨，说“刘凤诰从前恭纂皇考实录，曾有微劳，学问亦可”，“著加恩赏给编修来京供职”。由此，刘凤诰终于从流放地给解脱了出来。经历了这场人生灾难，刘凤诰仕途全毁，几至一蹶不振，其对当年的主审官员们难免怀有切齿之恨。这不，嘉庆刚一驾崩，机会就来了，托津等人在遗诏中竟将乾隆出生地给写错了，这真叫“君子报仇，十年不晚”，此时不报，更待何时？！

那读者或许要问，刘凤诰又怎么知道遗诏有误呢？这要说起来，就没有比刘凤诰更清楚的了。原来，最先在这问题上犯错的不是托津等人，而是嘉庆皇帝自己。嘉庆十二年（1807年），当实录馆将修好的《清高宗实录》及《清高宗圣训》送交御览时，嘉庆发现父皇的诞生地竟然写成了“雍和宫邸”，不由勃然大怒：父皇明明诞生于避暑山庄狮子园，什么时候跑到雍和宫了？！

早在嘉庆元年（1796年）时，已是太上皇的乾隆在避暑山庄过八十六岁“万万寿节”，①儿皇帝嘉庆写诗庆贺，其中有一句曰：“肇建山庄辛卯年，寿同无量庆因缘。”此句下，嘉庆自注云：“康熙辛卯肇建山庄，皇父以是年诞生都福之庭。”

翌年，乾隆又在避暑山庄庆寿，嘉庆再次写诗祝寿，诗下小注写得更加清楚：“敬惟皇父以辛卯岁诞生于山庄都福之庭，跃龙兴庆，集瑞钟祥。”很明显，嘉庆一向以为皇父诞生于避暑山庄而非雍和宫，于是严饬馆臣查明复奏。

乾隆出生地是何等郑重的大事，岂能混淆搞错？实录馆总裁、文渊阁大学士庆桂接旨后也是一头雾水，因为他老人家是“总裁总裁，总而不裁”，这事还得问副总裁、真正担任总纂任务的刘凤诰。

这个刘凤诰也不简单，他是精通业务，不慌不忙，随后拿出乾隆《御制诗集》，把老爷子写有出生在雍和宫的诗及诗注的地方都夹上黄签，然后往上一送——这明明白白、清清楚楚的，嘉庆也不得不承认是自己搞错了。②

后来，《清高宗实录》中采用了乾隆生于雍和宫的说法。可不知为什么，嘉庆对此事未予足够重视，其公开发行的《御制诗集》中关于乾隆生于避暑山庄的说法也未作修正。乾隆朝实录只抄写了五部，分别放于紫禁城、圆明园、沈阳故宫等地。甭说老百姓看不到，就是军机大臣也难有机会一览。是以，乾隆生于避暑山庄狮子

①乾隆归政时，定嗣皇帝生日称“万寿节”，太上皇帝生日称“万万寿节”。

②时任工部侍郎的英和在《恩福堂笔记》中对此事记述颇详。转引自郭成康：《乾隆正传》，第9页。

园的说法仍在社会流传，这大概也是托津等人信笔写来的缘故吧。

再说刘凤诰。作为专业人士，他一眼就看出了问题所在。但此时，他是人微言轻，不敢贸然行动，于是他先找到曾同修实录的曹振镛。曹振镛是安徽歙县人，乾隆朝进士出身，嘉庆朝先后任吏部、工部尚书并拜体仁阁大学士。按清制，内阁大学士乃正一品大员，位极人臣，可正如那句话，参谋不带长，啥啥都不响，这大学士要不入值军机，等于是靠边站。这下好，刘凤诰献计来了，曹振镛当然不肯放过这一千载难逢的机会。

乾隆的出生地，这不是地理问题而是政治问题。待曹振镛这么一举报，道光皇帝也是暗自叫好，随后向托津等人下诏痛责，说先帝去世时，诸军机敬拟遗诏，“朕在谅暗之中，哀恸迫切，未经看出错误之处，朕亦不能辞咎。但思军机大臣多年承旨，所拟自不至有误”，现在好，问题来了，遗诏说皇祖降生于避暑山庄，但查皇祖实录记载，“始知皇祖于康熙辛卯八月十三子时诞生于雍和宫邸，复遍阅皇祖御制诗集，凡言降生于雍和宫者，三见集中”。好了，这事，你们给说道说道。

此时的托津等人，想必悔得肠子都青了——早知如此，又何必画蛇添足，扯什么乾隆皇帝生于避暑山庄，这不是自找麻烦吗？但是，皇帝问话下来，还得硬着头皮解释啊。于是其回奏称：高宗实录藏于内廷，我等未经恭阅，不能深悉；不过，先皇御制诗集第六卷及第十四卷倒有两次提到乾隆皇帝生于避暑山庄，这个嘛……太多的话就不能再说了。

托津等人拿嘉庆皇帝的御制诗集来做挡箭牌，但道光手里有的是乾隆实录，爷爷压爸爸一辈，这胜负自是一目了然。事后，道光驳斥托津等人的回奏说：“敬绎皇考诗内语意，系泛言山庄为都福之庭，并无诞降山庄之句。当日拟注臣工，误会诗意”；托津等人称“实录未经恭阅，尚属有辞；至皇祖御制诗集久经颁行天下，不得诿为未读，实属巧辩”！

就这么一句话，托津、戴均元以“俱已年老”为由被踢出了军机处。这一年，托津六十六岁，戴均元七十五岁。三个月后，曹振镛转为武英殿大学士并荣升为军机处首揆，由此秉承中轴十五年之久。后人熟知的“多磕头，少说话”，即此君的做官秘诀，而“不求有功，但求无过”的道光朝官场风气，更是与曹振镛有着密切的关系。这是后话了。①

鉴于嘉庆在位时未能及时纠正、以致谬种流传的教训，道光上台后立即开始善后清理工作。首先，其以六百里加急的速度追回发送给琉球、越南等附属国的遗诏，并将乾隆出生地那段话统一改成“古天子终于狩所，盖有之矣。况滦阳行宫为每岁临幸之地，我祖、考神御在焉，予复何憾”！所谓“神御”，即乾隆画像。这个改法，着实有些牵强而别扭，不过时间紧急，也只好这样了。

其次，下令收缴嘉庆八年（1803 年）初版的嘉庆御制诗集，其中涉及乾隆出生地的贺寿诗统统由避暑山庄改成雍和宫。可惜的是，收缴工作未能进行彻底，由此出现了两个不同版本的嘉庆御制诗集，窜改痕迹被人抓了个现行。

话说回来，道光、嘉庆在此问题上连连犯错，这与乾隆也有着很大的关系。据查，最早“发明”避暑山庄一说的是乾隆末期小有名气的军机章京管世铭。后者多次随扈乾隆巡幸塞外，驻跸山庄，在当时算是消息灵通人士。

某次秋狝之后，管世铭写下《扈跸秋狝纪事三十四首》，其中第四首曰：“庆善祥开华渚虹，降生犹忆旧时宫；年年讳日行香去，狮子园边感圣衷。”在此诗下，管世铭自注云，“狮子园为皇上降生之地，常于宪庙忌辰临驻。”

狮子园是当年康熙赐给四阿哥胤禛(即后来雍正）的园林。管世铭的这一注解，明明白白地指出乾隆乃诞生于承德避暑山庄狮子园。而且，在雍正忌日时，乾隆还会常来这里小住几天。

管世铭是江南武进人，乾隆四十三年（1778 年）进士，其在官

①喻大华:《道光皇帝》,第 25 页。

场中接交甚广，尤与武英殿大学士、首席军机阿桂关系紧密。按说，像他这样在军机处担任机密要务的人是不会随便乱说的。事实上，他也不是信口开河的人。有诗为证：“惟凭谨畏直承明，缄口仍防出舌轻。有问辄将他语乱，肯言温室树何名?”这首诗，是管世铭秋狩纪事组诗中的另一首，应与前一首写于同一时期。如此谨慎之人，而将“狮子园说”载入诗中，想必有相当可靠的依据吧？[①]

有一种看法认为，管世铭之所以有此认识，或许与乾隆的“误导”不无关系。在乾隆御制诗集中，有关狮子园题咏的不下数十首，其中对园中“草房”的重视更是令人觉得有些过分。按通例，清代离宫别苑中的殿堂轩馆、亭台楼榭等，无不锡以嘉名，唯独避暑山庄狮子园中的“草房”一景直呼其名，这未免过于浅俗。

所谓“草房”，也确实名如其实，不过茅屋三间，雍正当年曾亲笔题名“草房”一匾悬乎其上。乾隆于六年首次巡幸塞外、举行秋狝大典时，此园被赐给六弟、果亲王弘瞻。弘瞻于乾隆三十年(1765 年）去世后，乾隆再次来到狮子园，发现这里一片萧瑟荒凉，于是命人重新修整。此后，乾隆每至避暑山庄则必往狮子园一游，而且每次必往“草房”小憩，并赋诗以志其事。

乾隆对狮子园及“草房”出乎寻常的重视，管世铭因此而“误会圣意”，这个未为可知。事实上，不仅是管世铭，其他如内务府世家出身、嘉庆朝曾任工部侍郎的英和，其在《恩福堂笔记》中记述“遗诏风波”一事也说：“高宗纯皇帝诞生于雍和宫，或相传为狮子园，此仁庙遗诏恭拟者所由误也。……狮子园说其讹传久矣。”

不过，就乾隆本人而言，其诗中并不曾有片言只语提及自己生于狮子园。八十四岁那年，乾隆在《游狮子园》一诗自注中解释了自己为何多年来对此地“情有独钟”：一、“予年六岁始随皇考来热河居住此园读书”；二、“康熙六十年，予年十一，随皇考至山庄内观莲所廊下，皇考命予背诵所读经书，不遗一字，时皇考近侍，皆

①郭成康:《乾隆正传》,第 5 页。

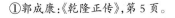

在旁环听，咸惊颖异，皇考始有心奏皇祖，令予随侍学习”；三、“予十二岁，……是年随侍来热河居山庄内之万壑松风，皇考请皇祖幸本园进膳，予时亦随驾来此。……是日皇祖指予谓皇妣孝敬宪皇后，曰：带其生母来见。皇祖连谓之有福之人。即今仰窥皇祖恩意，似已知予异日可以付托，因欲观圣母福相也”。

乾隆的自注，无非说明狮子园是其幼时读书之所，而他被皇祖康熙发现，此园亦属福地，功莫大焉。因此，乾隆即位后，他每次到避暑山庄都要陪同母后钮祜禄氏来狮子园故地游览怀旧一番，这似乎也是人之常情。

作为反证也是最重要的证明，乾隆在其诗中多次提到自己出生在雍和宫。如乾隆四十三年（1778 年）春去雍和宫礼佛后，乾隆写下“虽曰无生俞宗旨，到斯每忆我初生”，表明自己“初生”于雍和宫；在另一首雍和宫纪事诗中，乾隆更明确写道，“斋阁东厢胥熟路，忆亲唯念我初生”，这句详细指出了自己诞生在雍和宫东厢。

四十七年（1782 年）正月初七去雍和宫礼佛后，乾隆赋诗一首，结句为“设以古希（稀）有二论，斯之吾亦始成人”，其下有双行小注：“余实康熙辛卯生于是宫也。”这里的“实”字颇值玩味，或许此时的乾隆也对所谓“狮子园出生”的流言蜚语有所耳闻而不得不予以纠正辟谣。七年后，乾隆在《新正雍和宫瞻礼》一诗的“岂期莅政忽焉老，尚忆生初于是孩”两句下加双行小注，曰：“以康熙辛卯生于是宫，至十二岁始蒙皇祖养育宫中。”

除此外，乾隆御制诗集及自注中还有两三次或明或暗地指出自己诞生于雍和宫，如乾隆五十年（1785 年）正月初七到雍和宫礼佛后所写的“来瞻值人日，吾亦念初生”；乾隆六十年（1795 年）《御瞻礼示诸皇子诗》中的“跃龙池自我生初，七岁从师始读书”，等等。[①] 由此可知，乾隆自始至终都表明自己出生于雍和宫而非狮子园。

---

①陈捷先:《乾隆写真》,第 15 页。

按说，乾隆出生地的问题到这里应该盖棺论定了，毕竟乾隆自己都说了生于雍和宫，又如何会扯到避暑山庄狮子园呢？但问题还真没那么简单，因为后面还有其生母的问题，比之出生地更为麻烦复杂。试看下文。

乾隆生母：皇上亲妈咋也成了问题

之所以说乾隆的诞生地尚不能定论，主要是其生母究竟是谁的问题上又有了麻烦。

据逊清遗老冒鹤亭的说法，四阿哥胤禛某次随扈至热河狩猎时，射得一鹿而饮其血，孰料鹿血奇热，功在壮阳，而秋狝之时不携妃从，一时急躁不能自持。无奈之下，恰好行宫有某汉宫女李氏，虽奇丑而召幸之，事毕返京则几忘此一段故事矣。翌岁重来，宫女腹中肉已将堕地，康熙见后大为震怒。诘问之下，则四阿哥也。此时李女行将分娩，为防其污亵宫殿，遂令马厩生产。马厩乃一倾斜不堪之草舍，新生儿即乾隆也。

天潢贵胄，草率如此，冒鹤亭也不免大发感叹，曰：临御中国六十年而为太上皇又四年的十全功德大皇帝，“竟诞生于此焉”?![1]

冒鹤亭曾任热河都统幕僚，这故事据说是从当地宫监那听来的，其中真真假假，还真让人有些吃不准。不过，关于围猎射鹿、麋鹿性淫的记载，各种清史笔记中倒是屡屡见诸笔端。

如昭梿在《啸亭杂录》中说，“上搜猎木兰时，于黎明亲御名骏，命侍卫等导引入深山叠嶂中，寻觅鹿群。命一侍御举假鹿头作呦呦声，引牝鹿至，急发箭殪毙，取其血饮之。不惟延年益壮，亦以为习劳也”；《永宪录》中也说，“哨鹿人戴鹿角，衣獭皮，用木

---

①周黎庵:《清乾隆帝的出生》,刊于《古今文史》,1944 年 5 月。

做哨器，长两尺许，效鹿声呼鹿，盖鹿性淫，凡闻他麋声，即相奔聚，至则猎取之”。后来，台湾史家、历史小说家高阳的大作《乾隆韵事》，其开篇即取材于此，不过将上述故事做成了放大版。[①]

不过，以时间推论，冒鹤亭的所谓“宫人之说”破绽颇大。按康熙朝实录记载，康熙于四十九年（1710年）五月初一从京师前往热河避暑，时为皇子的胤禛随驾前往，回銮则在当年九月初三。如此，若胤禛与热河宫女李氏偶有交合的话，至少也应在九月初三之前。而乾隆生于康熙五十年（1711年）八月十三日，这离惯常的“十月怀胎”超过一月有余。这种月份不合的特殊生产，自然会录诸史笔。因为事关皇子皇孙，更不容有一丝闪失。

此外，王闿运则在一篇名为《今列女传》的文章中称，乾隆生母乃一贫寒女子，其母家在承德城中，“十三岁时入京师，值中外姊妹当选入宫，随往观之，门者初以为在籍中。既而引见，十人为列，始觉之，主者惧，遣令入末班”。在此机缘之下，此女被选入雍亲王府。后来，胤禛患有恶疾，“御者多不乐往，孝圣奉妃命旦夕服事（侍）维谨，连五六旬，疾大愈，遂得留侍，生高宗焉”。[②]

作为学者，王闿运在晚近时期颇受争议，其说乾隆生母乃承德贫女，这个未有旁证，不好妄加判断。不过，按清会典记载，清宫选秀女通常三年一次，“由户部行文八旗二十四都统、直隶各省八旗驻防及外任旗员，将应阅女子年岁、部奏准日期行文到旗，各具清册，委参领、佐领、骁骑校、领催、族长及本人父母或亲伯叔父母兄弟、兄弟之妻，送至神武门，依次序列，候户部交内监引阅。”

制度如此严密而推说机缘巧合被选入宫，这个不免让人有些不敢相信。因此，很多熟悉清宫掌故的遗老及对清廷后宫、后妃素有研究的学者均对王闿运之说表示异议。

还有一种说法就更离奇了。据说，民国后任热河都统的熊希龄

---

①昭梿：《啸亭杂录》，第25页；萧奭：《永宪录》，第39页；高阳：《乾隆韵事》，第3-5页。

②转引自郭成康：《乾隆正传》，第22页。

见避暑山庄内某处茅草房与周围楼台亭榭极不协调，因而问一位八十多岁的“老宫役”，后者说：“乾隆帝之生母为南方人，诨名‘傻大姐’，随其家人到热河营生。时方选秀女，临时缺一名，遂把她列入充数。后来太子（雍正帝）病重，傻大姐在侍女之列，服侍最勤，四十余日衣不解带，太子感其德，病愈后遂和她有关系。她后来在一个茅棚内生一子，即乾隆帝也。后来乾隆帝就在产生之地作此茅屋，留为纪念。”

事后，熊希龄把这故事讲给胡适听，胡适就把它收入了自己的日记。文末，胡博士还说，这事无从考证，不过乾隆实在像一个“傻大姐”的儿子！①虽然只是一句玩笑话，但胡适是个大名人，这一说法也就广为流传了。

从脉络上看，冒鹤亭、王闿运及熊希龄之说有雷同之处，如冒鹤亭之说得于某宫监，而熊希龄之说来自于某宫役，如果两人并非有意捏造，而宫监、宫役也并非一人的话，那至少说明“乾隆生母系一地位低下的汉人女子”的传说在热河行宫中颇为流行，只是冒鹤亭说的是一极丑之汉人宫女，而熊希龄这里干脆就成了南方“傻大姐”。

至于王闿运及熊希龄之说，两者在选秀混入与伺奉得子的情节上几乎完全相同，只是乾隆的出生地点从雍和宫移到了热河茅草房。从传播学的源头和路径上说，这其中是如何衍生变体的，目前已无法考证了。

不过，仍有史家对这个所谓“草房”很感兴趣。如台湾学者庄练即断言：“此一草房，并非寻常的草房。正是冒鹤亭所说，在当年诞生乾隆的‘草厩’也”；否则的话，“为何要将这一处不足以登大雅之堂的‘草房’专门列入狮子园的房屋记载之内，与其他锡以专名的堂阁亭台同占一席之地呢”？

对此，郭成康先生则认为，断定“草房”即当年乾隆诞生的

---

①曹伯言整理：《胡适日记全编》第3卷，1922年4月2日，第603页。

"草厩"尚嫌根据薄弱，因为乾隆生前已对此做过解释，其认为皇父雍正之所以要在狮子园留一草屋，无非"缀景"和"示俭"两种意义。因此他所作的系列"草房"诗均以此为主题，如"萧纬仰如在，茅茨示至今"、"岩屋三间号草房，朴敦俭示训垂长"等。由此，《热河志》中将"草房"列入狮子园的房屋记载，也是一件看来可疑但又合乎情理的事。①

清末民初后，"乾隆生母乃汉人之女"的传说可谓不绝如缕，比这个稍上档次而流传更广的是"海宁陈家"之说。天嘏在《清代外史》中即讲了这样一个故事：康熙年间，四阿哥胤禛与一陈姓官员关系特好，最巧的是，两家在同年同月同日各生了一个孩子。胤禛听后，便命人把陈姓婴儿抱来看看，以示同喜同贺。孰料陈家人把婴儿接回后顿时傻了眼，这孩子居然由男孩变成了女孩——给调包了！胤禛是皇族中人，陈家心中愤懑但又不敢得罪，只好自己严守秘密，不敢声张。

雍正即位后，对陈家相当不错，多人得到升官。等到乾隆朝时，更是对陈家优礼有加，关怀莫名。陈氏老家在浙江海宁，乾隆游江南时便住在他家，并对其家世非常感兴趣，问得非常详细。临走前，乾隆指着中门说，今后把这门给封了，除非天子临幸，此门不要开。陈家人听后便将此门封闭。其中文章，恐怕只有当事人才清楚。不过，也有人认为，雍正王妃易子之事，连雍正也不知道，其实是一笔糊涂账。倒是乾隆觉得自己像汉人，在宫中屡屡试穿汉服，还问身边亲随："朕像汉人吗？"旁边一老臣跪答："皇上只是像汉人，但对满人来说就不仅仅是像了。"乾隆听后，这才怅然而止。②

天嘏说的这个"陈姓官员"，即康雍乾三朝名臣陈世倌，其原籍浙江海宁，并与时为皇四子的胤禛关系密切。从文学角度而言，这一故事情节跌宕起伏，引人入胜，堪称佳品。不过这还不算完。此后，许啸天在《清宫十三朝演义》中接着这一故事继续演绎，说乾

①郭成康:《乾隆正传》,第 28 页,第 34 页。

②天嘏:《清代外史》,见孟森等著:《清代野史》,第 116 页。

隆曾去江南寻母；而许指严在《南巡秘记》中说乾隆曾往海宁拜墓；更有说那个被换走的雍正之女，后来嫁给常熟人蒋溥，后者由此官至大学士，当地甚至修有“公主楼”等。各种新情节、新段子，可谓活灵活现，异彩纷呈，为广大人民群众所喜闻乐见。

当然，“海宁陈家说”的最高潮与集大成者，莫过于著名武侠小说家金庸的《书剑恩仇录》。其书中主角陈家洛，即被虚拟为陈世倌的三公子，也就是乾隆的同胞兄弟。为引出这一故事，金庸安排红花会总舵主于万亭秘密潜入宫中，将陈世倌夫人的一封信交给乾隆，其中详述了当年经过并指出其左股有胎记，以此令乾隆对自己身世产生疑问。随后，乾隆将幼时乳母廖氏传来仔细询问，由此得知了当年的换子详情。在知道自己是汉人后，乾隆曾几次想下令宫中朝中改换汉人衣冠，但都被太后和满洲大臣拦住。之后，陈家洛继为红花会总舵主，其劝说乾隆与红花会结盟，恢复汉人朝廷，由此演绎出一系列的精彩故事……

当然，“海宁陈家说”也不是没有破绽，如富察敦崇即在《皇室闻见录》之《辨诬》一文中说：“俗谓雍正在藩邸时，王妃诞生一女，恐失王眷。适有邻居海宁陈氏恰生一男，命太监取而观之，既送出则易女矣，男即乾隆也。夫以雍正之英明，岂能任后宫以女易男？且皇孙诞生，应由本邸差派太监面见内奏事先行口奏，再由宗人府专折奏闻，以备命名，岂能迟至数日、数月方始声报耶？其诬可知！”

不过让人觉得奇怪的是，“乾隆为海宁陈家之子”的传闻在乾隆死后不久即盛行于江南，如《清宫词》：“巨族盐官高渤海，异闻百载每传疑；冕旒汉制终难复，曾向安澜驻翠蕤。”这里说的，即此故事。

另外，有传闻说海宁陈家有乾隆亲笔题写的两块堂匾，一曰“爱日堂”，一曰“春晖堂”，前者典出汉代扬雄《孝至》中的“孝子爱日”，后者典出唐代诗人孟郊的“谁言寸草心，报得三春晖”，这些都是主张孝亲、颂扬母亲的名词名句，以此旁证乾隆是海宁陈家之子，似乎也不无道理。

更让人觉得大有玄机的是，乾隆六次南巡中，有四次到海宁并每次都住在陈家“隅园”，后又亲笔将之改为“安澜园”。事后，乾隆还命人绘制园图并在圆明园中也仿造了一处，而且同样取名“安澜园”。以此而论，“乾隆乃海宁陈家之子”的传闻似乎也不是空穴来风。

不过，据清史学家孟森先生的考证，海宁陈家确实有这两块匾额，但并非乾隆而是康熙所赐，时间分别为康熙三十九年（1700年）与康熙五十二年（1713年），这是应陈家的两位官员，即康熙朝侍读学士陈元龙及陈邦彦前后奏请而书，这事与乾隆毫无关系。至于乾隆四次到海宁并都住在陈家，这恐怕与海宁陈家仕宦之盛及乾隆南巡目的有关。

《书剑恩仇录》中有这么一段话。乾隆对陈家洛说：“你海宁陈家世代簪缨，科名之盛，海内无比。三百年来，进士二百余人，位居宰辅者三人。官尚书、侍郎、巡抚、布政使者十一人，真是异数。”这段话，其实来自陈氏后人陈其元所著的《庸闲斋笔记》，只是数据有所夸大，所谓“进士二百余人”，原文乃“举、贡、进士二百数十人”，不过这已经足够说明海宁陈家科运之旺、仕宦之盛了。由此，海宁这样一个小地方，难道还能找到比陈家更适合接驾的地方吗？

乾隆改陈家“隅园”为“安澜园”，据说是因为居此园中可闻潮声，改其园名也透露了乾隆四次前往海宁的目的，即视察钱塘江海塘工程，以求“海水永靖、波澜永安”。这一点，从其《观海塘·志事诗》中的“海宁往何为，欲观海塘形”等句也可看出。乾隆重视海塘工程并不奇怪，自隋唐以后，中国经济重心南移，迨至明清，苏、松、杭、嘉、湖一带已成全国最富庶之地，不仅经济繁荣，而且人文繁盛，为朝廷所倚重。

乾隆时期，由于海潮北趋，浙东北一带潮患告急，一旦海潮冲破海塘，势必严重影响清廷税收及漕粮征收。由此，乾隆自二十七年（1762年）后四次亲临海边检查海塘工程，并曾亲试打桩，以示重视。“海塘为越中第一保障”，到乾隆晚期，浙江境内自金山到杭县、钱塘江南岸自宝山至金山各建成了两百余里的鱼鳞石塘及块石篓塘，这些工程至今仍在发挥挡潮防患的作用，功莫大焉。

重视归重视，不过说乾隆是陈世倌之子却不像是那么回事。陈世倌在雍正朝已任巡抚，至乾隆六年（1741 年）时以工部尚书拜文渊阁大学士。但拜相不久，陈世倌即因错拟票签而被革职。事后，乾隆还刻薄地斥责说，陈世倌“自补授大学士以来，无参赞之能，多卑琐之节，纶扉重地，实不称职”。如此评语，可谓一点情面也不给。众所周知，乾隆一向自诩以孝治天下，如果他真是陈世倌之子，天下哪有当儿子的这么说自己亲爹的？①

此外，“雍正换子说”在情理上也有不通之处。试想乾隆诞生于康熙五十年（1711 年），此时雍正已育有四个儿子，虽说前三个均告夭折，但其第三子弘时已是八岁之龄，说他没有子嗣而调换他人之子似乎有些站不住脚。值得一提的是，当时雍正的另一个侍妾耿氏也即将临产（即比乾隆小三个月的弘昼）。在此情况下，雍正又何必冒这么大的风险去调换他人之子呢？毕竟，雍正此时不过三十有四，正值盛年，完全没有必要为子嗣的问题而过于担忧。

话说回来，乾隆生母的诸多传闻，很大程度上与清末民初的反满风潮息息相关。在这些传闻的背后，其中暗含的逻辑是：既然乾隆生母是汉人，那么所谓的满洲血统遂成汉家天下，这虽说是革命党的某种意淫或有意侮弄，但野史一向比正史更受欢迎，其大肆传播也就不奇怪了。

对于这种历史的怪相，也有史学家认为类似的无稽之谈，有害无益，如孟森先生即作《海宁陈家》等文加以澄清。文章发布后，史学界、舆论界大多认为其说信实有据，传闻毕竟只是传闻，当不得真。

事实不辩不明，真相不辩不清。倒是孟老先生意犹未尽，其在

---

①据说，陈世倌曾受命前往淮扬灾区，对灾民极为同情。每次乾隆召见，陈世倌都反复陈奏百姓饱受水旱之苦而至声泪俱下。后来，乾隆未及其说话即先来一句：“陈世倌又来为百姓哭矣！”其意揶揄可知。见孙文良、张杰、郑川水：《乾隆帝》，第 359 页。

做完考据文章后又说了一段，曰："凡作小说，劈空结撰可也。倒乱史事，殊伤道德。即或比附史事，加以色泽，或并穿插其间，世间自有此一体。然不应将无作有，以流言掩实事，止可以其事本属离奇，而用文笔加甚之，不得节外生枝，纯用指鹿为马的方法，对历史肆无忌惮，毁记载之信用"；所谓"事关公德，不可不辩也"。①

有鉴于此，金庸先生也在《书剑恩仇录》的"后记"中声明，书中主人公、"乾隆亲弟陈家洛"纯属杜撰，"历史学家孟森作过考据，认为乾隆是海宁陈家后人的传说靠不住"。

如果传闻能被轻易批驳，那读者或许要问，乾隆生母的问题为何能引起如此多的传闻并历经百年而不衰呢？这其中究竟有没有破绽？

翻检史料后，很不幸，确实是有。萧奭《永宪录》卷二中即记载："雍正元年十二月丁卯午刻，上御太和殿，遣使册立中宫那拉氏为皇后，诏告天下，恩赦有差。封侧福晋年氏为贵妃，侧福晋李氏为齐妃，侧福晋钱氏为熹妃，宋氏为裕嫔，耿氏为懋嫔。"奇怪的是，作者萧奭在此条后面还加了个注，说："齐妃或云即今之崇庆皇太后，俟考。"②

"崇庆皇太后"即乾隆生母钮祜禄氏，萧奭编著《永宪录》时正是乾隆朝，按说他怎么会不知道当今皇太后是谁呢？怎么会张冠李戴，把皇太后钮祜禄氏摇身一变成了齐妃李氏，而且还说要"俟考"，这听起来似乎完全没有道理。可惜的是，《永宪录》一书发现较晚，史学界也未能搞明白萧奭的生平事迹，文中所谓"俟考"，也就没有下文了。

按雍正朝实录，封后一事的记载为："雍正元年二月甲子，谕礼部：奉皇太后懿旨，侧妃年氏封为贵妃，侧妃李氏封为齐妃，格格钮祜鲁氏封为熹妃，格格宋氏封为懋嫔，格格耿氏封为裕嫔。尔部察例具奏。"而在清皇族的《玉牒》上，也明明白白写着：世宗宪皇帝（雍正）第四子高宗纯皇帝（乾隆），于康熙五十年辛卯八月十

①孟森:《心史丛刊》,第 157 页。
②萧奭:《永宪录》,第 176 页,178 页。

三日，由孝圣宪皇后钮祜禄氏、凌柱之女诞生于雍和宫。

清廷的官方记载，乾隆的生母为熹妃钮祜禄氏无疑（钮祜鲁氏是满文汉译的异写，如下文之“福金”即福晋也，无关宏旨），但《永宪录》上却明明白白地写着熹妃为钱氏，这两个姓氏，一为满姓，一为汉姓（汉军旗），这应该说是没有疑问的。而从上文也可看出，萧奭对皇太后究竟是谁这个问题也没有把握，所以才用了“俟考”两字。据史学家考证，萧奭的《永宪录》多从邸报、朝报、诏谕、奏折等抄撮而成，那么会不会是萧奭抄错了呢？

所谓“孤证不立”，如果只有《永宪录》一书记载熹妃为钱氏的话，那倒真有可能是萧奭抄错了。但问题是，不是。据中国第一历史档案馆公布的原始档案，册封嫔妃的原谕为：“雍正元年二月十四日奉上谕：尊太后圣母谕旨，侧福金年氏封为贵妃，侧福金李氏封为齐妃，格格钱氏封为熹妃，格格宋氏封为裕嫔，格格耿氏封为懋嫔。”①

这一档案，系未经任何窜改的原始文件，其权威性与真实性毋庸置疑，而与萧奭《永宪录》的记载一对照，“熹妃钱氏”几成定论。相比而言，成书时间更晚且经史官奉旨修订的实录及玉牒在真实性与可靠性方面显然要大打折扣。

那么，现在问题来了，如果乾隆的生母为熹妃钮祜禄氏的话，那这个熹妃钱氏又是何许人也？她俩是一个人的改名改姓，还是完全不同的两个人？

对此，学者郭成康做了以下两种推测：一是钱氏与钮祜禄氏为毫不相干的两个人，钱氏与雍正有过一段非常机缘并生下弘历，后以格格身份进入雍邸，进而在雍正元年被封为熹妃。不过，出于种种考虑，雍正最终以另一位满人格格钮祜禄氏替代钱氏为弘历生母，钱氏遂在各种记载中就此隐身（倒未必是被肉体消灭）。由于最初的封后谕旨已经发出（且原始档案也未能销毁），弘历身世的真相难免有所泄露，这或许就是“狮子园说”的发端；二是钱氏与钮祜禄氏

---

①转引自郭成康:《乾隆正传》,第78页。

为同一女人，只是雍正并没有将之隐匿，而是给钱氏换了个旗人的姓氏即钮祜禄氏，随后对外宣布弘历诞生于雍亲王府。[①]

数年前，有位自称是吴越国钱镠第三十四世孙的民间研究者写了篇关于乾隆生母的考证文章，其中提出了一个颇有意思的问题，即从熹妃钱氏到熹妃钮祜禄氏存在一个时间差，即雍正元年（1723年）二月十四日册封熹妃钱氏时，当时因尚未秘密立储，弘历之母钱氏仍可保留汉姓，但到当年八月秘密立储后，因为皇太子（弘历）的母亲需要一个高贵的出身，因此必须要将熹妃钱氏篡改为满洲贵姓，这就是所谓的钮祜禄氏。从逻辑上说，这一推论有些道理，不过作者以“钱氏”为出发点，进而推论乾隆生母为嘉兴女画家陈书之幼女、雍乾朝名臣钱陈群之妹，这个就让人觉得有些牵强了。[②]

事实上，钮祜禄氏是满洲八大姓之一，而且很多清帝后妃也都出自这一贵族世家，但不能由此遂然断言乾隆生母钮祜禄氏就出身高贵。正如《红楼梦》里说的那句话，“朝廷还有三门子穷亲戚”，钮祜禄氏一姓的达人们大多集中在弘毅公额亦都这一支，如遏必隆、讷亲等。至于其从弟额亦腾的这支，其后人至乾隆生母竟无一闻人，势微可知。雍正元年（1723年）时，钮祜禄氏以“格格”而封“熹妃”，其册文虽说她“毓质名门”，那不过是沾了名门名姓的光，于其小家则应另当别论。

如果熹妃钱氏就是钮祜禄氏的话，那下面该认真说说她的一些情况了。按《清史稿》记载，孝圣宪皇后钮祜禄氏系“四品典仪凌柱女，后年十三，事世宗潜邸，号格格”。这一称谓足以说明其出身寒素，至于其父凌柱的“四品典仪”，很可能是恩赏的闲职，因为其祖父吴禄、其曾祖父额亦腾此前都是无世职、无官衔的一介白丁，也就是八旗中所谓的“白身”。

也正因为出身寒微，钮祜禄氏在雍邸做了二十年的“格格”，直

①郭成康：《乾隆正传》，第80页。

②钱治冰：《关于乾隆生母的最新考证的最终结果》，http://bbs.tianya.cn/post-no05-24219-1.shtml

到雍正即位后才被封为熹妃。毋庸讳言，钮祜禄氏转运的关键在于为雍正生育了未来的皇储、皇四子弘历。作为对比，原来同为格格并且在同一年生育皇五子弘昼的耿氏只封为懋嫔，两者的差序有别，显然是雍正有意而为之。不过，由于钮祜禄氏一生只育有一子，这也在某种程度上说明她并不得雍正的欢心。个中原因，恐怕是因为她长得并不美，这从目前遗留下来的清宫画像中似乎也能看出。

颜值虽然低了点，但钮祜禄氏一生却是康身健体，无灾无病，身体状况相当的好。据《清史稿》记载，乾隆母子都是旅游发烧友，“上每出巡幸，辄奉太后以行，南巡者三，东巡者三，幸五台山者三，幸中州者一。谒孝陵，狝木兰，岁必至焉”。

就在其去世的前一年（乾隆四十一年，1776年），钮祜禄氏还随乾隆兴致勃勃地登泰山，有诗为证：“八旬五母仍康步，六十六儿微白头”；“三千余里往还路，八十五龄康健躬”。回京半个月后，钮祜禄氏又随同儿子前往避暑山庄并登上九层楼高的舍利塔。乾隆为此赋诗说，“曼寿已登八十五，堵波犹陟九层尖”，其中得意之色，溢于言表。次年，钮祜禄氏病逝，时已八十六岁高龄，这在历朝皇太后中，堪称罕有的高寿。就这点而言，八十九岁驾崩的乾隆恐怕是遗传了她的长寿基因，这也在某种程度上证明钮祜禄氏确实是乾隆的生母。

在两百六十余年的统治中，清朝各代皇帝均主张“以仁孝治天下”，乾隆在这点上也堪称纯孝之子，为天下做了表率。每至钮祜禄氏的整年寿庆，乾隆都要亲制诗文书画并率王大臣奉觞庆祝。每过十年，庆典仪式都要有所升级，而寿礼如冠服、簪饰、如意、佛像、金玉、玛瑙，等等，乃至各种外国珍品，无不具备。

正如康熙之前预言的，老太后确实是“有福之人”，其为天下母四十余年，可谓享尽各种荣华富贵。尤其值得一提的是，“大诗人”乾隆所写的四万多首诗中，写生母的有两百多首。这些诗虽然数量不算多，但因为发自真情实感，应该说是乾隆诗中质量上乘的。

新君继位：胡萝卜加大棒也是家法

雍正十三年（1735 年）八月二十三日子夜时分，两三日前尚无明显衰亡征兆的雍正在圆明园寝宫驾崩。一阵手忙脚乱之后，在重臣鄂尔泰及张廷玉的主持下，皇四子弘历按事前留下的建储密诏承续大位，是为乾隆。

当晚，按此前康熙驾崩后由畅春园还宫的做法，内大臣海望持合符开门进城，会同多罗履郡王允裪到乾清宫做好迎接准备。随后，在众侍卫的严密保护下，已为新皇的乾隆护送大行皇帝（即雍正）皇舆返回皇宫，果亲王允礼、诚亲王允秘、和亲王弘昼、大学士张廷玉等随行。一路夜色，一路哭声，一行人从圆明园回到了皇宫。

乾隆的时代，也就在这一晚开始了。这一年，乾隆二十五岁。

次日，乾隆对外公布雍正遗诏，其中曰："宝亲王皇四子弘历，秉性仁慈，居心孝友，圣祖皇考于诸孙之中最为钟爱，抚养宫中，恩逾常格。雍正元年八月，朕于乾清宫召诸王、满汉大臣入见，面谕以建储一事，亲书谕旨，加以密封，收藏于乾清宫最高之处，即立弘历为皇太子之旨也。其后仍封亲王者，盖令备位藩封，谙习政事，以增广识见。今既遭大事，著继朕登极，即皇帝位。……弘历仰承列祖积累之厚，受朕教诲之深，与和亲王弘昼同气至亲，实为一体，尤当诚心友爱，休戚相关。……"

很大程度上，乾隆并未做好当皇帝的准备。就在五个月前，其受命与大学士鄂尔泰等人一起办理西南事务，这是他第一次参与具体政务。在此之前，他承担的大多为致祭等礼仪性事务。令人有些吃惊的是，刚刚登上权位的乾隆似乎对遗诏做了些手脚，如以雍正的名义称此前实行严政乃是因为“人情浇薄，官吏营私，相习成风，罔知省改”，而不得不加以惩治整理，待“诸弊革除之后，仍可酌复旧章，此朕本意也”。

雍正作风一向强硬，将严政改为宽政未必是他本人的意思而更像是新君乾隆的愿望，而这一想法，在他学习阶段即有所体现。在一篇名为《宽则得众论》的课业文章中，乾隆曾说：“自古帝王受命保邦，遐尔（迩）向风，薰德沐义，非仁无以得其心，而非宽无以安其身，二者名虽为二而理则一也。……诚能宽以待物，包荒纳垢，宥人细故，成己大德，则人亦感其恩而心悦诚服矣！苟为不然，以褊急为念，以刻薄为务，则虽勤于为治，如始皇之程石观书，隋文之躬亲吏职，亦何益哉！”

《宽则得众论》体现了乾隆并未成熟的“尚宽”思想。在其后的《汉元帝论》一文中，乾隆又表示：“自古亡国之君，或失于刚暴，或失于柔懦，……柔懦之亡国又甚于刚暴也。”由此也可看出，乾隆也不是一味主张宽仁，而是主张折中，取儒家所谓的中庸之道。对这种偏于仁柔的思想倾向，目光敏锐的雍正也早有觉察。如乾隆自己说的，“皇考尝以朕赋性宽缓，屡教诫之。朕仰承圣训，深用警惕”。

“宽猛之论”由来有之，《左传》中即说：“政宽则民慢，慢则纠之以猛。猛则民残，残则施之以宽。宽以济猛，猛以济宽，政是以和。”对此，饱受儒家文化熏染的乾隆自不陌生。这不，其父驾崩未及两月，乾隆即在上谕中阐明自己的执政理念，其中称：“治天下之道，贵得其中。故宽则纠以猛，猛则济以宽”；皇祖（康熙）深仁厚泽，休养生息，但“恐有过宽之弊”；而皇考（雍正）振饬纪纲，“人知畏法远罪，而不敢萌徽（侥）幸之心”；其当政之后，“惟思刚柔相济，不竞不绒，以臻平康正直之治”。

乾隆的主张并非心血来潮。如前面两篇文章中的观点，虽说是书斋中的坐而论道，但其潜移默化的影响却不容忽视。从这个意义上说，乾隆初政是在祖、父两代人政治得失的基础上加以中和的结果。如其所说，“朕恶刻薄之有害于民生，亦恶纵弛之有碍于国事”。正因为其父当年屡兴大案，不仅大臣与文士们颇多积怨，皇族内部也同样是敢怒不敢言。由此，初掌权柄的乾隆首先要找到中和“宽、严”的平衡点和突破点，那就是从“矫枉”与“纠偏”入手，为其新政打开局面。

首先得到改正的是原“八王党”案。雍正十三年十月，乾隆命九卿议奏原八阿哥允禩、九阿哥允禟子孙回归宗室问题，各大臣以为新君刚刚继位就要翻前朝旧案，因而犹豫不决，旋议旋改，莫衷一是。眼见诸臣难于定议，加之此事关系重大，乾隆遂乾纲独断，将两人子孙给予红带，收入玉牒，即承认其为宗室成员，给予疏远皇族的待遇。①

接着，原属“八王党”集团的十阿哥允䄉及十四阿哥允禵也相继被释放，后者还被封为辅国公、恂郡王。至于其他被锁禁在高墙的宗室成员，如讷尔苏、鄂齐、丰库、裕伸、华玢等也全部释放回家。在宗人府查明革退圈禁原因后，这些人大多恢复名号，载入玉牒。

之后几个月中，一些昔日显赫的王公宗戚，如延信、苏努、阿灵阿、揆叙等人或其子孙也都恢复原有身份，被圈禁的释放，被流放的全部赦还。此前，雍正为阿灵阿及揆叙特设的墓碑，“不臣不弟暴悍贪庸阿灵阿之墓”、“不忠不孝阴险柔佞揆叙之墓”也被相继拆除。乾隆还说，阿灵阿之祖父遏必隆是有功之臣，如此侮辱性的做法不甚妥当，“此碑著不必立”。

除皇族宗戚外，雍正年间的几桩大案，如年羹尧、隆科多案等，乾隆也命令重新复查，如涉案人员为可用之才，则送部验看，届时酌情降等录用。再如获罪降革的八旗官员、将领，如法海、鄂昌等，也都一律宽免，尽量选用。此外，当年被雍正革职或打压的一些大

①乾隆四十三年上谕，允禩、允禟仍复原名，归入宗籍。同年平反的还有顺治朝获罪的睿亲王多尔衮。

臣如杨名时、李绂、谢济世等，乾隆也都加以赦免并重新任用。

从权术的角度看，新君继位后赦免前朝政敌往往可以收买人心，这种恩惠对双方来说都是一种福利。而从现实的角度而言，一些在前朝被认为是严重的政治案件，时过境迁后其实未必怎么样，继任者适当地加以缝隙补过，实行宽大处理，这不但不会带来政治动荡，反而有助于树立新皇帝宽厚仁慈的美好形象。

当时的朝鲜使臣对此即有所评论，说“雍正有苛刻之名，乾隆行宽大之政”，其“政令无大疵，或以柔弱为病”；又说，乾隆“政令皆出要誉”。《啸亭杂录》中也说：“纯皇帝即位时，承宪皇严肃之后，皆以宽大为政。罢开垦、停捐纳、重农桑、汰僧尼之诏累下，万民欢悦，颂声如雷。吴中谣有‘乾隆宝，增寿考；乾隆钱，万万年’之语。”

就“吴中之谣”而言，如乾隆最初想以各种宽政来博取宽仁之名、捞取政治资本的话，那他的目的应该说达到了。不过，在曾静、张熙案的处理上，乾隆却是一反常态。尽管雍正此前已经下谕，“朕之子孙，将来亦不得以其诋毁朕躬而追求诛戮”，但乾隆仍有意违背其父谕令而将曾、张二人押赴京城后凌迟处死。这也算是对其初政宽容的一个补黑。

对于皇族中人，乾隆的宽容是有限度的，尤其在皇权受到威胁时，其处断更为迅速敏捷。乾隆四年（1739 年）九月，奉差在外的正黄旗满洲都统弘昇（原五阿哥、恒亲王允祺之子）被革职锁拿，押送回京，其罪名是“诸处夤缘，肆行无耻”。乾隆说：“伊所谄事之人，朕若宣示于众，干连甚多，而其人亦何以克当。故朕仍尽亲亲之道，不肯暴扬。”这也是所谓“弘皙逆案”的青萍之末。

弘皙是康熙朝废太子允礽之子，素为康熙所钟爱，曾被养育宫中。康熙末年有传言说，康熙迟迟不肯立储，原因是太子虽废，但皇长孙弘皙颇贤，一时举棋不定。这一传闻，同样被养育宫中的乾隆想必也有所耳闻并极为敏感。

弘昇被锁拿一个月后，宗人府议奏：庄亲王允禄与子侄辈弘皙、弘昇、弘普（允禄之子）、弘昌（怡亲王允祥长子）、弘晈（怡亲王允祥第三子）等人“结党营弘，往来诡秘”，议请分别予以惩处。经审查后，允禄免革亲王但革去亲王双俸及议政大臣等职；弘皙革去亲王爵，仍准于郑家庄居住，不许出城；弘昇“永远圈禁”；贝勒弘昌、贝子弘普、公宁和革爵，宁郡王弘晈仍留王号，“永远住俸”。

允禄是康熙第十六子，雍正朝时颇受重视，乾隆继位后更是与果亲王允礼、鄂尔泰、张廷玉同列为辅政大臣，位高权重，一时无二。但在乾隆二年（1737年）后，总理事务处被撤销，允禄及允礼均被排挤出军机处。允礼次年即去世，没话可说。允禄大概是有些窝火的，他之后与弘皙、弘昇、弘昌、弘晈等年龄相差不是太大的子侄辈多有来往，一群人经常在一起吃吃喝喝，嬉戏游乐，期间大概也说了一些不该说的，最终被人举报，让乾隆给一窝端了。

事后，乾隆说皇叔允禄这个人“乃一庸碌之辈”，“惟务取悦于人，遇事模棱两可”，其与弘皙等人私相交结事，“朕上年即已闻知，冀其悔悟，渐次散解，不意至今仍然固结”；至于弘皙等人，“见朕于王加恩优渥，群相趋奉，恐将来日甚一日，渐有尾大不掉之势”；其中，尤以弘皙“自以为旧日东宫之嫡子，居心甚不可问”。为此，乾隆特举一例，说本年遇朕诞辰，“乃制鹅黄肩舆一乘以进，朕若不受，伊即将留以自用矣”。

此时，乾隆虽察觉弘皙“有不轨之心”，但“因事未显著，是以从轻归结，以见小惩大戒之意”。没多久，原为弘皙亲信的福宁向宗人府告发弘皙犯有弥天大罪。而在审讯中，涉案巫师安泰的口供最为惊人。据其供述，弘皙曾向他问询“准噶尔能否到京，天下太平与否，皇上寿算如何，将来我还升腾与否等语”，这显然是企图东山再起，欲谋不轨了。此外，宗人府还查明弘皙在府中擅自设立内务府下属的会议、掌仪等司，这种做法俨然在搞“小朝廷”。至此，弘皙的处罚进一步加重：圈禁地由原郑家庄府邸改于毗邻皇宫的景山东果园内；除宗籍，改名为四十六。[①]

对于弘皙一案，乾隆的态度是非常坚决的，其表示：“朕虽欲敦亲亲之谊，亦断不能宽假也。”[②]相比而言，乾隆对自家兄弟就要宽厚得多了。毕竟他就两个亲弟弟，这比起兄弟众多的父辈们来说是要好处理多了。《啸亭杂录》中说，乾隆即位后，对和亲王弘昼、果亲王弘瞻两弟相当优待，“每陪膳侍宴，赋诗饮酒，殆无虚日”。与此同时，乾隆也“时加训迪，不许干预政事，保全名誉”。

有一次，弘昼受命监试八旗子弟于正大光明殿，考至下午，乾隆尚未退朝。弘昼遂请皇上下班回去吃饭，后者以士子积习疲玩，说还是等考完再说。弘昼听后很不高兴，说：“莫非你怀疑我收取贿赂、暗通关节?”乾隆也不与辩，随后怡然而退。

乾隆走后，大臣傅恒责备弘昼说：“你刚才都说得什么话啊?这是为人臣者所应该说的吗?”弘昼这才发觉自己有些冲动，次日即入朝免冠请罪。乾隆说：“昨天朕不理你，自有道理。若朕回你一句，君无戏言，你怕是要粉身碎骨了！念你言语虽戆，心实友爱，所以也不和你计较，以后可千万别再来这一出了。”事后，兄弟间仍友爱如初。[③]

弘昼与乾隆同年出生，两人相差仅三个月。据《旧闻随笔》中说：“世宗既即位，别定立嗣法，将书名藏金匮中。顾钟爱第五子和亲王弘昼，而第四子高宗夙为圣祖所奇，尝有‘此人异日福过于朕’之谕，因犹疑不决。乃以二箧，一置玉印一枚，一置明珠十颗，赐二子，使随意祗领。和亲王取珠，而高宗受印。上叹曰：‘天也！’于是密定高宗为嗣。”

以“抓周”的方式来确定皇位继承人，这听起来似乎有些儿戏。不过在秘密公布之前，雍正对弘历、弘昼两兄弟还是尽量一碗水端

---

①乾隆七年(1742年)九月，弘皙去世，终年四十九岁。乾隆四十三年(1778年)正月，在允禩、允禟被平反的同时，已去世三十六年的弘皙也被恢复原名，收入宗籍。

②欧立德:《乾隆帝》，第31页。

③昭梿:《啸亭杂录》，第21页。

平，并没有刻意的厚此薄彼。如在雍正十一年（1733 年）封王时，弘历与弘昼同时被封为亲王，不过名称上倒是透露了一些玄机：弘历封宝亲王，弘昼封和亲王，前者的“宝”字，想必是入承大宝；而“和”字同样是蕴涵深意，雍正大概是希望弘历、弘昼两兄弟诚心友爱，同气相亲，一家人在一起和和睦睦，休戚与共，共保江山社稷，万不可像自己这代人，出现骨肉相残的悲剧。

弘历、弘昼两人自幼在一起学习嬉戏，时间既久，弘昼似乎也看出了一些名堂。如雍正八年（1730 年）时，弘历在父亲授意下将历年所写诗文汇为一辑曰《乐善堂文钞》。在这部集子的前面，有庄亲王允禄、果亲王允礼、大学士鄂尔泰及张廷玉等十几位重头人物为之作序，这其中也包括了弘昼。序言中，弘昼称“弟之视兄，虽所处则同，而会心有浅深，气力有厚薄，属辞有工拙，未敢同年而语也”；又说，“兄之乐善无穷而文思因以无尽，凡古圣贤之微言大义，修身体道之要，经世宰物之方，靡不发挥衍绎，娓娓畅焉”！①

给人作序难免要拍些马屁，不过阵容如此强大，弘昼想必也已了然于胸了。电视剧《雍正王朝》中，弘昼自知争位无望，为避免卷入政治斗争而出了不少怪招，如给自己举行丧礼。《啸亭杂录》中即记了这么一段，说弘昼“性喜丧仪，言人无百年不死者，奚必忌讳其事。未薨前，将所有丧礼仪注皆自手订，又自高坐庭际，像停棺式，命护卫作供饭哭泣礼仪，王乃岸然饮啖以为乐。又作诸纸器为鼎、彝、盘、盂诸物，设于几榻以代古玩。”这事说起来其实并不好玩，结果弘昼死后，“其子孙未及数年相次沦谢，亦预凶之兆所感应也”。②

乾隆即位后，对弘昼也是相当可以，“宪皇所遗雍邸旧赀全赐之，王故甚富饶”。不过，这位曾与当今皇上朝夕相处的皇弟，其本性难免也会暴露。《啸亭杂录》中说他“性骄奢，尝以微故，殴果

①向斯:《乾隆养生之谜》,第 79 页。
②昭梿:《啸亭杂录》,第 178 页。

毅公讷亲于朝，上以孝圣宪皇后故，优容不问，举朝惮之”。乾隆一朝，弘昼也没什么大的作为，其“最嗜弋腔曲文，将《琵琶》、《荆钗》诸旧曲皆翻为弋调演之，客皆掩耳厌闻，而王乐此不疲”。由此看来，弘昼不仅贪玩而且会玩，后来他干脆成立专门剧团，自编自导，还真为戏剧做出了不小的贡献。

对弘昼的怪脾气，乾隆自是清楚得很，即使前者偶有骄抗也每多优容。不过，宽容归宽容，如弘昼闹得太不像样的话，乾隆还是会在适当的时候敲打敲打。如乾隆于二十八年（1763 年）在上谕中指责说，弘昼与弘瞻在给皇太后请安时，二人“膝席而跪坐，按以尺寸，即朕请安所跪坐之地也，是尚知有天泽之辨哉”？事后，弘昼以在皇太后前跪坐无状而被罚俸三年。

说起这件事，弘昼其实有点冤。因为引发乾隆之怒的人并不是他而是幼弟弘瞻，即前文提到的“圆明园阿哥”。当年五月初五，圆明园九州清晏发生火灾，弘瞻不仅护驾迟到，而且还若无其事地与诸皇子“谈笑露齿”。这一场面，正好又被乾隆看到，皇兄很是生气，后果当然也不轻松。

八日后，乾隆发布长谕历数其过，说“果亲王弘瞻，以朕幼弟，自孩提养育，迄于成人，乃不知祇遵朕训，承受朕恩”，其屡次犯过，罔知绳检，“如从前开设煤窑，占夺民产”，后又托两淮盐运使为其往扬州贩卖人参，竟至于各处织造关差等俱略给价值，派办绣缎什器，不一而足。

乾隆质问说，果毅亲王（允礼）在皇考时，“任事最久，赏赉亦最优，诸王中较为殷富。弘瞻既得嗣封，租税所入，给用以外，每岁赢余，不啻巨万，何至交给侵渔，不畏科条，不顾颜面，竟至此极耶？”另外，弘瞻坐拥厚赀，还对母妃不尽孝道并屡屡索取财物，如此放荡不羁，不知何为?!

贪财也就罢了，弘瞻还企图参与买官卖官的生意，“其最可异者，朕特命大臣拣选官员，此何等事，弘瞻竟以门下私人，关说挑取，请托阿里衮。虽阿里衮执法力拒，而弘瞻冥心干与（预）国政，毫无顾忌；一至于此，此风一长，将内务府旗员之不已，外而满汉职官，内而部院司寺，势将何所不有?”

再有，弘瞻屡次对乾隆不敬，早年某次给皇太后请安时，未候见皇兄，即径回圆明园去，而且还称乾隆为“汗阿哥”。乾隆批评他两句，弘瞻即怒形于色，大有微词，其奉命前往盛京恭送玉牒时，竟然“谩奏先赴行围等候”，丝毫不把差使当回事。

乾隆说，弘瞻的种种谬戾乖张，“朕皆以年幼无知，不忍遽治其罪，曲加训饬，冀可就悛，讵意庸妄日增，非法干求，迹更彰著”，“如此恣肆失检，朕若不加儆诫，将使康熙末年之劣习，自今复萌，朕甚惧焉”。

由于弘瞻的不法之举事关家法朝纲、人心风纪，乾隆决定给予严惩，将其“革去王爵，赏给贝勒，永远停俸，以观后效。其兼摄都统并内廷行走及管理造办处、圆明园各执掌，概行解退”。[①]

弘瞻生于雍正十一年（1733年），比乾隆小二十二岁，是雍正的老来子，后者在其出生两年后即驾崩。作为老大哥，乾隆对这个幼弟着实不错。其五岁时，因果亲王允礼死后无嗣，乾隆遂命其出继，袭封郡王。据《啸亭杂录》中说，弘瞻善诗词，“幼受业于沈确士尚书，故词宗归于正音，不为凡响。居家尚节俭，俸饷之积，至充栋宇。王每早披衣起，巡视各下属，有不法者立杖责之，故众皆畏惧，无敢为非者”。这么看来，弘瞻不仅爱财，而且更像个守财奴，其性格也未必见佳。

天威难犯！在挨了这么一棍子后，弘瞻“闭门谢客，抑郁生疾”。不到两年，竟至不治。在其病笃之时，乾隆亲往抚视，弘瞻犹“叩首衾裯间，惟谢过自责而已”。老大哥见后，也颇为自责地亲执其手痛曰：“朕以汝年少，故稍加拂拭，以格汝性，何期汝愧恧之若此?”还宫后，弘瞻被复封为郡王。

可惜的是，弘瞻仍于三月初八日病故。此时，乾隆正在南巡途

---

①周远廉:《乾隆皇帝》,第599页。

中，其在金山行宫得到消息后，懊恼之余而降谕说：“朕启銮时，闻伊病重，朕即加恩封为郡王。原期伊闻之欣悦，病可速痊。今闻薨逝，深为惋悼。著加恩一切应办事宜，俱依亲王例办理，遣六阿哥成服，其余阿哥等于祭祀日前往。”

由于弘瞻的两个儿子年纪都还小，而王府长史永兴办事能力不强，乾隆又特派内务府总管大臣英廉前往料理丧事，以免王府太监借端侵渔。回京后，乾隆又亲临其殡所赐奠。不过，这一切已非云游天外的弘瞻所能知也。

伉俪折翼

东巡路上失元配

丧子又丧妻：散心之旅反伤心

乾隆十二年（1747年）十二月二十九日晚，这天正值除夕。当神州大地鞭炮齐鸣、千门万户辞旧迎新之时，皇宫中却是一片死寂，各种不安笼罩宫墙，气氛凝重而不祥。也就在这个晚上，皇子永琮不幸夭折，未及两岁。

永琮系皇后富察氏所生第二子。在他之前，其兄长永琏曾被密定为皇位继承人，以待来日承续大统。孰料人算不如天算，永琏长至九岁时不幸染病身亡，这让乾隆感到极其悲痛而遗憾，事后下谕称："二阿哥永琏乃皇后所生，朕之嫡子，为人聪明贵重，气宇不凡，当日蒙我皇考命为永琏，隐然示以承宗器之意。……乾隆元年七月初二日遵照皇考成式，亲书密旨，召诸大臣面谕，收藏于乾清宫正大光明匾之后。是永琏虽未行册立之礼，朕已命为皇太子矣。今于本月十二日偶染寒疾，遂致不起，朕心深为悲悼。朕为天下主，岂肯因幼殇而仿怀抱。但永琏系朕嫡子，已定建储之计，与众子不同，一切典礼，著照皇太子仪注行。"

事后，乾隆宣布辍朝五日，并谥永琏为"端慧皇太子"。

按儒家学理，皇权承续最好实行嫡长子继承制，但有清以来，清宫从未有过嫡子为太子并继为皇帝的先例。也正因为如此，一向笃信儒学、喜好"十全十美"的乾隆是真心期盼在自己手里开创纪录，以示大清皇朝名正言顺。所幸的是，永琏夭亡不久，孝贤皇后再度受孕，这让乾隆又看到了希望。

为迎接这个新生儿的来临，乾隆打破移居圆明园庆贺上元节（观看烟火）的惯例而于紫禁城主持各种典礼祭祀。其中的主要原因是，孝贤皇后身怀六甲，乾隆担心车马劳顿会影响到孝贤皇后和未出生的孩子。①

不久，永琮诞生。巧合的是，这天恰值“佛诞日”（四月初八），久旱华北大地又降甘霖。乾隆大喜之余，特作诗庆贺：“九龙喷水梵函传，疑似今思信有焉。已看黍田沾沃若，更欣树壁庆居然。人情静验咸和豫，天意钦承倍惕乾。额手但知丰是瑞，颐祈岁岁结为缘。”

大概怕别人看不懂，乾隆又在下面加了一条注释：“是日，中宫有弄璋之喜。”

次年佛诞，永琮周岁，喜人的春雨又下了一夜。乾隆高兴之余，再次赋诗一首：“廉纤夜雨枕边传，天眷常承独厚焉。饶有对时增惕若，那无抚节庆油然。啐盘嘉祉征图策，佛钵良因自竺乾。恰忆去年得句日，果然岁岁结为缘。”

从各种迹象看，乾隆有意将承继大统的希望寄托在这个元后嫡出的婴儿身上，因而对永琮的格外珍爱也就不在话下。可惜的是，皇天苍苍并未顾及乾隆的一片苦心。就在这年的最后一天，永琮身染满洲人最害怕的天花而不幸夭亡。

永琮去后，乾隆感到极度遗憾而悲悼万分，其特颁谕旨，说“皇七子永琮，毓粹中宫，性成夙慧。……圣母皇太后因其出自正嫡，聪颖殊常，钟爱最笃”；而他的本意呢，也是深望“教养成立，可属承祧”，谁知突发痘折，令人十分悲恸。永琮虽是默定的皇太子，但毕竟未像永琏那样“书旨封贮”。何况尚在襁褓，非其兄可比。不过，永琮终究是中宫皇后所出，丧仪应视皇子从优，著送入永琏所在的朱华山太子园寝，让他们兄弟有个伴。

---

①乾隆原话是，“丙寅年亦曾于宫中庆元宵，盖彼时以孝贤皇后将有弄璋之庆”。弄璋即生子之意，丙寅年为乾隆十一年（1746年）。

谕旨最后，乾隆发了一通感慨，说“朕即位以来，敬天勤民，心殷继述，未敢稍有得罪天地祖宗，而嫡嗣再殇”。推求其故，难道是因为“本朝自世祖章皇帝以至朕躬，皆未有以元后正嫡绍承大统者”，“似此竟成家法”，而“朕立意私庆，必欲以嫡子承统，行先人所未曾行之事，邀先人所不能获之福”，以致嫡子连丧，天意难违。如果真是这样——“此乃朕过耶”？

永琏、永琮的接连殇逝，最难过的还不是乾隆而是孝贤皇后。很大程度上说，对永琮的厚葬也主要是为了安慰这位连丧二子的母亲。如乾隆在谕旨中说的，“皇后名门淑质，在皇考时虽未得久承孝养，而十余年来侍奉皇太后，承欢致孝，备极恭顺；作配朕躬，恭俭宽仁，可称贤后；乃诞育佳儿，再遭夭折，殊难为怀”。

月有阴晴圆缺，人有旦夕祸福。孩子毕竟夭折了，再高的葬仪也难以安慰伤心的母亲，转过年后，孝贤皇后郁郁寡欢，健康状况越来越差。身为丈夫的乾隆也是看在眼里，急在心里，一筹莫展。

孝贤皇后富察氏，满洲镶黄旗人。富察氏为满洲八大姓之一，早在努尔哈赤时期，其祖先旺吉努就率族众归附了后金，为大清的初创立下汗马功劳。此后，其曾祖父哈什屯在皇太极与顺治两朝中累官至内大臣、议政大臣，加太子太保。其祖父米思翰在康熙年间历任内务府总管、礼部侍郎、户部尚书兼议政大臣，深得康熙的器重。

米思翰有四子，长子马斯喀，次子马齐，三子马武，四子李荣保，均为康熙亲信，其中以马齐、马武最为出名。据《啸亭杂录》中所载，“马太傅齐，富察氏，为文忠公之伯。历仕两朝，居相位者几三十余年。时明、索既败后，公同其弟太尉公武权重一时，时谚云‘二马吃尽天下草’云”。[①]

马齐生于顺治八年（1651年），由荫生授工部员外郎，后任郎中、内阁侍读学士。康熙二十四年（1685年），马齐外放山西布政使，不久擢为巡抚。三年后，内迁左都御史，历任议政大臣、兵部

①昭梿：《啸亭杂录》，第284页。“文忠公”为傅恒，“明、索”即明珠、索额图。

尚书、户部尚书、理藩院尚书等职。康熙三十八年（1699 年），授武英殿大学士，官居一品，位极人臣，深得康熙信任。雍正即位后，马齐改保和殿大学士，进太子太保，雍正末年以年老致仕。清朝惯例，大臣授大学士称“拜相”，马齐任大学士三十余年，这在有清一代是十分少有的。

马齐之弟马武，历任内务府总管、都统、领侍卫内大臣等职，其统领侍卫亲军，在内廷任职五十余年，为康熙、雍正两朝皇帝所倚重。孝贤皇后的父亲李荣保是米思翰第四子，历任佐领、参领、察哈尔总管，可惜于康熙末年早逝。

富察氏出身于这样一个累世高官的家庭，其自幼即受过良好的正统教育。其成年后，娴于礼法，深明大义，加之相貌端庄，性格文静，可谓标准的名门淑女、大家闺秀。在雍正五年（1727 年）的选秀中，十六岁的富察氏被雍正亲自指配给皇四子弘历为嫡福晋，而后者早已被默定为未来的皇位继承人。从这个意义上说，雍正相中的其实就是未来的大清皇后。

也就在这年的七月十八日，清宫在紫禁城乾西二所为弘历与富察氏举行了隆重的婚礼。让雍正大感宽慰的是，虽说是不折不扣的“包办婚姻”，但弘历这对小夫妻却情投意合，极为恩爱。等到弘历即位后，富察氏也就顺理成章地成为中宫皇后，原所在的乾西二所亦改名为“重华宫”。

据记载，富察氏“性贤淑节俭，上侍孝圣宪皇后，恪尽妇职。正位中宫，十有三载，珠翠等饰，未尝佩戴，惟插通草织绒等花，以为修饰。又以金银线索缉成佩囊，殊为暴殄用物，故岁时进呈纯皇帝荷包，惟以鹿羔䍦毡缉为佩囊。仿诸先世关外之制，以寓不忘本之意，纯皇每加敬礼”。①

作为皇后，富察氏有着无上的荣华富贵，但她生性节俭，决不任意挥霍，铺张浪费。如上文所说，其平时从不佩戴金玉珠宝而仅

①昭梿:《啸亭杂录》,第 371 页。

插些通草绒线做的花，这无疑是简朴到家了。据说，某次乾隆读康熙御制的《清文鉴》时，看到有满洲旧俗用鹿尾绒毛搓成线以代替金线绣在袖口的做法，于是顺口说给了皇后听。孰知言者无心，听者有意，后来富察氏每至岁末进献给乾隆的荷包都用鹿尾绒制成，以示永不忘本。在她看来，用金线、银线缝制荷包香袋未免太过浪费，而乾隆对其做法不以为忤，反而敬重有加。

平日里，孝贤皇后对皇太后钮祜禄氏十分孝敬，每日问安侍膳，从不懈怠，由此深得皇太后的欢心，婆媳关系十分融洽。对于夫君，孝贤皇后更是感情至深，爱护有加。大学士阿桂曾记一事，说某次乾隆患了严重的疖疮，经多方医治方渐痊愈，御医一再叮嘱“须养百日，元气可复”。孝贤皇后得知后，“每夕于上寝宫外居住奉侍，百日满后，始回宫”。

如此贤内助，乾隆也颇为感激地说：“朕躬揽万几，勤劳宵旰，宫闱内政，全资孝贤皇后综理。皇后上侍圣母皇太后，承欢朝夕，纯孝性成。而治事精详，轻重得体，自妃嫔以至宫人，无不奉法感恩，心悦诚服。十余年来，朕之得以专心国事，有余暇以从容册府者，皇后之助也！”

作为女人，孝贤皇后运气很好，她拥有无上尊崇的地位，有着和谐温馨的夫妻关系，但是，幼子的接连夭殇彻底打乱了她的阵脚，其精神之苦痛，自不待言。眼看皇后就此郁郁寡欢，日渐消瘦，乾隆也是十分着急。这时，他突然有了个主意，那就是借谒孔庙、登泰山的名义安排东巡，以此排解皇后的丧子之痛。

乾隆十三年（1748 年）二月初四，此时的北方尚是春寒料峭，但乾隆却带着庞大的队伍匆忙离京启銮东巡。最开始，出行还算顺利，队伍于二月二十四日到达山东曲阜，一行人游览了著名的孔庙。次日，乾隆在孔庙举行了盛大的释奠典礼并随后晋谒孔林，以表示对这位儒家先圣的尊崇。

二月二十九日，乾隆与皇太后、皇后等登览东岳泰山，众人兴致很高。三月初四，乾隆一行人来到济南，当日游览趵突泉。后数日，乾隆又在阅兵、接见官员之余偕皇太后、皇后游览大明湖、历下亭。三月初七，乾隆一行人再次来到趵突泉游玩。

但奇怪的是，就在二度游览趵突泉的次日（三月初八），乾隆即宣布奉皇太后回銮，一行人踏上了回京的路程。三月十一日，东巡队伍在抵达德州后弃车登舟，打算沿运河走水路回京。也就在当晚，孝贤皇后忽然崩逝，年仅三十七岁。

按清廷的官方说法，孝贤皇后是因为途中劳累，因病而逝。如乾隆《起居注》中载："三月十一日乙未，驾至德州登舟。先数日，皇后偶感寒疾，至是日疾甚，……夜半亥刻崩逝"；《高宗实录》中也说，"皇后同朕奉皇太后东巡，诸礼已毕，忽在济南微感寒疾，将息数天，已觉渐愈，诚恐久驻劳众，重廑圣母之念，劝朕回銮。朕亦以疴已痊，途次亦可将息，因命车驾还京。今至德州水程，忽遭变故"。

结合前文，读者或许会觉得奇怪，乾隆一家人的旅游活动明明进行得好好的，皇太后、孝贤皇后又是登泰山，又是泛舟大明湖、二临趵突泉，怎么年近六旬的皇太后一点事没有，年纪轻轻的孝贤皇后反而说没就没了？

由此，孝贤皇后究竟是怎么死的，民间也是议论纷纷，各种传闻不胫而走。有称"失足死"的，说乾隆一行人"回銮至德州，帝在舟中夜宴，后在他舟闻之，……是日至帝舟，因事进谏，语颇激切。时帝已被酒，怒后，颇加诟谇，后羞忿返，失足蹈水死"；有称"投水死"的，说"十一日夜，乾隆帝东巡回驻德州，于舟中宴饮淫乐。皇后富察氏激切进谏，乾隆帝加以诟谇。后羞忿，投水死"。

更离奇的是，还有说是因为乾隆与孝贤皇后弟媳（即傅恒夫人）私通，返回途中两人因此事而争吵，乾隆暴怒之余，竟将孝贤皇后"逼之入水"。

失足、投水、逼之入水，官方说法靠不住，一时流言满天飞。不过，在孝贤皇后死因问题上，也有学者认为，孝贤皇后病死的可能性更大。清史专家刘桂林即通过翻阅大量的清宫档案，尤其是对这段时期的天气状况深入分析后认为，孝贤皇后的死一则是因为丧子余痛，身体不佳；二来是因为当时天气阴雨寒冷并夹有春雪，孝贤皇后在济南感染寒疾，加上人在旅途，舟车劳顿，由此最终病逝于归途。[①]

孝贤皇后临死前，皇太后钮祜禄氏亲自来其船上看视，“悲恸良久”。然事已如此，悲亦无用，孝贤皇后最终弃屣仙逝。事后，乾隆命庄亲王允禄、和亲王弘昼奉皇太后御舟缓程回京，自己则留在德州料理皇后的丧事。

次日，乾隆将皇后去世之事布告天下，其中称：“大行皇后乃皇考恩命作配朕躬，二十二年以来诚敬皇考，孝奉圣母，事朕尽礼，待下极仁，此亦宫中府中所尽知者。今在舟行，值此事故，永失内佐，痛何忍言！昔古帝王尚有因巡方而殂落在外者，况皇后随朕事圣母膝下，仙逝于此，亦所愉快。一应典礼，至京举行。布告天下，咸使闻知。”

当晚，乾隆又做挽诗：“恩情廿二载，内治十三年。忽作春风梦，偏于旅岸边。圣慈深忆孝，宫壶尽钦贤。忍诵关雎什，朱琴已断弦。夏日冬之夜，归于纵有期。半生成永诀，一见定何时。袆服惊空设，兰帷此尚垂。回思相对坐，忍泪惜娇儿。愁喜惟予共，寒暄无刻忘。绝伦轶巾帼，遗泽感嫔嫱。一女悲何恃，双男痛早亡。不堪重忆旧，掷笔黯神伤。”

三月十四日，乾隆护送孝贤皇后的梓宫到天津，皇长子永璜率众官员在此迎驾。三月十六日中午，孝贤皇后梓宫运至通州后暂安在芦殿内，在京亲王以下、三品以上官员与诸皇子在梓宫前祭酒，举哀行礼。当晚薄暮时分，孝贤皇后梓宫抵京，京中文武官员及公主王妃以下、大臣官员命妇、内务府佐领内管领下妇女分班齐集，缟服跪迎。

之后，皇后灵柩由东华门入苍震门，最后奉安于其生前居住的

①刘桂林：《孝贤皇后之死及丧葬余波》，《故宫博物院院刊》1981年第4期。

长春宫。事毕，当日先行返宫的乾隆亲自主持哀礼，由皇子祭酒，王以下文武官员俱齐集行礼。

悲痛之余，乾隆命履亲王允裪、和亲王弘昼、户部尚书傅恒、工部尚书哈达哈、户部右侍郎舒赫德、工部右侍郎三和等总理丧仪，并特别指示，丧事要大办，典礼要最隆重。之后，按总理丧仪王大臣等人的奏请，皇帝持服用素绸，九日辍朝；妃嫔以下，皇子、皇子福晋咸服白布，截发辫，剪发；王以下文武官员，公主福晋、公侯伯男、皇后姻戚，等等，俱成服，齐集举哀；外藩额驸、王公、台吉、公主、福晋、郡主及朝鲜等国使臣于服内来京者，亦成服，每日三次奠献；另外，诸王以下文武官员俱斋宿二十七日。在此期间，民间禁音乐婚娶，违者重罚。

三月二十二日，乾隆下谕赐谥大行皇后为“孝贤皇后”，其中称：“从来知臣者莫如君，知子者莫如父，则知妻者莫如夫。朕昨赋皇后挽诗，有‘圣慈深忆孝，宫壶尽称贤’之句。思惟‘孝贤’二字之嘉名，实该皇后一生之淑德。应谥为‘孝贤皇后’。”

通常来说，皇后谥号应由礼部大臣初拟，再由皇帝挑选钦定。但这一次，乾隆直接赐谥，一方面是乾隆对孝贤皇后的深情厚谊，另一方面也是其中有一则小故事。

原来，早在三年前皇贵妃高氏薨逝时，乾隆为其选定谥号“慧贤”，孝贤得知后流泪请求说：“我朝后谥上一字皆用‘孝’字，倘许他日谥为‘贤’，敬当终身自励，以副此二字。”刑部尚书汪由敦写祭文时，乾隆还特别指示将这段往事写入，以偿皇后生前之夙愿。

其实，从求谥号的轶闻可知，孝贤皇后生前活得累，累在心。她太重视名誉和责任，一生克勤可敬，克职恪守，可谓命虽好而福不厚。在其短暂的生涯中，孝贤牵挂的事太多，自我肩负的责任太重，很可能有自我压抑的人格倾向，由此生活缺少快意。也许是太过追求贤德，孝贤皇后三十七岁即一病不起，大概是因压抑太久而致有内伤罢。

为寄托哀思，乾隆还命人将孝贤皇后在德州病逝时所乘的御舟青雀舫运到京师保存。但是，由于京城门洞狭窄，御舟体大不能进城，乾隆一怒之下，下令将城门楼拆毁。后来，时任礼部尚书的海望想出了一个办法，即从城墙垛口搭木架，设木轨，轨上涂抹鲜菜叶汁以润滑之。然后，千余役夫推挽拉拽，御舟借其柔滑而顺利入城，这才保住了城楼，并节省了大量人力财力。①

东巡之前，乾隆依唐人诗韵写了一组名为《昔昔盐》的诗，共二十首，其中第十九首名《一去无还意》："记得分离日，相期不日还。如何一契阔，长此望边关。"乾隆当时也不知是何心境，又何以会写下如此哀绝之诗，而笔落竟成诗谶！

此外，决定东巡前一个月，钦天监奏称："客星见离宫，占属中宫有眚。""眚"者，一为"眼睛生翳"之意，又做"过错"、"灾难"解；"离宫"为离宫六星，"客星"在古代常指彗星或现代所说的新星、超新星，"客星侵入离宫"这种天象显然并非吉兆。乾隆接报后，当时也颇为警惕，但后来客星十余天后突然消失，皇后在太医的调治下也日渐起色，因而东巡之事仍按计划进行。②

深爱的皇后已然仙去，留给乾隆的只有太多的伤感与不甘心。长春宫是孝贤皇后生前的寝宫，乾隆下令保留原有一切陈设。不为别的，只为以物代人，哀思有所寄托，让那份与爱妻在一起的回忆永存。每逢腊月二十五日和孝贤皇后忌辰，乾隆都要来此亲临凭吊。直到乾隆六十年（1795年），长春宫才被允许其他后妃居住。

乾隆一直认为，孝贤皇后的不幸早逝与连生二子，而二子又接连夭亡有关。其曾作诗曰，"早知失子兼亡母，何必当初盼梦熊。""梦熊"语出《诗经》，"吉梦维何，维熊维罴"，后喻为生男孩。其诗中大意是，早知道求嫡子而丧其母，那当初宁可不要皇子也希望能保全皇后的性命。可惜，世上哪有后悔药可吃呢？

由于孝贤皇后是在济南城得的病，乾隆后来南巡时多次有意绕道避开济南，怕的就是故地重游，触景生情，再度引起思妻之痛。

①昭梿：《啸亭杂录》，第485页。

②郭成康：《乾隆正传》，第217–218页。

这种情绪，其在乾隆三十年（1765 年）的《南巡过济南韵诗》中有所表达：“济南四度不入城，恐防一入百哀生。春三月昔兮偏剧，十七年过恨未平。”[①]

孝贤皇后去世时，由于乾隆的裕陵尚未修好，因而直到乾隆十七年，孝贤皇后梓宫才最终移葬地宫。在这四年间，乾隆共在孝贤皇后梓宫前奠酒一百一十八次。[②]而自孝贤皇后入葬裕陵后，乾隆每谒东陵则必到裕陵为孝贤皇后酹酒，期间共计十七次。

嘉庆元年（1796 年）三月初九日，年已八十六岁的乾隆带着新即位的嘉庆皇帝一起前去，这也是他最后一次前去祭奠亡妻。事后，乾隆作诗云：“吉地临施跸，种松茂入云。暮春中浣忆，四十八年分。”诗后又自注云：“孝贤皇后于戊辰（乾隆十三年）三月十一日大故，偕老愿虚，不堪追忆！”[③]如此算来，孝贤皇后已经去世近半个世纪，空余乾隆垂垂老矣。

清史专家徐广源先生说，乾隆是清朝历史上拥有后妃最多的皇帝之一，他与后妃之间的情感纠葛成了后世一些流言家、小说家、戏曲家感兴趣的题材，其极尽演绎编撰之能事，将他塑造成一个处处留情的风流天子形象。真实的乾隆是否如此多情好色不得而知，但他的嫡皇后孝贤皇后赢得了他一生一世的爱和敬却是不争的事实。[④]

孝贤皇后与乾隆皇帝做了二十多年的结发夫妻，死后又让乾隆几十年如一日地怀念，在人情淡薄如纸、出入动辄得罪的皇宫大内，这份真挚的感情实属难得。乾隆的用心之真、用情之深，也足以令后人为之慨叹。以此而论，若是孝贤皇后地下有知，或许也会为之感动与满足吧。

---

①向斯:《乾隆养生之谜》,第 91 页。

②刘桂林:《孝贤皇后之死及丧葬余波》,《故宫博物院院刊》1981 年第 4 期。

③吴十洲:《乾隆一日》,第 245 页。

④徐广源:《正说清朝十二后妃》。

大阿哥之死：丧葬风波闹得凶

乾隆当政初期，大体而言还是比较惬意的，而其中也有孝贤皇后的功劳。正因为有了这样一个贤内助，皇宫内宁静和谐，乾隆也无后顾之忧，可以安心理政。然而，天有不测风云，看似圆满的开局在乾隆十三年（1748 年）三月后戛然而止。

随着孝贤皇后的去世，乾隆的脾性也随之大变，执政风格由原来的宽容转为严苛，皇后的葬礼问题更是演变成一场宫里宫外的全国性灾难。

首触霉头的是皇长子永璜。当年三月十四日，也就是孝贤皇后逝后的第四天，永璜迎驾至天津。父子相见后，大阿哥对母后去世的反应让乾隆十分恼火。八天后，在孝贤皇后的丧仪初定之时，乾隆颁下谕旨，其中对大阿哥的师傅大加指责，说“阿哥之师傅谙达”[1]，平日里对阿哥应“诱掖训诲，教阿哥以孝道礼仪者”，孰知“今遇此大事，大阿哥竟茫然无措，于孝道礼仪，未克尽处甚多”。

乾隆气愤地说，这样的事，难道还要亲身经历后才懂得如何做吗？究其原因，这都是大阿哥的师傅谙达们平时未尽心教导所致。为此，乾隆宣布处罚措施，“伊等深负朕倚用之恩，阿哥经朕训饬外，和亲王、来保、鄂容安，著各罚食俸三年，其余师傅谙达著各罚俸一年”。至于另外两个师傅张廷玉与梁诗正，因为“俱非专师，

---

①“谙达”指教导皇子骑射、满语的满人师傅，地位稍低于汉人师傅。

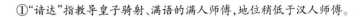

著免其罚俸”。

孝贤皇后的死令乾隆悲哀烦躁，动辄发怒，许多大臣官员在丧仪问题上接连受到严厉叱责与治罪。当年四月，翰林院所奏大行皇后册文中的“皇妣”二字译成满文时错译为“先太后”，乾隆发现后大发雷霆，说翰林院官员事务清简，如此草率行事，这不是“无心之过，文意不通”；更有甚者，待他看出其中“大不敬背谬之处”而欲传旨询问时，刑部尚书兼翰林院掌院学士阿克敦等人皆已散去，这简直是岂有此理！向来“呈览之本留中而未降谕旨”，请旨大臣却弃而他往，试问有此先例乎？

乾隆说，众大臣中，大学士张廷玉尚可说是年老，难道阿克敦也老迈了吗？当然不是！这都是因为阿克敦因前日解其协办大学士而心怀怨望所致。试想“伊于皇考时获罪后复起用，朕用伊至尚书。数年来实无出众宣猷之处，而每以文学老成自命，不得升用，辄怀怏怏。人臣无将，此之谓也。阿克敦著革职，交刑部问罪”。最后，阿克敦被判处斩监候，秋后处决（后加恩宽释），侍郎盛安等官员也受到革职留任的处罚。①

斩监候虽然未必致死，但因为文字上的一点小过失即将刑部尚书这样的大员予以如此重罚，乾隆之躁怒可想而知。可怕的是，因孝贤皇后病逝而引发的“丧葬风波”，这还仅仅开了个头。

当月，乾隆前往静安庄祭奠孝贤皇后时，发现各王公、满汉文武四品以上官员远未到齐，其发旨切责，说“齐集乃礼制攸关”，“试思朕车驾亲临，而诸臣若罔闻知，偃息在床，有是理乎？抚心自问，于汝安乎？……此次朕复从宽，免其议处。若再靦不知耻，侥幸求逸，国法具（俱）在，毋冀屡邀”！

乾隆痛失爱妻，其内心的悲痛毋庸置言，而让他感到失望乃至痛恨的是，手下的那些大臣们不能理解他的心情，几乎无人能与他君臣对泣，同气相悲。由此，对那些办理丧仪欠妥、不敬皇后的人，

①阿克敦被赦后仍复任刑部尚书、翰林院掌院学士等职，后卒于乾隆二十一年(1756年)，谥“文勤”。

乾隆是绝不放过的。

五月间，工部因办理皇后册宝，“制造甚属粗陋”而遭诫责，尚书哈达哈等人革职留任，侍郎索柱连降三级。光禄寺办理祭奠事务时，因所用桌子不够“洁净鲜明”，负责官员一律降级调用。其后，礼部官员办理册谥皇后事务时因未议王公行礼之处而被斥“办事糊涂”，尚书海望、王安国被交部查议。

更严重的还在后面，这次倒霉的不是大臣而是乾隆自己的儿子——大阿哥永璜和三阿哥永璋。当年六月，在孝贤皇后丧事百日已满之际，乾隆突然发布长篇谕旨，说这次皇后之事，朕甚哀痛，这不仅是因为皇后与朕二十二年的伉俪相得之情意，更在于另一个大事，即“宗庙社稷神器之重，付畀不得其人”，朕每一念及，深为心悸。

接着，乾隆把矛头对准自己的儿子，说：看看大阿哥，现在都二十一岁了，于这次皇后的丧事中，其一切举动，尚堪入目乎？试想父母同幸山东，而仅一人回京，但凡有点人子之心，该当如何哀痛？可大阿哥全不介意，仍如日常当差，毫无哀慕之意。朕当时心中愤懑，想下旨切责其昏庸不孝，但不孝之罪甚大，他当不起。所以，朕才强压怒气，委婉施恩将他开脱，以全其生路。倘若朕当时即将他的不孝之处表白于外，试问他还能苟活于世吗？

说到这里，乾隆话锋一转，说如今事情虽然已经过去了，但此等并非小事，朕如果不明白开示的话，“以彼愚昧之见，必谓母后崩逝，弟兄之内惟彼居长，日后除彼之外，谁克肩承重器”？如此一来，倘若大阿哥妄生觊觎，或者其师傅谙达或随从太监等从中怂恿，难免旁生事端。试想皇位继承乃是仰承祖宗统绪、垂及子孙的大事，孟子有云：“以天下与人易，为天下得人难”，实为至论。朕以前就多次与讷亲、傅恒说过，大阿哥断不可立，看来一点不假。

接着，乾隆又开始数落三阿哥，说先前以为三阿哥尚有可望之处，自己也曾和讷亲等大臣有所提及。但现在看来，三阿哥也出息不大，其年满十四而全无知识，此次皇后之事，于人子之道毫不能尽。如果说他是因为年龄小，但皇祖（即康熙）驾崩之时，朕也不过十二岁，又如何能克尽孝道？这不是朕在吹牛，实乃诸皇叔和昔日各大臣所亲眼目睹。不是朕对两位阿哥有意责难，毕竟他们都是朕的亲儿子，而如此不识大体，朕除惭愧之外，尚有何话可说？

说到这里，乾隆加重语气，说：此二人，断不可承继大统！

话已尽此，乾隆似乎还有些意犹未尽，说：朕降此旨，并非恐吓伊等，“试思太庙祝版，以孝字冠首。不孝之人，岂可承续大统？朕于此等大事，决无食言之理”。

乾隆又说：两阿哥如此不孝，朕以父子之情，不忍杀二人，伊等当知保全之恩，安分度日，如不知追悔，尚有非分妄想的话，那就是自干重戾，怪不得朕。

到了这里，乾隆才口气稍缓，说：大阿哥是朕的长子，三阿哥年亦稍长，如果安分守己，日后总能膺受亲王、郡王或贝勒之封，但身居王位或为贝勒后，万不可复萌希冀之想，须知皇位只可传一人，不可分传数人，若不自量力、各怀异意，日后必至弟兄相杀而后止。与其令伊等弟兄相杀，不如朕为父者杀之。伊等若敢在朕面前微露端倪，朕必照今日之旨揭其不孝之罪，即行正法。今后若有大臣奏请设立皇太子，朕也必将其立行正法，决不宽贷。

最后，怒气未消的乾隆命大学士等将此旨存记，阿哥书房亦著登记。

一段突如其来的谕旨，一顿狗血喷头的痛骂，估计把大阿哥和三阿哥给震懵了。他们无论如何也不会想到，自己只是没有明显的“哀慕之意”，并未做错其他什么，可为何会惹得父皇勃然大怒、耿耿于怀呢？这都一百天了，还不肯放过！毕竟这亲疏有别，死的不是自己的亲妈，难道一定要有哀哀切切的出众演技，父皇才会感到满意？如此一来，真孝与假孝、真诚与虚伪之间，又当做何选择？①

---

①世有“三哭”之说：有泪有声谓之哭，有泪无声谓之泣，无泪有声谓之号。按旧时习俗，父母去世而子女不哭，或哭而无声、哭而无泪，皆不孝也。敝乡江西中部即有此习俗。乾隆因丧妻而迁怒于子，其子不知所犯哪条，或许他也不知何为哀慕之标准矣。

当然，乾隆的这通火也非全无由头，首先是丧后之痛让他心烦意乱，接着又看到自己的儿子全无出息，而今嫡皇后已逝，皇储未定之下，各皇子会不会重演康熙末年“九王夺嫡”的故事，乾隆自己也无把握。而在其成长道路上，乾隆对自己父皇（雍正）与兄弟间的相残乃至自己兄长弘时之死印象深刻。他之所以措辞如此严峻，其实也是在借事说事，把对皇后不敬与皇位继承问题联系起来，以断了大阿哥和三阿哥做皇储的念想。

皇权凛冽，皇威瘆人，身为皇子本是件很幸运、很幸福的事。但对于大阿哥永璜与三阿哥永璋来说，乾隆十三年（1748 年）却是一个不祥的变奏。在此紧张的空气下，没有人知道大阿哥和三阿哥当时是什么反应，但可以肯定的是，他们的政治前途算是彻底完了。在乾隆的严厉警告下，他们的小命能不能保住都是个问题。

或许是因为受此惊吓，大阿哥永璜于乾隆十五年（1750 年）三月忧惧而死，年仅二十三岁。而此时与当年的那个严旨相隔不过一年零九个月。发引当日，乾隆手扶灵柩涕泪横流，心中充满了悔恨与自责，其做挽诗云：

灵楯悠扬发引行，举楯人似太无情。
早知今日吾丧汝，严训何须望汝成！
三年未满失三男，况汝成丁书史耽。
见说在人犹致叹，无端丛己实何堪。
书斋近隔一溪横，长杏芸窗占毕声。
痛绝春风廞马去，真成今日送儿行！

诗末，乾隆自注说：“（大阿哥）弥留之际奏朕云：‘不能送皇父矣！’朕含泪告之：‘吾今反送汝耳！’言犹在耳，痛何如之！”

诚然，大阿哥是哲妃所生，尽管自始被乾隆排除在皇储之外，但他毕竟是长子，如今一道严旨，成了他的催命符。如诗中说的，“早知今日吾丧汝，严训何须望汝成”，想到这里，乾隆内心的苦闷与难受更不用提了。自古伤感莫过于白发人送黑发人，乾隆也没有料想到，“三年未满失三男”，事情怎么会弄成这个样子呢？

此后，乾隆又相继做诗怀念永璜，其中“灰心临素幔，泪眼向东风。将老丧长子，前年别东宫”数句，说的就是大阿哥临死之际的情状。某次前往永璜陵园酹酒时，乾隆想起当年父子一起在木兰狩猎之事，不由悲从心来，说“佳城惊见此何来，千古伤心酒一杯。犹忆前年当此日，相携教射木兰回”。①

为了弥补自己的过错，乾隆于永璜逝后追封其为定亲王，谥“安”。亲王爵令其子（即皇长孙）锦德承袭，并破例于皇长子所居别室治丧，不必迁移外所。乾隆诸子中，首先获得亲王爵位的是皇长子永璜，尽管是死后追封的，但其爵位并未按惯例降袭郡王而是仍保留亲王爵位，这也算是乾隆对皇长子一支的特殊关爱，或者说是一种抱愧与补偿。②

至于原本聪颖并被乾隆抱有一定期望的三阿哥永璋，他的情况也好不到哪里去。受到那次的严训后，被打入冷宫的三阿哥也是诚惶诚恐，战战兢兢，最终于乾隆二十五年（1760 年）七月韶华早殒，年仅二十六岁。三阿哥的死，无疑也是含恨而终，他也就比大阿哥多活了十年，而其死后仅被追封为循郡王，待遇尚不如前面那位难兄。

某种程度上说，大阿哥和三阿哥实际上是被自己的父亲乾隆给逼死的，不过这还算好的。在当年的那场“丧葬风波”中，直接被赐死的官员也大有人在。

据《啸亭杂录》中记载，乾隆十三年六月，有人揭发奉天锦州知府金文淳于皇后大丧百日内剃发，乾隆得知后命立诛之。刑部尚书盛安为之求情，说金文淳是“小臣”，“罔识国制，且请命大僚然后剃发，情可矜恕”。乾隆怒道：“汝为金某游说耶？”盛安说：“臣为司寇，尽职而已，并不识金某为若何人。如枉法干君，何以为

①陈葆真:《从四幅“岁朝图”的表现问题谈到与乾隆皇帝的亲子关系》,《台大美术史研究集刊》第 28 期。

②郭成康:《乾隆正传》,第 568 页。

天下平也？”受此顶撞后，乾隆勃然大怒，当场喝令侍卫将盛安绑赴市曹，与金文淳一同处死。遇此大变，盛安佯然长笑，惟曰“臣负朝廷之恩”而已。尔后，乾隆猛然悔悟此举不合朝廷体制，于是又急忙命人赶到刑场将两人赦回。此乃市曹万目共睹也。[①]

按儒家学说，“身体发肤，受之父母，不敢毁伤，孝至始也”。汉人一向留长发，挽髻或盘头于上，通常是不剃头、不剪发的（倒也经济节约，只是卫生状况堪忧），但在清廷入主中原后，通过血腥的征服，汉人也不得不按满洲习俗剃去前额头发而形成半个光头。[②]如此做法，卫生状况虽然有所好转，但毕竟增加了相当的剃发成本和麻烦，男性国人不得不隔段时间即去寻找剃头匠，否则难免“郎发覆额”，一则不方便，二来还有违反清制而被问罪之虞。不过，也有特殊时期，即所谓大丧百日内不得剃发，乾隆十三年的“剃发风波”，指的就是这个。

金文淳一案中，《啸亭杂录》中其实还漏录了一人，即山东沂州营都司姜兴汉。乾隆曾为此专门下旨，说姜兴汉、金文淳二人皆于孝贤皇后大丧百日内剃头，按祖制的话应当立即处斩。但考虑到八旗入关已近百年之久，加之本朝律例对此也无明确规定，一些八旗兵丁对昔日旧习多有漠然，此前先帝（雍正）大丧百日之时即有旗人剃发者，以为法不责众，以至漫无边际。嗣后，将“国恤百日内不得剃头，违者立即处斩”载入会典律例，令人共知遵守。凡旗人与汉官，今后不得以“律令不载遂为不孝者解免”。

一波未平，一波又起。乾隆这边刚把规矩定下来，那边立即有人举报江南河道总督周学健于皇后逝后二十七日违制剃发，其属下官员也都群同效仿。乾隆听后气不打一处来，随即命人将周学健押赴京城问罪。眼看风波越闹越大，有些官员也等不及别人举报了，自个赶紧出来自首，湖广总督塞楞额即上疏自劾，称自己在皇后二

①昭梿：《啸亭杂录》，第 56 页。

②换言之，当年明朝遗民反抗的是前额剃发而不是长辫，因为辫子只是发型问题，剃去前额头发却关乎儒家传统

十七日丧服除后剃发，属下湖北巡抚彭树葵、湖南巡抚杨锡绂及两省文武官员也大多剃发。

这下好了，一牵连就是一大片。乾隆是被气得脸色发白，大骂周学健、塞楞额等人对皇后毫无敬意，简直就是“丧心悖逆”，“弃常蔑礼”，“丧心病狂”。事后，塞楞额被勒令自尽，周学健先是被革职发往直隶修理城工赎罪，后因发现其有贪贿行径而同遭塞楞额之命运。至于湖北巡抚彭树葵与湖南巡抚杨锡绂，也都被一律革职。①

对于旗人违制剃发，乾隆尤其生气，其特别发布谕旨称，“皇后大事，间有报旗人剃发者。我满洲素习，原贵敬君亲上，风俗肫厚，不染汉人习气。乃似此国之大事，伊等竟敢剃发，不惟废弃旧章，竟愍不畏法。……谅伊等值父母之丧，于百日内亦必有剃发者，满洲之风，何流失至此！”

对于那些没有奏请来京祭奠的旗人官员，乾隆也十分不满，其表示：旗员沐恩深重，较汉臣应更为亲近，“一遇皇后大事，义当号痛奔赴，以尽其哀慕难已之忱。即或以外廷不敢预宫闱之事，而思及朕躬当此事故，亦应奏请来京请安，庶君臣之谊，不致漠不相关也。”由此，因未曾奏请赴京的旗籍总督、将军、都统、总兵均各降两级，或销去军功记录。在此旨意下，两江总督尹继善、闽浙总督喀尔吉善、江西巡抚开泰、河南巡抚硕色、安徽巡抚纳敏等五十三名旗人文武大员受到惩处。②

说老实话，这次的惩罚是有些冤的，毕竟各外省官员各有职守，不可能都去京城哭奠，而所谓奏请赴京叩谒皇后梓宫也不过是表面文章。但是，乾隆要的就是这种表态，谁要是不表示一下，那就是大不敬，太不把皇帝的哀痛当回事了。事实上，这种惩罚还是轻的，因为乾隆当时真是有些神经错乱，如小说家、学者高阳说的，“乾隆十三、十四年间，为高宗生平的第一变，由寅畏小心、一切务从

---

①孙文良、张杰、郑川水：《乾隆帝》，第205页；戴逸：《乾隆帝及其时代》，第164页。

②戴逸：《乾隆帝及其时代》，第166页。

③高阳：《清朝的皇帝》，转引自郭成康：《乾隆正传》，第229页。

宽大而一变为生杀予夺，逞意而为”。[3]

举个例子，在此前十三年中，被杀的一品大员只有乾隆六年（1741年）因被人揭发贪污的兵部尚书兼步军统领鄂善，乾隆当时还有些惋惜，说自己为此事“寝不安席，食不甘味，水弱之病，朕实蹈之”，其下旨后“心中戚戚，不能自释，如人身之失手足也”。但到乾隆十三年后，一向号称“宽大”的乾隆一口气处分了上百名高官，可谓株连甚众。

除皇后之死外，当时金川战事的不利也让乾隆心烦意乱，以致前线将帅多有被杀被贬。如乾隆初年最得重用的讷亲，其本为贵戚勋旧（其姑姑为康熙皇后钮祜禄氏），后来金川兵事陷于胶着之时，讷亲被派往四川督师。倒霉的是，他刚到前线就遇上大败，结果被乾隆罪以畏葸贻误，乾隆十四年正月被军前正法。至于另一位前线主将、川陕总督张广泗，他之前因平定西南叛乱有功而深得乾隆信任，这次也因为失误军机而被处死，而且还比讷亲早一个月。

张广泗被杀前，乾隆在南海瀛台亲自审讯，这位久经沙场、杀人不眨眼的前军主将战战兢兢地说了这样一句：“但知皇上慈仁，不知皇上英武。”乾隆听后，大发感慨，说：“朕闻之，深当抱愧。朕临御天下十三年，本想与大小臣工共臻宽和之治，而结果事与愿违，大臣轻慢，民风浇漓。正如古人所言，‘水懦民玩’，朕当以为深戒！”[1]

乾隆显然不愿被人认为是懦弱可欺的庸主，在即位之初即警告官僚集团不要引发他的雷霆之怒，“若视朕之宽而一任属员欺蒙，百弊丛生，激朕将来不得不严之势，恐非汝等大员及天下臣民之福”。

表面上看，皇后之死引发的“丧葬风波”是乾隆因为丧偶而导致的心理失常事件，乾隆在极度悲痛中无法自已而不加节制地释放内心的狂暴和仇恨，由此造成了各种人伦悲剧和官场风暴，但由表

---

①郭成康：《乾隆正传》，第232页。后有人借孙嘉淦之名作“伪稿”，其中为张广泗大鸣不平，具体见牛寨中：《孙嘉淦：山西清朝第一名臣》，第286页。

及里，抛开现象看本质的话，风暴的背后其实是乾隆对朝廷内外官僚集团整体的、长期的不满，他之前就计划对官僚机器来一次大整顿，让大小官员从浑浑噩噩中清醒过来。这股子怒气，乾隆已是压抑多年，这次算是来了个总暴发。

乾隆十三年（1748 年）无疑是乾隆执政风格的转折之年。在“彬彬有礼”的面纱被撕去后，乾隆对大臣的态度也由最初的“以礼相待”变为颐指气使，甚至任意挫辱、诛杀和折磨大臣。而下一次，倒霉者轮到三朝老臣、最善做官的张廷玉了。

张廷玉受辱：皇上亲你你不亲

乾隆是中国历史上享寿最久的皇帝，不过其当政之初却是手忙脚乱，因为雍正的驾崩过于突然令其接班极为仓促，年仅二十五岁的他几乎没有政治经验，也完全没有做好当皇帝的准备。不过，好在雍正给他留下了鄂尔泰、张廷玉两大重臣，在后者的帮助下，乾隆才得以顺利接管朝政并及时稳住阵脚。

张、鄂二人为官数十年，以其对各级官僚体系及朝政运作的熟稔程度，无疑对乾隆初政起到了不可或缺的作用。当政之初，乾隆对此二人倚之甚重，事事咨询，称其为柱石之臣，也不为过。但是，乾隆是个极聪明而好表现的人，随着时间的不断推移，其年纪渐长，阅历经验也日渐丰富，昔日的柱石之臣在其心目中也就尊而不重，地位今非昔比了。

中国有句古话，叫“一人得道，鸡犬升天”。让乾隆感到不满的是，随着鄂尔泰、张廷玉两人地位的不断上升，其身边也日益形成利益小集团。以鄂尔泰为例，其子侄辈多半为总督巡抚，如鄂容安为两江总督，鄂弼为四川总督，鄂宁为云贵总督，鄂昌为甘肃巡抚，鄂乐舜为山东巡抚，可谓满门显贵，家族势力也大为膨胀。[①]

张廷玉这边的情况也比较类似，其家族子弟多为达官要职，如其弟张廷璐曾任礼部侍郎，其从子张若潍曾任刑部侍郎、左都御史

---

①孙文良、张杰、郑川水：《乾隆帝》，第124页。

等，长子张若霭官至礼部尚书，次子张若澄为内阁学士等。此外，桐城张、姚两姓为当地大族并世代联姻，时称“天下缙绅，张、姚二家占尽其二”。①

鄂尔泰、张廷玉是雍正遗诏中指名要配享太庙的重臣，其在位日久，位高权重，即便二人并无植党企图，但其身边总少不了趋炎附势之人。大臣们各怀揣度攀附之意，由此分出派系，彼此争权夺利。

大体而言，鄂尔泰一派主要以满人督抚为主，另有尹继善、史贻直等朝中大僚，而张廷玉的支持者多为科举出身的汉人官僚，其中不乏朝中九卿及地方督抚。颇具讽刺的是，雍正生前最恨朋党，而其最信任的两位大臣在乾隆朝后竟然成了两大朋党之首领。倘若雍正地下有知，或许也只有尴尬苦笑了。

对于鄂、张两党，乾隆也是心知肚明，其采取的策略是“擒贼先擒王”，矛头直指其首领。首先被打击的是鄂尔泰，其部分原因是鄂尔泰为人傲慢，行事张扬，加上结党营私的吃相外露，因而被乾隆多次降旨“严行申饬”。乾隆六年（1741 年），御史仲永檀参奏兵部尚书兼步军统领鄂善，鄂尔泰及其长子鄂容安相继被卷入，乾隆甚至放出如此狠话：“鄂尔泰应该自思：朕从前能用你，今日能宽你，难道将来独不能重治你的罪么？”战战兢兢数年后，鄂尔泰于乾隆十年（1745 年）病逝，总算是福大命大，不但保全了名节，而且还顺利地配享了太庙。

相比而言，张廷玉就要老道圆滑多了。如时人所说：“张文和（即张廷玉）之察弊，亦中人之才所易及。乃画喏坐啸，目击狐鼠之横行，而噤不一语。”张廷玉也不去管它，笑骂任他笑骂，他只想当个太平宰相，正如他的那句名言，“万言万当，不如一默”，多一事不如少一事，安安静静地致仕荣归，这辈子也就算功德圆满，再无他求。对此，乾隆也觉得有些过分，说“张廷玉善自谨而近于懦者”！

---

①乾隆五年，御史刘统勋曾专门上书弹劾张廷玉，称“桐城张、姚二姓，占天下半部缙绅。”

张廷玉的这种状态，说好听一点叫稳重平和，说难听点就是不思进取，这让雄心炽烈、急于表现的乾隆当然感到不满。这时，鄂尔泰的去世倒是个好时机，乾隆乘机调整中枢，三十出头的青年权贵讷亲被任用为军机大臣，而且位列张廷玉之前，这让后者心中多少有些尴尬而不自在。一年后，乾隆又下谕旨，称："大学士张廷玉服官数十年，今年逾古稀，每日晨兴赴阙，未免过劳，朕心轸念。嗣后可仿此意，不必向早入朝。"换言之，张廷玉已经被排除在核心圈外，其地位的急剧下降已成事实。

不过，这也是没办法的事情，毕竟岁月不饶人，自然规律不能抗拒。其实在乾隆三年（1738 年）后，张廷玉就自感精力大不如前，看文件眼花，写字打颤，正如他在请辞兼摄吏部的奏折中说的，"今犬马之齿六十有七，自觉精神思虑迥不如前，事多遗忘，食眠渐少"。不过，这次却被在位未久的乾隆给驳回了。

乾隆十一年（1746 年），张廷玉最看重的长子张若霭突然病故，白发人送黑发人，这对张廷玉无疑是一沉重的打击。此后，张廷玉的精神状态急转直下，如《啸亭杂录》中说的一个笑话：张文和公晚年颇以谦抑自晦，每遇启事者至，动云："好、好。"一日，有阁中胥吏请假，公问何事，曰："适闻父讣信。"公习为常，亦云："好、好。"舍人等皆掩袂笑，而公未觉也。①

乾隆九年（1744 年），张廷璐告老还乡时，张廷玉作诗送别其弟："七十悬车事竟成，轻车远称秩宗清。几人引退能如愿？先我归休觉不情。图籍开缄珍手泽，墓田作供好躬耕。阿兄他日还初服，拄杖花前一笑迎。"

古人至七十岁而辞官家居，废车不用，故云"七十悬车"。从诗中意思看，张廷玉对老弟的退休归里颇感羡慕，而对自己能否顺利引退则似无把握。诗末两句，张廷玉希望自己返回故里时，老弟能在家门口"拄杖花前一笑迎"，兄弟俩把酒话旧，共度余年。不过，

①昭梿:《啸亭杂录》,第 411 页。

这只是他的美好愿望，因为张廷璐在回乡次年即因病去世，而张廷玉的引退问题则屡经波折，几成噩梦。

乾隆十三年（1748 年）正月，张廷玉趁着入宫赴宴的机会向乾隆提出致仕的请求，说自己“年近八旬，请得荣归故里”。说到动情处，其“情辞恳款，至于泪下”。张廷玉本以为，自己主动让出位置，乾隆会心领意会，顺势推舟，以便安排新人上岗。但他没想到的是，乾隆仍拒绝了其请求，说：“卿受两朝厚恩，且奉皇考遗命，将来配享太庙，岂有从祀元臣归田终老之理？”

张廷玉听后争辩说，宋、明两朝也有配享大臣乞休回家的，如明太祖时期的刘基等。更何况，七十悬车乃古之通义，老子曾云，知足不辱、知止不殆，老而引退，于国于臣都是好事。

张廷玉的话让乾隆听了很不痛快。要知道，刘基求归是朱元璋猜忌功臣的结果，张廷玉以此为例，岂不是把自己也当成了朱元璋那样的刻薄寡恩之主？“作为朝中重臣，一身任天下之重，岂能以艰钜（巨）自诿，而以承平自逸？如果七十必令悬车，又何来八十杖朝之典？如必以泉石徜徉，高蹈为适，独不闻武侯鞠躬尽瘁之训耶？”

话说到这里，张廷玉也不敢再辩了，只得免冠叩首，呜咽不能自胜。眼看老臣流涕，乾隆也不好怎么样，当日之辩无果而终。退朝后，一向争强好胜的乾隆觉得道理没有说清，于是又在次日发布长篇谕旨，将这番争论公布于天下。

谕旨中，乾隆一下就把此事提到了“君臣大义”的高度，说“为君则乾乾不息，为臣则蹇蹇匪躬，所谓一息尚存，此志不容稍懈”；张廷玉身为老臣，“不独受皇祖、皇考至优至渥之恩，不可言去。即以朕十余年眷待之隆，亦不当言去。即令果必当去，朕且不忍令卿遽去，而卿顾能辞朕去耶”？

乾隆又说，如果有人参奏张廷玉恋栈要职而求去，这尚可理解；无人参奏而自行求去，则有违君臣大义。为人臣者，断不可存此心；如预存此心，必将漠视一切，君臣间泛泛如秦越人之相视矣！如此，年至则奉身以退，谁又肯为国尽心出力？“此所系于国体官方、人心世道者甚大!”更何况，“我朝待大臣恩礼笃至，而不忍轻令解职。大臣苟非隆老有疾，不轻陈请，恐不知者反议其贪位恋职，而谓国家不能优老”。

最后，乾隆还是对此事做了一定的妥协，令张廷玉不必兼理吏部的所有具体事务，改由大学士来保兼管吏部事。

高阳在《柏台故事》中说，乾隆之所以不准张廷玉退休，原因有二：一是担心张廷玉回到桐城故里后，以其肚子里的存货，如雍正继位及弑兄屠弟，杀年羹尧、隆科多灭口等秘事恐怕会流传民间；二是乾隆认为张廷玉虽然祖籍桐城，但其家数代为官，自小“长于京邸，子孙绕膝，原不必以林泉为乐”，在京城同样可以“从容及杖，颐养天和”。[1]

高阳之说也不是全无道理，不过其所说的秘事未必是真，而以张廷玉的谨慎性格，所谓秘史外传也没有得到事实的证明。如以乾隆的个人角度来看，张廷玉很可能是因为他在朝中受了冷落，心生不满所致，而且张廷玉一再乞休的做法明显表明，他对自己的忠诚和个人感情远不及对父皇雍正，这才是让乾隆感到十分生气的原因所在。

此时的张廷玉，运气也有点背。在乞休被拒不久，因为孝贤皇后的突然去世，乾隆性情大变，大清官场人人自危，张廷玉也不能例外。当年九月，乾隆《御制诗集》刻本刊行后，由于其中讹误甚多，作为总裁官的张廷玉被交部议处；十月，翰林院所撰的孝贤皇后冬至祭文中用“泉台”一词不妥，张廷玉作为撰文人之一，也被罚俸一年；十一月，张廷玉等又因拟写票签错误而被交部议处，最后被销去二级。[2]

拟旨、文字原本是张廷玉的优长，但乾隆偏要在这个问题上一再挑刺，这让张廷玉难免有“伴君如伴虎”之惧。张廷玉做了一辈

①高阳:《柏台故事》,第 76 页。
②陈捷先:《乾隆写真》,第 75 页。

子的官，一直以来都是顺风顺水，基本没犯过什么错，但要是事到终了而晚节不保，那前面做得再好也不过是一场春秋大梦。想到这里，张廷玉渴望退隐的念头也就越来越强烈，及时抽身退步，给自己的一生画上一个圆满的句号，也就成为他余生最大的愿望了。

乾隆十三年的风波日渐退去后，张廷玉终于抓住了一次难得的机会。在次年十一月的一次君臣谈话中，乾隆发现张廷玉这一年多来的变化太大了，其思维明显迟滞，说话也时常颠三倒四，昔日警敏周密之能臣，已成老态龙钟之颓势。有见于此，乾隆心中也不免感叹，岁月无情，概莫能外！

召对结束后，乾隆顺便问起其身体状况，张廷玉趁机详陈衰疲之状，并试探性地提出退休请求。这次，乾隆总算动了恻隐之心，他心想张廷玉虽有取巧的一面，但毕竟是大清忠臣，为国宣力数十年，兢兢业业，也算是极其难得。如今张廷玉是老树余荫，春蚕丝尽，让他荣归故里，好好享几年清福，也不为过，如一再严拒，反显得自己过于刻薄了。

数日后，乾隆发布谕旨，称张廷玉“自今年秋冬以来，精采(彩)矍铄，视前大减，……夫座右鼎彝古器，尚欲久陈几席，何况庙堂元老，谊切股肱。然亲见其老态日增，强留转似不情，而去之一字，实又不忍出诸口”。之后，乾隆命人将谕旨送到张府，让张廷玉自择去留。

按乾隆的设想，老练过人的张廷玉应该明白自己的意思，回奏时应一面陈述自己老病不堪，难于支持，另一方面又犬马恋主，不忍离去。这样的话，乾隆才好顺水推舟，做出关心老臣的姿态，特命其荣归故里，优游泉林。如此，君臣应对才算是干净漂亮，成就一段佳话。

但是，让乾隆大失所望的是，张廷玉见旨后喜出望外，当即上奏谢恩，“请得暂辞阙廷，于后年江宁迎驾”。事已如此，乾隆也看出张廷玉一来是求去心切，二来也确实是老了，已不复当年的精明。既然这样，就放他走吧！

为此，乾隆再发谕旨，说：“大学士既陈奏恳款如此，应加恩遂其初愿，示朕优老眷旧，恩礼始终之意。著准以原官致仕。”此外，“伯爵非职任官可比，仍著带于本身”。因为此时正是严冬，乾隆又安排张廷玉在明年春天启行，届期另颁恩谕，南巡时也可相见。谕旨最末，乾隆还展开联想的翅膀，说十年之后，“朕五十正寿，大学士亦将九十，轻舟北来，扶鸠入觐”；届时，君臣重逢话旧，“成堂廉盛事，不亦休欤”！

按说，张廷玉的一生仕业到此算是画上圆满的句号了，但鬼使神差地是，张廷玉这时又想起了“配享”问题，这问题不解决，他走也走得不安心。是啊，此前乾隆在谕旨中说过，从祀元臣，岂有归田终老之理？而张廷玉的对头、文渊阁大学士史贻直等人也曾参奏老张不当配享，这万一回到故里而失去配享荣誉，未免有些太过可惜了。

辗转数日后，张廷玉最终豁出老脸，他在儿子的搀扶下进宫面见皇帝，请求以一言为券，保证自己死后能配享太庙。如此惊人之举，若是换到以前，张廷玉恐怕是想都不敢想的。

说老实话，乾隆听了张廷玉的哀哀请求后也是惊诧莫名，继而十分不快。他万万没想到，张廷玉竟然会得寸进尺，所言所行近乎要挟，竟然要皇帝写保证书！且别说乾隆没不让张廷玉配享太庙的打算，就算有，那也容不得张廷玉指手画脚啊！张廷玉这么想、这么干，明摆着就是信不过他嘛！

想到这里，乾隆真是差点把肚皮气爆。但到最后，他还是忍住了这口气。算了，好事做到底，不跟这老糊涂计较了。毕竟，张廷玉是三朝老臣，雍正遗诏“保其始终不渝”并令其配享太庙，就算不看张廷玉的面子，也要顾及父皇的面子吧。

当然，身为皇帝之尊，保证书是不能写的，不过可以破例再开一次恩，以诗为券，算是答应了张廷玉的请求。当晚，乾隆越琢磨越不是滋味，于是他写了一首意味深长的诗给张廷玉，曰：造膝陈情乞一辞，动予矜恻动予悲。先皇遗诏惟钦此，去国余思或过之。

可例青田原侑庙，漫愁郑国竟摧碑。吾非尧舜谁皋契？汗简评论且听伊。

乾隆这首诗是大有深意的。前四句的意思是，张廷玉跪地陈情，请求给予配享保证，不免让人起了恻隐之心；先皇遗诏自当遵守，毫无疑问，即便你离开京城、回归故里，也不必担心。后四句的口气就不一样了，“可例青田原侑庙”用的是刘伯温的典故，刘伯温虽休致而得从祀，固然有例可循，但当年郑国公魏征死后仍被唐太宗砸碑，也不是个例吧？我非尧舜之君，但试问谁又是皋夔之臣？至于今后史家如何评价我们君臣，那就任由他人评说吧！①

乾隆诗中的情绪是明显的，不过得了保证的张廷玉在兴奋之下竟没看出其中的毛病。按理，张廷玉在次日应亲自进宫谢恩，但或许是因为身体不舒服，加上天气严寒，第二天他竟未能亲自赴宫，只是命儿子张若澄代其前往宫门谢恩。而正是这一小小的疏忽，结果惹来了漫天的大祸。

实际上，乾隆对张廷玉的不满并非一日，这次一再加恩、再三容忍，而张廷玉却并不感恩，甚至连基本的礼节都如此轻慢，这下乾隆的愤怒算是到了临界点了。他当即命军机大臣拟旨，令张廷玉“明白回奏”！这下，张廷玉知道麻烦大了，他也顾不上严寒和病体了，第二天一大早就赶到宫中磕头认罪。

但是，乾隆的火气更大了。因为事情太清楚了，令其明白回奏的谕旨还没发到张家，张廷玉却已经知道内情——天还没亮就赶来认罪，这不是明显有人走漏风声，暗通信息吗？军机处一向号称严密，如此以往，这还得了？

于是，乾隆在将张廷玉当面痛骂一顿后，当晚又亲自缮写了一篇上谕，大加痛斥。乾隆说，配享太庙乃非常之恩，不是一般加官晋爵所能相比，张廷玉深受隆恩，即便衰病不堪，也应强撑病体，亲自前来谢恩，而张竟不至。更奇怪的是，张廷玉昨日不来，今天

①高阳:《柏台故事》,第 78 页。

一大早就来了，这分明是军机处泄漏消息所致。那么朕倒要问了，既然今日可以来，那昨日为何就不能来？难道张廷玉昨日就病到那种程度了吗？这分明是有意轻慢，觉得配享太庙是先皇许诺，是他所应得的，与朕并无关系，也毫无感情。更何况，朕于昨天向他做了保证，他觉得今后必无反汗之理，如今退休也好，配享也罢，都已两愿俱遂，此后再无可觊之恩，也无复加之罪，于是置君臣大义于不问，和朕视同路人，没关系了！

接着，乾隆又开始追究军机处泄露消息的责任。其表示，昨日命写谕旨时，惟大学士傅恒及汪由敦二人承旨，而汪由敦见朕发怒后，当即免冠叩首，奏称张廷玉蒙圣恩曲加体恤，终始矜全，若明发谕旨，则张廷玉罪将无可逭。这等反应，明显是以师生私情而罔顾君臣大义，试问张廷玉今日入宫比往日还要更早，若说事前没有得到消息，这又能骗得了谁？张廷玉举荐门生进入军机处，目的是在皇帝身边安插亲信，如此结党营私，留星替月，岂能姑容？最后，汪由敦被革去协办大学士而留在刑部尚书任上赎罪，以观后效。

被责之后，张廷玉回奏称："十三日实因心恐谢恩稽迟，急欲趋阙泥首，是以向早入朝，并未先得信息。"看到这里，一向爱较真的乾隆又不高兴了，说如果十三日"因风寒严劲，步履不前，则次日何尝不寒？且何难于谢恩折内声明？……是日承旨系傅恒、汪由敦二人，以二人并论，则非汪由敦而谁"？

汪由敦为张廷玉说情固然不假，但乾隆心想这事也可能错怪好人，于是又给自己留下余地，说就算有万分之一的可能不是汪由敦送信，那也必定是军机处司员、中书等有人送信。张廷玉在军机处任职二十余年，这些人都是他的属员，暗通消息也在情理之中。此事若严加审讯，不难查个水落石出。不过，朕自即位以来，一再包容张廷玉也不是一天两天了，为这事遂兴大狱也大可不必。但有一点必须搞清楚了，朕绝非可以随意蒙混了事的人，且张廷玉折内于汪由敦不涉一字，明系避重就轻，其荐汪由敦，非以爱之而实害之也。如今汪由敦已经被革职留任，张廷玉也自请交部严加议处，那好，就交付廷议，看看大臣们作何公论。

皇帝定了调，大臣们当然心领神会，廷议结果是“张廷玉除不准配享外，应革去大学士职衔并伯爵，不准回籍，留京待罪”。对此，乾隆很是满意，说张廷玉之罪，“固在于不亲至谢恩，而尤在于面请配享”，试问他为何非要朕“一言为券”？明摆着就是信不过朕，这才是朕最生气的地方！试想配享太庙的都是功勋卓越的元老，张廷玉何德何能，有何功绩，可以和那些元勋相提并论？鄂尔泰还算有平定西南之乱的功劳，张廷玉所擅长的，不过是谨慎自将，传写谕旨，所谓“两朝纶阁谨无过”罢了！

说到这里，乾隆总算把自己压了多年的真心话说出来了：“在朕平心论之，张廷玉实不当配享，其配享实为过分。而竟不自度量，以此冒昧自请，有是理乎？”

骂也骂了，真心话也说了，感觉舒畅的乾隆又开始扮好人，说张廷玉虽然不配配享，但看在他是耆旧大臣并蒙皇考隆恩异数的份上，这次也不跟他计较了。说到底，配享是先皇所赐，这个朕不能改，但伯爵是朕所赐，张廷玉既对朕毫无感情，那也不必给他，“著削去伯爵，以大学士原衔休致，身后仍准配享太庙”。至此，张廷玉乞休与配享之事算是告一段落。

从此事件也可看出，乾隆对张廷玉的看法与父皇雍正大为不同，而其中也彰显了两人性格的极大差异。平心而论，雍正为人毅定阴鸷，但性格中却有着天真任性的一面，其施政处事常有冲动急躁之举，而张廷玉办事周密细致，耐性极好，两人恰好互补，因此君臣相得，十分融洽。在雍正看来，张廷玉不仅有才华有能力，而且品德高尚，忠于人主，称之为“纯臣”也不为过。

至于乾隆，情况就不一样了。张廷玉是精明人不假，但乾隆同样是精明人，一样的世故，一样的玲珑多窍。所谓“同类相斥”，乾隆一眼就看出了张廷玉身上的“巧”和“滑”。在乾隆看来，张廷玉表面上勤勉尽责，背后却心机极深，很多事都是出于自身利益最大化的考虑，只不过手段高明，善于掩饰，世人不知，为其蒙蔽而已。

从乞休与配享这事就可以看出，张廷玉“辗转思维，惟知自私自利，不惟得之生前，而且欲得之身后”。

在乾隆看来，张廷玉这是什么行径呢？是典型的巧宦心术，把做官当成获取个人利益的工具，时势有利就全力营求，时势不利就主动求去，以图保荣避祸，哪里算得上纯臣所为？

张廷玉辛辛苦苦一辈子，没想到最后落得灰头土脸，名誉扫地。心惊胆战之余，他只想赶快回乡，远离这个是非之地。转到来年三月，张廷玉按之前“明春回乡”之旨请示乾隆，以备启程。

这次，乾隆倒也算给面子，说上年的事情弄得很不愉快，但近来详加体察，张廷玉“实乃龙钟昏愦，力不能支。当时闻命之下，精神短浅，或心思实有不到，而非出于恃恩疏节，亦未可知”。既然这样，事情过去就过去了，张廷玉毕竟是“纶阁旧臣，宣力年久，今日陛辞之际，顾其衰耄，朕心尚为悯恻。所谓善善欲长，恶恶欲短，兹仍特加异数，以宠其行”。

作为和解，乾隆命“赐给御制诗篇手书二卷，并御用冠服数珠如意诸物”，起程之日，“仍令散秩大臣领侍卫十员往送，用示朕优老眷旧至意”。

张廷玉的运气也着实是背到家了。就在他收拾停当、准备启行之时，皇长子永璜去世了！张廷玉曾为永璜的师傅，这时当然不能置身事外，只能一次次行礼如仪。好不容易熬过初祭，丧礼告一段落，张廷玉归乡心切，于是又向皇帝上奏，要马上启程。

话说乾隆死了儿子，而且是自己对不住的皇长子，此刻心情简直恶劣透了，浑身像吃了枪药，有气没处发。张廷玉这一上奏，无疑是火上浇油，硬把自己撞在了枪口上。

乾隆十五年（1750 年）四月，借着额驸、超勇襄亲王策凌配享太庙之际，乾隆指桑骂槐地说：“详阅配享诸臣名单，其中如费英东、额亦都诸臣皆佐命元勋，汗马百战，功在旂常，是以侑享大烝，俎豆勿替”，大学士鄂尔泰配享已过优容，张廷玉更是不当配享。彼在皇考时，不过以缮写谕旨为职，自朕御极十五年来，毫无建白，毫无赞襄，朕之姑容，不过因其历任有年，如鼎彝古器，陈设座右，做做样子而已。

说完这段刻薄话后，乾隆旧事重提，说张廷玉因乞休、配享事被革去伯爵后，仍“靦然以老臣自居，并不知感”，其一心求归，不巧遇上皇长子定安亲王之丧，甫过初祭即奏请南还，“试思伊曾侍朕讲读，又曾为定安亲王师传，而乃漠然无情，一至于此，是谓尚有人心者乎”!？最后，乾隆令将此旨及配享诸臣名单交于张廷玉，让他自己说说看，到底有没有配享的资格。

话说到这份上，张廷玉只得自打耳光，说自己“老耄神昏，不自度量，于太庙配享大典，妄行陈奏。……臣既无开疆汗马之力，复无经国赞襄之益，纵身后忝邀俎豆，死而有知，益当增愧。……敢恳明示廷臣，罢臣配享，并治臣罪，庶大典不致滥邀，臣亦得安愚分”。

乾隆随后将张廷玉的回奏交廷臣集议，结果大家一致认为张廷玉不应配享，而且应革去大学士职衔。乾隆说，朕本意并不想停其配享，但张廷玉的举动实在过分，一再乞休不说，还要朕“一言为券”，朕允其请，而其竟谢恩不至。及遇皇长子之丧，甫过初祭即奏南回，于君臣大义及平日师傅恩谊，毫不在意。“著照大学士九卿所议，罢其配享，至于所议革去大学士职衔之处，仍著宽免。”

习了一辈子臣术，最后还是一败涂地；辛苦了一辈子，最终却丢了伯爵和配享两项荣誉，张廷玉这回算是竹篮子打水一场空，灰溜溜地回老家了。更让他生气的是，其归家之日，地方大员为了避嫌，竟无一人出面迎接。备受打击后，张廷玉深居简出，闭门谢客，但树欲静而风不止，没多久他又惹上了麻烦事。

原来，四川学政朱荃为多捞点主考官的外快而隐瞒母丧消息，其“匿丧赶考”，为御史储麟趾所参。这事本与张廷玉无直接关系，但朱荃曾受张廷玉举荐，两人又是儿女亲家，乾隆厌恶张廷玉，结果把他也给扯上了。事后，乾隆派内务府大臣德保前往张廷玉老家抄查追缴以往三代皇帝对张廷玉的一切赏赐。

乾隆十五年（1750 年）八月，钦差大臣德保来到张家后，随即命人开箱砸柜，大肆查抄，几成挖地三尺之势。所幸的是，张廷玉持身清正，并无太多财产。当然，这并不是德保来此的主要目的，其所奉密旨其实是借追缴名义严查张廷玉的私人文件及藏书，看看老张对乾隆究竟有无怨怼之词。所幸的是，张廷玉为人确实谨慎，德保费了老大劲，仍旧一无所获。

按说，退休高官休致回家后，通常会写点笔记、回忆录什么的，即便不对外公开，给儿孙们看看借以励志也是常有之事，可张廷玉虽留有文字，但绝不涉及政事，更别说什么秘闻了。德保查抄了张廷玉数百封私人书信，其中均为家常琐事。张廷玉也自编了一本年谱，但其中只记载了自己一生大事，涉及三朝皇帝时只记“恩遇”、“赏赐”，而无一字涉及朝政及机密。完事后，德保对老张真是佩服得五体投地——如此谨慎，都快成精了！

既然没抓到张廷玉的把柄，乾隆也只得悻悻然地说，德保实在胡闹，只是让他追缴赏赐之物，如何能胡乱抄张大学士的家？这万一把老人家吓着，看朕不追究你的责任！话虽如此，事情最终还是不了了之。

一再打击之下，张廷玉自是夹起尾巴，老实做人。据说，其居家期间，日日兀坐家中，终日不发一语。回乡五年后，张廷玉于乾隆二十年（1755 年）去世，享年八十三岁。消息传到京城后，乾隆也觉得自己对张廷玉确实苛刻了点，说：“要请之愆，虽由自取，皇考之命，朕何忍违？且张廷玉在皇考时勤慎赞襄，小心书谕，原属旧臣，宜加优恤。应仍谨遵遗诏，配享太庙，以彰我国家酬奖勤劳之盛典。”

如此，被反复折磨多次后，太庙的那块冷肉最终还是摆到了张廷玉的嘴边。终清一世，汉大臣而得配享太庙者，惟张廷玉一人而已。略有遗憾的是，张廷玉谥“文和”而未能得“文正”，这或许也说明乾隆仍对其心存芥蒂。

乾隆四十四年（1779 年），皇帝写诗怀念昔日的五位大学士，其中张廷玉的一首有这样几句：“悬车回故里，乞言定后荣。斯乃不信吾，此念讵宜萌。……后原与配食，遗训敢或更。……斯人而有知，犹应感九京。”

诗后，乾隆自注云：“张廷玉虽有过，余仍不加重谴，仍准以大学士衔休致，及其既卒，仍令配享太庙。余于廷玉曲示保全，使彼泉下有知，当如何衔感乎？”这段话，译成白话就是：张廷玉虽然犯错，但朕并未严惩，仍准许其以大学士衔退休，及至去世，朕仍令其配享太庙。如此优容保全，如张廷玉地下有知，又该当如何感激涕零？

乾隆一向自高自大而几近于自恋，连死人也被他拿来自我陶醉，这副吃相当然颇为难看。

当然，乾隆有时也不乏自知之明。张廷玉去世三十年后，乾隆临雍视学，想起当年曾欲举行三老五更古礼，“彼时鄂尔泰依违其间，张廷玉则断以为不可”。①乾隆四十三年（1778 年），乾隆自撰三老五更说，命勒碑辟雍，而其所见与张廷玉同。

乾隆五十年（1785 年），乾隆复见张廷玉所议，遂命勒碑其次，并题其后，谓张廷玉“有此卓识，乃未见及”，“设尔时勉强行之，必有如廷玉所谓资后人之议者矣”；“盖戊午朕方廿八岁，而戊戌则六十有八，此亦足验四十年间学问识见之效，而年少时犹未免有好名泥古之意，至今则洒然矣”；“以识已学之浅深，及弗掩人之善也。夫廷玉既有此卓识，何未见及朕之必不动于浮言”。

最末，乾隆又加了一句，说：“朕必遵皇考遗旨，令其配享。古所谓老而戒得，朕以廷玉之戒为戒，且为廷玉惜之。”由此可见，乾隆对张廷玉冒犯之事始终未能释怀，这大概也是张廷玉备受折辱的原因了。

---

①乾隆三年时，乾隆一度心血来潮，打算行三老五更之礼，“盖以君尊臣卑，预防专擅之渐”，张廷玉婉言劝止，说这种古礼，“臣下谁敢受之”，此议遂寝。

有福的傅恒：皇后的弟弟风生水起

有一种流传颇广的说法，说孝贤皇后并非病死，而是因为乾隆与小舅子、时任总管内务府大臣的傅恒之妻私通，皇后积忿于心，这才在乾隆十三年东巡时赴水自尽。

如《清朝野史大观》中即绘声绘色地说：高宗孝贤皇后，傅文忠公恒之妹也。相传，傅恒夫人与高宗私通，后屡反目，高宗积不能平。南巡至直隶境，同宿御舟中，偶论及旧事，后诮让备至，高宗大怒，逼之坠水。还京后，以病殂告，终觉疚心，谥后号孝贤。

《清代外史》中就更夸张，说孝贤皇后某次过生日，把家里女眷都请进宫，大家在宫中饮酒赋诗，好不开心。席中，傅恒之妻喝多了，皇后让宫女将之扶到别处休息，孰料半路遇上乾隆，其尾随而至，将之逼进某屋蹂躏，傅恒妻也不敢喊人。后来，两人便干脆私通并产有一子，即后来大大受宠的福康安。这事被皇后知道后，结果是寻死觅活，又哭又闹，弄得乾隆脸上无光，下不来台。不久，皇后和乾隆南巡，乾隆所到之处，最爱寻花问柳，甚至把妓女带到御舟上嬉笑打闹，皇后忍无可忍之下，一气投水自尽。

或许受到野史笔记的影响，蔡东藩在《清史演义》中也说乾隆与傅恒夫人偷情，但孝贤皇后窥知后却并不吃惊，只“微哂道‘嫂子恭喜！’这一语，说得这位傅夫人，不知不觉，面上一阵一阵地热起来了，当即匆匆辞去。自此皇后见了乾隆帝，不似前日的温柔，乾隆帝也觉暗暗抱愧，少往坤宁宫。昭阳殿里，私恨绵绵”。[①]不过，书中认为孝贤皇后系因痛失爱子而病逝，非因此事而与乾隆反目跳水。

文笔一向严谨的台湾史家高阳则在《清朝的皇帝》中认为，尽管孝贤皇后德州赴水自尽原因甚多，但以高宗与傅恒之妻的暧昧关系为主；孝贤皇后之所以愤而自绝，吃醋的成分少，觉得太欺侮她娘家人的成分来得多。为此，其历史小说《乾隆韵事》更是将之描绘得活灵活现，说乾隆不仅与傅恒夫人偷情，而且在十三年东巡时，让这位傅夫人竟带着他们的私生子福康安也别乘一舟同行。孰料乾隆与傅夫人船中幽会时，不巧被皇后撞见，结果一场冲突下来，乾隆打了皇后一巴掌，后者在愤怒惊恐中奔向后舱投水自尽。

对以上孝贤皇后之死的种种传闻异说，清史学者郭成康认为，小说、演义之类的如此说说倒也无妨，不过都缺乏坚实的证据。乾隆“在四十岁之前，他没有也不可能与命妇去偷情，就是孝贤皇后逝后，他也不愿把自己曾倾注于孝贤的纯真爱情转移到其他后妃身上。贵为天子，嫔妃如云，像乾隆皇帝如此感情专一，对元后的爱至死不渝，似乎应得到后人应有的理解和尊重”。[②]

不过，郭先生也认为，乾隆与傅恒夫人的所谓风流韵事也算是事出有因：一则是傅恒之子福康安与乾隆确实关系特别亲密，而且以非皇室的身份追赠多罗郡王；二则确有一位皇后在巡幸途中与乾隆情断恩绝，不过这不是孝贤皇后而是后来册立的继后乌喇那拉氏。由此，各种野史、笔记、小说有意无意地张冠李戴，并铺陈渲染出天子偷情的风流故事，也就丝毫不奇怪了。

撇开乾隆与傅恒夫人的桃色传闻，高阳对孝贤之死引发政局大变的观点倒颇值一读，其认为，富察氏为满洲八大贵族之米思翰一支，至此三世为显官重臣，族众势大，而高宗尚有潜在的政敌，所以孝贤皇后之崩在高宗看作非常严重的事，倘非善为应付，流言四

①蔡东藩:《清史演义》,第 185 页。

②郭成康:《乾隆正传》,第 231 页。

起，即令还不致威胁到他的皇位，但在统御的威信方面，一定大受打击；“从家务的观点来看，孝贤皇后由于高宗所加予的种种刺激，愤而投水，这在姻亲之间，已构成非常严重的纠纷。尤其是傅恒，纵有红顶之荣，未掩绿帽之羞，更须有适当的疏导，才不致激出变故”。①

以孝贤皇后之死转而成为傅恒被乾隆重用的契机，类似观点亦见于第八代礼亲王昭梿所著的《啸亭杂录》。其中称：“后从上东巡，崩于德州舟次。纯皇帝深为哀恸，故于文忠父子恩宠异常，实念后之德也。”②

不过，昭梿更倾向于乾隆因孝贤皇后而“爱屋及乌”，因皇后之死而移恩于傅恒父子，这与高阳的观点存在明显的差异。在后者看来，乾隆重用傅恒一则是因偷情有愧于孝贤皇后；二则以“红顶之荣”掩“绿帽之羞”，对傅恒更多的是一种补偿；三则担心失去整个富察氏家族的支持。如此观点，前据似有不足，但逻辑亦未免有误。

不过，高阳对“丧后风波”后乾隆的政风变化却分析得极其到位，其在《清朝的皇帝》一书中说，重用傅恒而杀讷亲，为高宗一生权术的大运用，胁之以威，临之以恩，使臣子怀德畏威，惟命是从，从宽大而变为生杀予夺，逞情而为。

客观地说，乾隆上台时并无自己的心腹私人，其执政之初仍以昔日老臣为主。乾隆十年（1745年）元老大臣鄂尔泰去世，这反而成为乾隆调整班子的入手先机。也就在这年，年轻的亲贵、保和殿大学士讷亲被提升为军机处领班大臣并兼管户部、吏部，行走列名于资深大臣张廷玉之前。

但好景不长的是，清军在此后金川之战连连失利，被视为栋梁之臣的讷亲被派往前线后同遭败绩。在丧后之痛中，情绪失控的乾隆在暴怒中将其军前正法，而行刑之器，竟为讷亲先祖遏必隆之御

①高阳：《清朝的皇帝》，转引自郭成康：《乾隆正传》，第229页。

②昭梿：《啸亭杂录》，第371页。此书约成于嘉庆、道光年间。

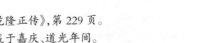

赐宝刀。

讷亲之死无疑是场悲剧，但对傅恒来说，却成为其一生喜剧的开始。同多数旗籍官员一样，傅恒并非科举出身而是以侍卫入仕，因为他是孝贤皇后的亲弟弟，因而做了两年侍卫后即被提升为内务府大臣，乾隆十年又受命军机处行走。明眼人都看得出来，朝中有人好做官，这小舅子是铁板钉钉的重点培养对象。讷亲被杀后，傅恒出人意料地被推上了首席军机大臣的位置，而这离他初任侍卫时不过八年，其年纪也不过二十余岁。

傅恒的飞黄腾达无疑是火箭般的速度，如此年轻的宰辅在清廷历史上也可谓绝无仅有。对乾隆的如此用人，大臣们嘴上不说，心里不服的想必大有人在。古语有云，“主少国疑”，作为皇帝，乾隆已经够年轻，理应选拔一个年辈较高、经验丰富的大臣来执掌相权，但他力排众议，提拔了更年轻的傅恒来充当首席军机，这种逾格拔擢的做法难免引起众议。

然而，乾隆看中傅恒的恰恰就是这一点。正因为傅恒年轻，他身上没有那些在官场中摸爬滚打了几十年的官吏们的世故与奸猾，也没有前朝老臣们的种种自大与掣肘之忧。一句话，一张白纸可以画最美的图画，年轻的小舅子容易听使唤，乾隆的帝王意志才容易体现。从这个意义上说，杀讷亲，用傅恒，惩罚张廷玉，其中也有汰旧换新、权力交替的用意在内。①

讷亲被杀是因为金川事败，傅恒上任后也就主动请缨，前去金川证明自己的能力，进而证明乾隆的决策英明。对此要求，乾隆自是心领神会，傅恒随后被任命为川陕总督并晋保和殿大学士，金川前线一切军务，均由傅恒一手掌管。傅恒出京前，乾隆特赐宴重华宫并亲至堂子行告祭典礼，随后又令皇子及大学士来保等送至良乡。送行仪式如此隆重，也足见乾隆寄望之殷。

为了让小舅子更好地建功立业，乾隆是不吝赏格，其先行赐下

①戴逸:《乾隆帝及其时代》,第 175 页。

花翎二十、蓝翎五十、白银十万两，作为傅恒奖励军前将士之用。两个月后，初抵四川的傅恒喘息未定，乾隆即迫不及待地颁布嘉奖令，说傅恒“自奉命经略以来，公忠体国，殚竭悃忱，纪律严明，军行甚速”，其“兼办一切，咨询机务，晷刻鲜暇，常至彻夜不眠。自非一秉丹心，心坚金石，安能若是”，命吏部从优议叙。

由此，傅恒晋太子太保并加军功三级。太子太保为正一品官，“三公”之一（太师、太傅、太保），生前加赠必有盖世之功，如顺治朝范文程、洪承畴，康熙朝鳌拜，雍正朝鄂尔泰、张廷玉等才有此资望，而此时傅恒尚未至三十而立之年，寸功未立而骤然拔至如此高位，实在令人咋舌不已。

俗话说得好，捧得越高，跌得越重，傅恒上前线证明自己的同时，其实也是在为姐夫挣面子，两人是一根绳子上的蚂蚱。这要是旗开得胜倒也罢了，万一前线失利、重蹈覆辙，傅恒人头落地自不必说，乾隆也势必因用人不当、胡乱加恩而颜面扫地，威信尽失。从这个意义上说，傅恒的战场秀和乾隆的加恩秀对彼此都具有双重的危险。

不过，中国又有句话叫成事在人、富贵在天，有时候人各有命，不服不行。拿傅恒来说吧，这小子的运气就着实不赖。一番休整后，傅恒于乾隆十四年（1749 年）正月亲自督师，攻下金川险碉数座，初战告捷。捷报传到京城后，乾隆自是喜出望外，但傅恒在奏折中说要继续进军，不平金川誓不罢休时，老姐夫却有些慌神，说：“经略大学士傅恒乃朝中第一宣力大臣，岂可因荒微小丑久稽于外？朕心实为不忍！即使擒获渠魁，扫荡穴巢，亦不足以偿劳。此旨到日，傅恒著即驰驿还朝！”

其实乾隆心里也清楚，金川碉卡险隘林立，易守难攻，而清军前线供给乏力，难有必胜之算。再说了，他派傅恒前线督师的真正用意不在克复金川，而在帮傅恒增加资历、树立威望，这万一傅恒不明所以，求功心切，以致像昔日主将讷亲、张广泗一样陷入泥潭的话，好事反而变成了坏事。于是，乾隆又诏封傅恒为一等忠勇公，赏红宝石帽顶、四团龙补褂，以示功成身退，不可流连前线险地。

傅恒毕竟年轻。在他看来，皇上一再加恩，此时唯有肝脑涂地，用命疆场，否则难免有无功受禄之讥。于是，傅恒上疏力辞公爵而坚请进兵，以报皇上的不世之恩。眼见小舅子没有理解自己的用意，乾隆是心急如焚，其不惜千言，反复谕令傅恒即刻班师，说“大学士辅弼元臣，抒成赞化，名耀旂常，正不必与兜鍪阃帅争一日之绩”；又赐诗示意：“三面姑开格蜀夷，来调说鼎伫期之。集思广益卿诚践，勤远劳民我不为。武岂赎兵应戒彼，绩唯和众孰同斯。功成万骨枯何益，壮志无须效卿师”！

话说到这份上，乾隆的意思已经很明白了：初战告捷已属难得，面子上已经过得去了；如果贪图小功，这万一有个闪失，前功尽弃不说，如何对得起孝贤皇后的在天之灵？一句话，赶紧回来吧！

正当傅恒左右为难之时，运气来了！金川土司莎罗奔等因久战乏力而主动乞降，历时数年之久的金川之役遂告一段落，傅恒也由此功成名就，并于当年二月胜利班师。

回京之日，乾隆命皇长子率诸王大臣等至郊外黄新庄犒劳三军，傅恒还朝后被请上御殿受贺，凯旋仪式至为隆重。旋即，乾隆颁下敕令，命按勋臣额亦都、佟国维之例建立宗祠，祀其曾祖哈什屯、祖父米思翰及父亲李荣保三代，春秋两季官为致祭。同时，又追谥傅恒之父李荣保“庄悫”谥号，并于东安门内赐地修建傅恒府第。

如果说，傅恒得宠主要缘于与乾隆的郎舅关系的话，那他任首席军机二十二年而圣眷不衰的秘诀只有一个：勇于任事，唯命是从，以帝心为己心，以帝意为意。这一特性，在平定准噶尔一事中得到了充分的证明。

乾隆十九年（1754 年），准噶尔部发生内乱，乾隆有意借机用兵西北，但鉴于前线清军兵员不足，粮草不济，加之雍正朝时在和通淖尔遭遇大败，朝中各大臣对此多持否定态度。这时，又是傅恒挺身而出，力排众议，独自“奏请办理”此役。次年，清军攻下伊犁并俘获逆首达瓦齐，威胁清廷百年之久的准噶尔部最终被彻底瓦解。

对此，乾隆不无感激地说，“在廷诸臣，唯大学士傅恒与朕协心赞画”，“西师之役，独能与朕同志，赞成大勋”。事成之后，傅恒再次被授予一等忠勇公，但因前者力辞才改为加赏六级。不久，乾隆命人绘百名功臣画像列于紫光阁中，傅恒荣居首位。

有功不居，赐爵不受，如此长脸，也难怪乾隆对傅恒宠信有加。其实早在少年时，乾隆即对傅恒另眼相看，说他“早龄侍值禁近，即觇其器宇非常，存膺委任”。论文化水平，出身贵戚的傅恒当然不能和那些进士、翰林相提并论，但说起办事能力与大臣器量，傅恒确有卓绝独到之处。

曾与傅恒同朝为官的军机章京赵翼即在《檐曝杂记》中说：“傅文忠（即傅恒）文学虽不深，然于奏牍案卷，目数行下。遇有窒碍处辄指出，并示以宜作何改定，果惬事理，反复思之，无以易之。余尝以此服公。公谓无他，但办事熟耳。”

《檐曝杂记》中，赵翼还特别记了这样一件大事，“军机大臣同进见，自傅文忠公始”。原来，在乾隆初政时期，军机大臣中唯讷亲一人承旨，但讷亲虽能强记，而不甚通文义，“每传一旨，令汪文端（汪由敦）撰拟。讷公唯恐不得当，辄令再撰，有屡易而仍用初稿者。一稿甫定，又传一旨，改易亦如之。文端颇苦之，然不敢较也”。此时傅恒亦在军机处，对此颇为不平，他出任首席军机后，即“自陈不能多识，恐有遗忘，乞令军机诸大臣同进见，于是遂为例”。如此，“诸臣既感和衷之雅，而文忠实亦稍释独记之劳”。

由于赵翼曾为汪由敦的门生兼幕僚，其所记或为后者的切实感受也未为可知。事实上，傅恒不仅会笼络大臣之心，同时也善于拉拢小臣，赵翼本人即为一例。论才华，赵翼学识出众，办事敏捷，但他出身贫寒，年少失怙，又有弟妹需要扶养，即便入值军机，其家境仍捉襟见肘，窘困不堪。这一切，当然也被傅恒看在眼里，他对这位小司员倒颇为看好，时不时会给予点照顾。

某年岁末，傅恒见赵翼头上貂帽已旧得不像样子，便悄悄将其拉到一旁，塞给他五十两银子，让他买新帽子过年。数日后，赵翼仍以旧帽入值，傅恒见了也不多问，付以一笑而已。其实傅恒心里也明白，赵翼家境困窘，哪里真能花五十两银子去买一顶新帽子呢？但其以宰辅之尊对微末小臣解囊相助，已足以使后者感激涕零了。

据云，傅恒从小长得富态，心宽体胖，但胖人也有胖人的好处，那就是一向笑容满面，特会做人，不讨人嫌。《清稗类钞》中载，傅恒“款待下属，多谦冲与共几榻，毫无骄状”，大概就是此公与人相处的写照。由此也可看出，傅恒天性雍容谦和，待人宽厚，即便出身椒房贵戚，又是乾隆的第一宠臣，但他从未在同僚及下属面前流露骄矜之态，这与讷亲的骄愎自命、唯我独尊形成了鲜明的反差。

从侍卫到当朝第一大臣，傅恒的起家固然全靠乾隆一手栽培，但这并不意味着傅恒就是庸碌之辈。像雍正朝大臣李卫一样，傅恒虽然读书不算多，文学修养也有限，但其处理奏牍案卷却是一目数行而下，十分熟练，遇到文义窒碍之处，偶加点窜，旁人无以改易。

某次，两江总督尹继善入京觐见时向乾隆夸说江南美景，傅恒不以为然而让下属作诗嘲弄尹继善，其中有一句为“名胜前番已绝伦，闻公搜访更争新”。傅恒见后，将“公”改为“今”，一字之改，便尽削棱角，既体现了宽和涵容的气度，又让人品味出对尹总督的嘲讽。①

傅恒少年得志固然是事实，但并不表示他就不成熟。如用八个字形容其处世之法的话，那就是“恭谨事上，礼谦待下”。在长辈、资深大臣面前，傅恒一向礼让三分，敬重有加，对于下属、后进之辈也从不压制，而是极力引荐奖掖，使他们脱颖而出、用当其位。由此，傅恒虽贵为宰辅，但同事大臣们并无压制而多有和衷共济之感，下属们也胜任愉快，如沐春风。据统计，傅恒拜相二十余年间，为他赏识和重用的臣属有上百人之多，如毕沅、孙士毅、阿尔泰、阿桂等后来成为名臣大吏者，均为其一手拔擢。

朝中有人好做官，大树底下好乘凉。傅恒拜相年久，其身边也

①郭成康:《乾隆正传》,第 589 页。

日渐聚集一些依毗阿附、趋炎附势之人。即便是傅恒的家婢奴仆，也往往仗着主子的威势，干出些横行不法之事。客观地说，傅恒也并非十全十美之人，其出生即衔金带玉，豪门奢侈的惯习也在所难免。据说，某次傅恒在府上大宴宾客，一向敢言的名臣孙嘉淦亦应邀前往，孰料未及入座，孙即急趋离府。傅恒大惑不解，追问其故，孙嘉淦称其府邸奢侈违制，远逾常格，要回去缮疏弹劾。哭笑不得之余，傅恒只得长跽认过，并答应立改其制，这事才算过去。

权力让人上瘾，也容易产生惰性。傅恒久执枢垣，难免心生懈怠。《啸亭杂录》中就记了这么个事，说乾隆对傅恒虽然宠信有加，但仍时加训迪，“一日御门，文忠后至，踉跄而入。侍卫某笑曰：‘相公身肥，故尔喘吁。’上曰：‘岂惟身肥，心亦肥也。’文忠免冠叩首，神气不宁者数日”。①

所谓“心肥胆也肥”，乾隆或许是跟小舅子开个玩笑，或许只是一个小小的警告，但也足以让傅恒紧张了好几天。当然，奢侈也好，懈怠也罢，这些都是小毛病，乾隆并非会真正放在心里，否则傅恒也不可能权杖常青，一口气做了二十二年的首席军机。

从头至尾，乾隆就一直看好傅恒，早在傅恒督战金川时，乾隆就曾这样评价自己的这位小舅子，说他“随朕办事数年，平日深知其明敏练达，初不意竟能至此。即朕自为筹划，亦恐尚有未周，朕心深为喜悦。经略大学士为有福之大臣”。

乾隆最后一句没有说错，傅恒未必是太平宰相，但确实有福。只不过，运气或说福气总有用完的一天。转到乾隆三十四年（1769年），缅甸之战就成了傅恒的噩梦并将之彻底终结。

原来，在乾隆三十年（1765年）前后，缅甸军队多次侵扰云南边陲，而刘藻、杨应琚、明瑞前后三任云贵总督皆因征缅失利而身败名裂。此后，参赞大臣、工部尚书舒赫德与新任云贵总督鄂宁在实地考察后认为，征缅有办马、办粮、行军、转运、适应“五难”，

①昭梿：《啸亭杂录》，第22页。

清军征缅“实无胜算可操”，不宜继续对缅动武。乾隆得报后龙颜大怒，舒赫德被革去尚书、参赞大臣之职，鄂宁被降补为福建巡抚。在此情况下，征缅之战的重任再次落在了傅恒身上。

乾隆三十四年二月，傅恒率大军踏上西南征程。五个月后，清军兵发腾越，初战告捷。九月，清军水陆并进，击溃缅甸水军。十月，攻克军事重镇新街。十一月，进攻老官屯。但就在这里，缅军据险坚守，清军被滞阻数月之久。

而在此时，清军营中发生大面积的瘴疠之疾（或为疟疾），包括总兵吴士胜、副将军阿里衮、副都统永瑞、提督五福、叶相德等重要将领均染病身亡，清军水陆大军更是死亡过半，遭受重创。就连主帅傅恒，也同样染上恶疾，一病不起（其子傅显亦身亡）。

得此消息后，乾隆大为震惊，随后立命班师回京。碰巧的是，缅甸一方也坚持不下去了，双方遂议和息战。乾隆三十五年二月，傅恒班师回朝，因为怕被人指责，乾隆不无积极为其开脱责任，说：“此次出兵非好大喜功，而傅恒承命经略，职分应尔，设以为办理是非，朕当首任其冲，其次方及傅恒，岂宜独以为己责？”

可惜的是，此时的傅恒已身染恶疾，回天乏力。当年七月十三日，傅恒一命告终，年仅四十八岁。事后，乾隆命以宗室镇国公规格并赏内帑五千两治丧，后又赐谥号“文忠”，牌位移入贤良祠。嘉庆元年（1796年），傅恒被追加郡王衔，并配享太庙。

痛失心膂之臣后，乾隆深为震悼，如失左右之手，其亲临傅宅酹酒致祭，并赋诗长叹曰：

瘴徼之欣舆病回，侵寻辰尾顿增衰。
鞠躬尽瘁诚已矣，临第写悲有是哉？
千载不磨入南恨，半途乃夺济川材。
平生忠勇家声继，汝子吾儿定教培！

对此灵前保证，乾隆确实做到了。傅恒子侄大都高官厚禄，长子、次子均为皇家女婿，官至都统、尚书；第三子福康安更是发达异常，官至两广总督、吏部尚书、协办大学士，封一等嘉勇公；四子福长安也出任过工部尚书，可谓满门显贵。

傅恒去世一年后，乾隆出巡畿辅驻跸天津行宫时，意外发现此地正是傅恒去岁自云南前线还朝复命之地。触景生情之下，乾隆再次赋诗追忆：

去岁滇南力疾回，恰斯面吾忆生哀。
朴齐即景依然也，前席言人何往哉。
自古同为阅世客，只今谁是作霖材？
自怜无助涓埃者，后进方当竭力培！

诗中哀痛，似有无限感慨。诚然，傅恒被擢为首席军机大臣固然因郎舅之属并与孝贤皇后之死直接相关，但高阳讽刺傅恒升官之快乃“红顶遮绿帽”却是不妥，毕竟傅恒为人处世自有一套，其业绩也是实实在在，并非浪得虚名。

倒霉的高恒：皇贵妃的弟侄双双被诛

乾隆的小舅子里面，傅恒是极有福气的，但不是所有的小舅子都有这福分与待遇。譬如另一个小舅子高恒，他的待遇可就不怎么样了。

高恒先祖为世居辽阳的汉人，大概在满洲崛起前后被掳为内务府包衣。“包衣”在满语中的意思为“奴仆”，作为八旗中特殊的群体，这部分人在旗籍上被列入另册且为世袭群体。换句话说，他们上一代是“包衣”的话，其后代在通常情况下也将一直是“包衣”身份。在八旗中，“包衣”并非独立组成部分而从属于其主人所在的旗，如皇帝的“包衣”属于“上三旗”（正黄旗、镶黄旗、正白旗），归内务府管理，主要担任皇宫中的各种勤务，而其他王公贵族的“包衣”属于“下五旗”。

需要指出的是，“包衣”虽然听起来不雅且其从事的都是琐碎的后勤厮役工作，但所谓“近水楼台先得月”，这些人往往比普通旗人更容易获得上升或发财致富的机会，如曹雪芹的祖父曹寅即正白旗“包衣”出身，但他一直是康熙皇帝的亲信，长期掌管内务府下属的“肥差”——江宁织造。

另外，“包衣”可以参加科举考试，也可以当官，他们中的一些人甚至当上了大学士、总督之类的高官，如康熙朝正白旗下的“包衣”李士桢官至广东巡抚，再如慧贤皇贵妃高氏之父高斌，也是其中一例。

慧贤皇贵妃高氏为高斌长女，大约在四阿哥弘历成婚后（雍正五年）通过选秀女的方式进入府中，其最初仅为使女，地位不高。雍正九年（1731年）时，弘历府中一下宫女子遇喜；十一年十二月时，一宫女再度有喜。不过奇怪的是，两次遇喜均未有子女出生的记载。十二年三月，雍正亲自下谕，将“宝亲王使女、高斌之女著封为王侧福金”（即侧福晋）。高斌在随后的谢恩折中奏称：“伏念奴才女儿至微至贱，蒙皇上天恩，令侍候宝亲王，今乃于使女之中超拔为侧福金。”

从这些语焉不详的记载中或许可以推测，四阿哥弘历府中这位两次怀孕而两次流产的下宫女子很可能就是高氏，否则高氏也不会被突然提封为侧福晋。而从这些记载也可以看出，高氏年轻时或许姿色过人，温柔体贴，否则弘历也不至于对她如此迷恋。

由于当时弘历只有正福晋富察氏（即后来的孝贤皇后）和两位侧福晋（另一位为庶妃富察氏，即后来追封的哲悯皇贵妃），高氏之地位显而易见。雍正十三年乾隆继位后，高氏被诏封为贵妃，而另一位侧福晋富察氏于当年去世（继位前），高氏遂成为皇宫中仅次于孝贤皇后的第二人。①同年，高氏母家也由内务府包衣抬旗入满洲镶黄旗，这在当时自然是极大的恩典。②

或许因为天生纤弱、气血不足，或许是早年落下了毛病，高氏在乾隆年后一直身体不佳，此后再无生育，一生也无子女。乾隆九年（1744年），高氏旧疾复发，在其病危之时，乾隆将之晋封为皇贵妃，以慰其心。但就在册封不久后，高氏终因病势沉重、回天乏力而于乾隆十年正月二十五日去世，年约三十五岁。事后，高氏被谥

①清宫中皇后以下的嫔妃等级与数量分别为：皇贵妃一人，贵妃两人，妃四人，嫔六人，贵人、答应、常在为非主位的庶妃，所以并无定额。

②雍正驾崩后，高斌奏请入京觐见，乾隆批示说：“两淮盐政职任最为紧要，不必来京。若明年冬初无事可奏请来京。汝女已封贵妃并令汝出旗，但此系私恩不可恃也。若能勉励，公忠为国，朕自然嘉奖。若稍有不逮，始终不能如一，则其当罚，又岂可与常人一例乎。”

为“慧贤皇贵妃”。由于当时乾隆陵墓尚未完工，高氏金棺暂安于静安庄殡宫。直至乾隆十七年十月，高氏与孝贤皇后、哲悯皇贵妃同时葬入清东陵之裕陵。

从《心写治平》画像上看，高氏兰心蕙质，相貌秀美，眉梢间有一种清丽婉约之美，这或者与其早年熟读诗书有关。也许因为这个缘故，慧贤皇贵妃与孝贤皇后一样深得乾隆宠爱。每年宫中的家宴，慧贤与皇后均为头等桌，菜式菜品完全一样，而其他妃嫔则为二、三等桌。圆明园中，乾隆的妃嫔们都住在天地一家春，但只有皇后与慧贤皇贵妃有单独的住处，后者所在为景色绝佳的韶景轩，离乾隆的寝宫很近。

妃子当中，乾隆只给少数几个人写过悼念诗，其中尤以孝贤皇后及慧贤皇贵妃最多，由此也可看出这两人在其心目中的地位。慧贤皇贵妃去世当日，乾隆在挽诗中自称“伤逝之感，不能释于情”，诗中有“廿年如一日，谁料沉疴瘁；嘱我为君难，不作徒背面”之语，语气哀婉，情意真切。此后数年，乾隆每至填仓日（即仙逝之日）均作诗怀念，以追忆过去、寄托哀思。

孝贤皇后去世后，乾隆每作填仓诗必将孝贤与慧贤并提，如十四年所作：“已是伤神日，尤然韶景春。三年才过忌，周岁又思人。”十五年填仓日则在诗下自注：“慧贤皇贵妃于此日仙逝已五阅岁矣，而孝贤皇后二周年将次又及，抚景追昔不禁神伤。”十六年诗下自注：“忆慧贤皇贵妃以乙丑是日薨逝，而孝贤皇后又以戊辰春月东巡至济南抱病仙逝，三年之间两失故侣，触绪伤怀何能已已！”

大概是推恩的缘故，慧贤之父高斌在乾隆十年（1745 年）升官极速。当年三月，高斌加太子太保；五月，授吏部尚书，仍管直隶水利、河道工程；十二月，命协办大学士、军机处行走。实际上，雍正元年(1723 年）时，高斌以内务府主事步入仕途，后迁郎中，管苏州织造，雍正六年（1728 年），升广东布政使，并调任浙江、江苏、河南诸省。此后数年，高斌先后任两淮盐政并兼署江宁织造、江南河道总督等肥缺要职。从其升迁路线可以看出，高斌当属雍正信任的心腹大臣。

乾隆十年后，高斌虽然已入中枢，不过从《清史稿》的记录来看，治理河道仍是其主要大事。治河期间，高斌继承靳辅的治河方策，进一步完善了“分黄助清”的防洪措施。但天有不测风云的是，乾隆十八年（1753 年）九月黄河在徐州张家路决口，时任江南河道总督的策楞奏称淮徐道义官管河同知李焞及武官守备张宾侵吞工帑，以致误工决口。乾隆得报后大为震怒，李焞、张宾二人被斩首示众，高斌及江苏巡抚协办河务张师载也被绑赴刑场陪斩，行刑后解缚释放，以儆效尤。受此打击后，高斌于二十年三月卒于工地。

高斌去世后，乾隆赐谥“文定”，赏内库银一千两料理丧务，并祀贤良祠。大概觉得此前陪斩一事做得过火，乾隆也有些过意不去，说高斌“本一居心忠厚之人，易为属员所愚，又身有残疾，不能亲身督率，以致滋弊偾事。国法所在，固不可宽。戴罪河干已经二载，念系宣力旧臣，剔历年久，方欲量给大臣职衔，以为余年光宠。今闻溘逝，不及蒙恩，殊为可悯”。

二十二年（1757 年）乾隆南巡过黄河时，又说高斌任河道总督时颇著劳绩，“功在民生，自不可没”，“治河虽不如靳辅，较齐苏勒、嵇曾筠则有过之无不及”。这一评价，也还算公道。

不过，高家并未因此而转好运，其后子孙更是灾祸连连。高斌长子、慧贤之弟高恒在乾隆初年以荫生授户部主事，混迹官场近二十年后，终于在乾隆二十二年（1757 年）得到父亲曾任之职两淮盐政。与河督、织造、税务等职一样，盐政在清代也是一等一的肥差，而这也是内务府人士们最梦寐以求的。

俗话说得好，三年清知府，十万雪花银，两淮盐政比之知府更高一品，又是肥缺，高恒在此任上捞了多少，没有人知道。不过，世上事往往收益大，风险也大。这不，在乾隆三十三年（1768 年）时，出事了。当年六月，新任两淮盐政尤拔世奏称：上年两淮盐政普福奏请预提戊子纲引目，仍令各商每引缴银三两，以备公用，共缴贮运库银二十七万八千两余，普福任内支过八万五千余两银，其余现存十九万余两，“请交内务府查收”。

本来交银子是好事，但乾隆此前并未听说有此项收入，于是让军机大臣查检档案，结果未发现相应的报告与文册。由此可知，自乾隆十一年提引以来，每年提引二十万至四十万引不等，如以每引缴银三两计算，二十年来应有上千万两，这可是不得了的大数字。而乾隆最关心的是——这些钱都到哪里去了？

随后，乾隆密令江苏巡抚彰宝速往扬州，会同尤拔世共同清查，务必将此案查个水落石出。二十天后，彰宝回奏称：查历年提引各商，“共获余利银一千九十余万两。据称历年办贡及预备差务共用过银四百六十七万余两，尚有各商未缴余利银六百数十余万两”；此项银之所以混沌不清，与盐商、盐政等“暗行馈送情弊”有关。

经严讯之后，总商黄源德、江广达等供称：“辛巳（乾隆二十六年）纲两次缴过高盐政银八万五千九百余两，丙戌（乾隆三十一年）纲又送银四万两，乙酉（乾隆三十年）纲又送银一万两，均系管事人顾蓼怀经手收进。又自乾隆十四年起，代吉盐政办贡物共垫银三千余两，又二十一年代普盐政办如意银三百二十两。”“此外有无另项，并未吐实”。

此折既出，朝野为之震惊。“两淮盐引案”是大案子，涉案金额巨大，几乎接近于当时清廷岁入的四分之一①，而且年岁已久，头绪纷繁，涉及同时期的各级官员，如盐政、运使、同知、扬州知府、江苏巡抚、布政使、按察使乃至两江总督等数十位官员。这些人，要么侵吞分肥，要么收受贿赂，即使手上干净，也难逃失察疏纵之罪。再者，两淮盐商仅未缴余利银就高达六百余万两，如要严行追赔，不但盐商破产破家，两淮运司年交国库几百万两的课银落空，两淮数省几千万人丁的食盐供销也势必成为大问题。

更为隐讳的是，此案还涉及乾隆自己。盐商在供述中称，历年

---

①乾隆朝前期年财政收入约三四千万两，中期至四五千万两以上，四十二年最高至八千万两，此后有所降低，但也有六七千万两。

办贡及预备差务用银四百六十七万余两，尤其乾隆四下江南及巡幸扬州，更是花费巨大。乾隆南巡时，一向宣称拒收贡物，禁绝献宝，出巡用费皆系“官为经理”，不取于民。这下好，底子都露出来了，乾隆岂不是自己打了自己的耳光吗？

乾隆南巡时铺张浪费、用费无度自是事实，如此多的人员，如此大的排场，仅靠那点拨款显然不够。而地方官员在迎驾时更是百般讨好，处处不怕花钱，但最后钱谁来出呢？还是那些盐政、关税、织造及下面的盐商等来出这笔钱。本就是帮皇上收钱，现在又花在皇上身上，这想来也是理所当然，但要认真追究，谁的屁股背后是干净的呢？至于借办差而侵吞蒙混、中饱私囊，那更是不待智者而知之了 。

聊举两例。乾隆某次南巡时游览扬州，见五亭桥一带的景色很像北海的“琼岛春荫”，于是开玩笑说：可惜少了一座白塔！话传出去后，财大气粗的扬州盐商们当晚即向太监买来北海白塔的图样，并连夜用盐包造了一座一模一样的白塔，一个晚上就用掉十万两白银。①再如曾任两淮盐运使的卢见曾，其为迎驾而在扬州修了小秦淮、红桥等二十四景，事后也因此案而被打入监狱并病死牢中。试问这些人为何如此积极，其中必有利益可言，盐商帮盐政解决了排场问题，盐政势必要为盐商谋利益，其中各种秘不告人的勾当也就在所难免了。

类似的案例，如江宁织造曹寅为迎康熙南下而几至破产，所幸康熙深知内情，有意援手，曹家才得以延续数代。“两淮盐引案”也是一样，乾隆岂能不知其中的把戏？再追查下去，也无非发现根子还在南巡上。于是，乾隆也只能见好就收，将贪污受贿属实的前盐政高恒、普福押赴法场斩首示众，两淮盐商所欠之银限十年如数交与运库，此案算是告一段落。

高恒任职期间主要是管理关税和盐政，南巡时迎接侍奉，尽心

①林飞：《乾隆江南地图》，第 38 页。

竭力，乾隆很是满意，因而其堂兄高晋任职两江总督时回避调任户部侍郎、内务府大臣。案发时，高恒正在吏部侍郎任上，当时也有人为之说情，如第一宠臣、孝贤皇后之弟傅恒即请求乾隆施恩宽减。《啸亭杂录》中记："两淮盐政高恒，以侵贪匣费故，拟大辟。勾引日，上恶其贪暴，秉笔欲下，傅文忠代为之请曰：'愿皇上念慧贤皇贵妃之情，姑免其死。'上曰：'若皇后弟兄犯法，当如之何？'傅战栗失色，上即命诛恒。"①

乾隆这话说得很重，其中也有警告傅恒之意：不要以为你是皇后的亲弟弟，就可以超越王法；若是你犯了国法，也如高恒一样将你处死！傅恒听后，自是吓得魂不附体，再不敢多嘴。不过，高恒虽有应杀之处，但毕竟事涉南巡，将之处死有些当替死鬼、杀鸡儆猴的味道，因而乾隆对其子孙又多有包容，以求弥补。

如高恒长子高朴，其仕途非但未因其父被诛而受影响，乾隆反而对之关怀备至，很早即授之为武备院员外郎，后累迁至给事中、巡山东漕政，三十七年（1772 年）更是超擢为都察院左副都御史，成为位列正三品的大员。

不久，高朴因月食而未即入侍，乾隆特加申斥，说："高朴年少奋勉，是以加恩擢用，非他人比。乃在朕前有意见长，退后辄图安逸，岂足副朕造就裁成之意？"不过，当吏部拟将其革职时，乾隆又命宽免，并迁其为兵部右侍郎，比左副都御史还升了一级。三十九年（1774 年）七月，高朴因奏太监高云从私泄《道府记载》之事而蒙嘉奖，四十一年（1776 年）时被派任为叶尔羌办事大臣。②

但仅仅两年之后，高朴被乌什办事大臣永贵参奏，称其私役当地人采玉盗卖，扰乱新疆。乾隆接报后下令彻查，结果发现高朴"在叶尔羌勒取财物，赃数累累，已属从来所无"，又派人三千余至密尔岱山采取玉石，致当地人"受累含怨"。

---

①昭梿：《啸亭杂录》，第 22 页。

②周远廉：《乾隆皇帝》，第 147 页。

乾隆指出，高朴作为办事大臣，“责任匪轻，当体朕意，……俾得安居乐业，不宜稍有派累滋扰，致蹈素诚覆辙，贻误国事”，如“积怨日深，一二年内，必致如昔年素诚在乌什激变之事”；“高朴贪黩负恩若此，较伊父高桓尤甚，不能念系慧贤皇贵妃之侄、高斌之孙，稍为矜宥也”。

尽管高恒、高朴父子接连被处死，不过高家并未因此而一蹶不振。乾隆五十二年（1787 年），高恒第四子高杞被特别起用，乾隆说：“原任大学士高斌宣力年久，伊之子孙皆经获罪，现在并无服官者。著将伊孙候补通判高杞调取来京，以内务府郎中补用，以示朕眷注旧臣之意。”

此后，高杞曾参与平定白莲教之役，后内授为内务府大臣并出任过陕甘总督等职。或许是鉴于父辈兄长的教训，高杞为官还算老实，声名也较平常，其历经乾隆、嘉庆、道光三朝，最终以年老休致，得以善终，也属不易。

高家的另外一支也颇值一提，那就是高斌之侄、慧贤之族兄高晋。高晋很早即跟随高斌学习任事，后以知县起用，先后担任两淮盐政、江宁织造等职。乾隆二十六年（1761 年），高晋升任江南河道总督，其后又出任过两江总督、文华殿大学士等职。乾隆四十三年（1778 年）时，高晋病逝于治河工地，年七十三岁，谥“文端”。其经历与其叔父高斌出奇的相似。

高晋有子十二人，其中三子较为出名：一是长子高书麟，曾出征金川并担任过广西巡抚、两江总督等职；二是七子高广厚，其为进士出身，曾任湖南巡抚等；三是幼子高广兴，曾任刑部侍郎等。据说，高书麟不喜其幼弟，说他“伉爽无城府，疾恶严，喜讦人阴私。既得志，骄奢日甚，纵情声色，不能约束奴仆，终及于祸”。果不其然，高广兴后为人所谗，又赃私有据，最终被嘉庆置法籍家，其结局倒与高恒、高朴有些类似。

皇后被废
南巡欢乐也闹心

无发国母：二任皇后何以如此激动

从乾隆十六年（1751 年）开始，巡幸江南成为乾隆最喜欢的保留节目。尤其在二十二年、二十七年、三十年，每隔几年乾隆就要南下一次，每次都要到江宁（南京）、苏州、杭州、扬州一带游山玩水，兴师动众、劳民伤财不说，这频率也未免太密集了一些。①

这不，乾隆三十年（1765 年）的元宵节刚过，贪玩的皇帝又带着皇太后、皇后、令贵妃、庆妃、容嫔等大队人马自京城启銮，一路浩浩荡荡，下江南去也。南巡路上，一行人虽说车马劳顿，但也算万事皆顺，一路平安。途经山东时，乾隆仍命按惯例越济南府城而不入，不为其他，免得勾起当年孝贤皇后的伤心事。

二月初十，南巡车驾驻跸江苏淮安府桃源县（今泗阳县）陈家庄行宫。是日，乾隆给皇后乌喇那拉氏过了一个欢快而热烈的生日。据当值史官的记载，皇后千秋节之日，帝后同堂，赏赐有加，“备极欢洽”。但谁也没有想到的是，乾隆一行人抵达杭州后，南巡闹中却是风云突变，一时激起了漫天的波澜。

据宫中赏膳底簿的记载，乾隆于当年闰二月十八日在西湖名胜蕉石鸣琴处进早膳时，皇后乌喇那拉氏还受有皇帝赏与的膳品。但次日早膳时，被赏膳品的就只有令贵妃、庆妃和容嫔了。令人更为

①乾隆分别于十六年、二十二年、二十七年、三十年、四十五年、四十九年六次巡幸江南，若不是怕超过康熙六次南巡的记录，乾隆下江南的次数恐怕还会更多。

吃惊的是，额驸福隆安随后接到乾隆的命令，将皇后乌喇那拉氏严加看护，先期遣送回京。①

那么，在闰二月十八日这天，皇后乌喇那拉氏究竟做了什么，竟惹得乾隆如此震怒并采取了这样极端的措施？据行宫中传出的消息说，皇后对乾隆大发脾气，然后跑到皇太后面前哭诉并要求出家为尼。后者一再劝慰未果，皇后激愤之下，竟将头上青丝全部剪去。乾隆得知后，怒不可遏。因为按满洲习俗，至亲长辈大丧时，男子截辫，女子剪发，皇后的乖张之举无疑是最犯忌讳的。

如此说法还是好的，帝后失和后，外间更有诸多奇谈怪论，一时闹得沸沸扬扬。而后来的笔记小说家们更是捕风捉影，将其演绎成各种野史流传，如许指严在《南巡秘记》中说，乾隆到江南后四处寻欢作乐，甚至将美妓带入龙舟陪侍，皇后劝谏未果后反被乾隆打了耳光，乌喇那拉氏一怒之下遂将头发全部剪去，以示抗议。②

蔡东藩也在《清史演义》中说，乾隆在秦淮河画舫间与诸多歌妓美女大喝花酒，一时左拥右抱，好不开心。皇后得知后敢怒不敢言，积忿已久。到杭州后，乾隆仍旧习不改，依旧四处流连，乐不思蜀。皇后在忍无可忍之下，一时冲动，竟做出了剪发的非常之举。乾隆回来后十分震怒，大骂皇后成何体统，随后即派人将乌喇那拉氏提前送回京城，并将之打入冷宫。③

由于流言传播甚广，以致一些严肃的史学著作也采信传闻，如印鸾章在《清鉴纲目》记“帝后反目”一事即云：“三十年闰二月，帝在杭州尝深夜微服登岸游，后力谏止，至于泣下。帝谓其病疯，令先程回京。”

作为大清朝的第一夫妻，乾隆与乌喇那拉氏的关系异变或许应从皇后的经历说起。

乌喇那拉氏，满洲正黄旗人，佐领那尔布之女。论出身，她不

---

①《上谕档》:“闰二月十八日,奉旨派额驸福隆安扈从皇后由水路先行回京。”

②许指严:《南巡秘记》,第 47 页。

③蔡东藩:《清史演义》,第 207 页。

如孝贤皇后那样高贵显赫，比起贵妃高佳氏也要逊色不少。不过，早在雍正年间，乌喇那拉氏即被选为秀女并由雍正亲自指配给弘历为侧福晋，这一资历也不算低。因此，乾隆二年（1737年）十二月册封皇后时，乌喇那拉氏也同时被封为娴妃，册文中称其“持躬淑慎，赋性安和，早著令仪”，其地位在孝贤皇后、贵妃高佳氏之下而在同日被封的纯妃苏氏、嘉嫔金氏等人之上。

乾隆十年（1745年）十一月，在贵妃高佳氏去世之后，乌喇那拉氏与纯妃苏氏同时晋封为贵妃。此时，乌喇那拉氏尚未生育，而纯妃已诞有一子，即皇六子永瑢。乾隆十三年孝贤皇后病逝后，中宫缺位而后宫事务繁碎，亟须有人主持。从宫中情况看，若循资以进的话，乌喇那拉氏理当继为新后。①

对此，年事已高而无力承担后宫管理重任的皇太后也有所考虑，她随后给乾隆下了一道懿旨，其中称：“皇后母仪天下，犹天地之相成、日月之继照。皇帝春秋鼎盛，内治需人。娴贵妃那拉氏，系皇考向日所赐侧室妃，人亦端庄惠下。应效法成规，即以娴贵妃那拉氏继体坤宁，予心乃慰。”

孝贤皇后去世之时，乾隆只有三十八岁，按理、按例都不能不立新后。但皇太后也知道乾隆与孝贤关系如胶似漆，此时正值丧妻之痛，难以自拔。于是，其懿旨中又加了一句，“即皇帝心有不忍，亦应于皇帝四十岁大庆之先，时已过二十七月矣，举行吉礼，佳儿佳妇，行礼慈宁，始惬于怀也！”

乾隆一向事母极孝，对于皇太后的旨意他当然不能违背，但新丧之余而遂立新后，难免于心不忍，心理上有抵触。为此，乾隆采取了折中过渡的办法，即先将乌喇那拉氏晋升为皇贵妃以代行皇后之职，管理后宫事务，等孝贤皇后的二十七个月丧期过后，再行册立皇后之礼。

乾隆十五年（1750年），乌喇那拉氏终于迎来了一生中最显赫的

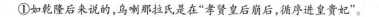

①如乾隆后来说的，乌喇那拉氏是在“孝贤皇后崩后，循序进皇贵妃”。

时刻，她于当年八月被册立为新皇后，时年三十三岁（比乾隆小七岁）。此后，无论乾隆巡幸江南还是木兰秋狝，乌喇那拉氏都相伴同行，帝国的夫妻典范，似乎又回到了正轨。

不过，宫中安宁和惠的气氛只是表面现象，至少在乾隆的心里，其丧后之痛的波澜仍未平静。就在册封乌喇那拉氏为皇贵妃的仪式上，乾隆还有意降低规格，说如果初封是贵妃的话，那公主、王妃、命妇等应前往皇贵妃宫行庆贺礼，但乌喇那拉氏是由妃晋封皇贵妃，仪节自当酌减，公主等即不必前往行礼。

乾隆为什么要这般做呢？恐怕有两个原因：一是皇后初丧，乾隆不愿宫内有喜庆气氛；二是不愿乌喇那拉氏上升到孝贤皇后的地位。这种想说又不便说的心情，在乾隆当年所写的一首诗中有明白的体现，其中曰："六宫从此添新庆，翻惹无端意惘然。"诗下，乾隆自注说："遵皇太后懿旨，册封摄六宫事皇贵妃。礼既成，回忆往事，辄益惘然！"由此可见，乾隆对于乌喇那拉氏的安排主要是遵从皇太后的意见，其本人对此则颇有些意兴阑珊，提不起劲。

不过，事情既然迈开了第一步，后面只能按照程序一步步来。孝贤皇后二十七个月的丧期很快过去，而乾隆十五年的八月十三日又是乾隆本人的四十整寿，这在中国古代被称为"万寿节"，通常要大赦天下，举行恩科考试等，是非常重要的日子，有如当下之周年国庆。因此，皇太后也是一再催促，让乾隆在寿庆之前册封乌喇那拉氏为皇后。

无可奈何之下，乾隆只得在八月初二举行皇后册封大典。当日太和殿上，皇帝亲临，大学士傅恒为正使、大学士史贻直为副使，持金册进景运门，乌喇那拉氏跪接礼成。随后，乾隆颁诏天下，称新皇后"孝谨性成，温恭夙著"，乌喇那拉氏遂继孝贤之后成为乾隆朝的第二位正式皇后（也是最后一个）。十一天后，乾隆举行万寿庆典，宫中充满了喜庆与热闹的气氛。

然而，在这欢快的八月晚风中，乾隆却仍旧高兴不起来。当晚夜深人静之时，乾隆遣去近侍，提起墨笔，写下的却是缅怀孝贤皇后的诗章：“净敛缃云碧宇宽，宜旸嘉兴物皆欢。中宫初正名偕位，万寿齐朝衣与冠。有忆那忘桃花节，无言闲倚桂风寒。晚来家庆乾清宴，舰眼三年此重看！”

平心而论，乾隆倒不是说就怎么讨厌乌喇那拉氏，毕竟后者与孝贤皇后同样秀美贤淑，又是一同入侍藩邸。更重要的是，在皇太后这边，乌喇那拉氏也是克尽孝道，并得到皇太后的垂爱。从面子上说，乾隆很难挑出乌喇那拉氏有什么毛病，也不能说她哪个地方不如孝贤皇后。但是，人的感情又是复杂的，在乾隆的心中，任何人都无法取代孝贤皇后遗下的空缺，而且他也不想让其他嫔妃取代孝贤在自己心目中的位置。

乾隆的诗很有意思，其个人的情感史几乎都蕴含其中。一年后，乾隆首次南巡。在驻跸杭州圣因寺行宫时，正值孝贤皇后三周年忌日，乾隆照例写诗悼念发妻，而其中也不乏对新皇后关系的反思。诗云：“独旦歌来三忌周，心惊岁月信如流。断魂恰值清明节，饮恨难忘齐鲁游！岂必新琴终不及，究输旧剑久相投。圣湖桃柳方明媚，怪底今朝只益愁。”

诗中，乾隆以“新琴”比之乌喇那拉氏，以“旧剑”比之孝贤皇后，其大意是：并非乌喇那拉氏就一定不如孝贤，但论感情相投，“新琴”终究不是“旧剑”，感情这点事，时过境迁，过了这村就没了这店了。从这个意义上说，在乾隆心灵的最幽深之处，孝贤皇后的影子仍旧若隐若现，这也是他一辈子都摆脱不了的情结。

不过，乾隆也很清楚地知道，昔日柔情似水的旧梦早已远去，新的帝后关系才是实实在在的现实。在这年暮春的一番反省后，乾隆也有意改善与新皇后的关系，这也是乌喇那拉氏之后连续生儿育女的主要原因。

值得注意的是，乌喇那拉氏十几岁就入侍乾隆身边，但直到乾隆十七年（1752 年）正位中宫之后，她才首次怀孕生产，这就是皇十二子永璂。这一年，乌喇那拉氏已是三十四岁，这在当年显然属于高龄产妇了。此后三年中，乌喇那拉氏再度诞育皇五女与皇十三子永璟。

五年之内，连生两男一女，这说明乌喇那拉氏的生育能力十分正常甚至可以说是比较强的。那反过来说，在乌喇那拉氏继后前那青春盛龄的近二十年中，她几乎是处于一种被冷落的状态了。那么，此前并未生过一子半女，而已近育龄晚期的乌喇那拉氏在正位中宫之后忽然接二连三的生育起来，是不是可以作为帝后关系和睦甚至亲密的证明呢？毕竟，后宫妃子众多，雨露岂能均沾？皇后的生育情况至少说明乾隆在皇后身边的时间并不算短了。

从表面上看，确实可以这么认为。但往深里看的话，也不尽然。作为皇帝，乾隆自然知道皇家伦范的重要性，所谓“修身、齐家、治国、平天下”，他应该为全国臣民树立一个家庭和睦的良好典范，至少表面上看起来是如此。但是，也正因为缺乏深度的感情交流，乾隆与乌喇那拉氏这段看似融洽和睦的夫妻生活也就持续了五六年。之后，两人关系再度疏离。

从表面上说，乌喇那拉氏被冷落是因为年过四旬，容颜衰退，但其背后实则有着更深层次的原因。其中最主要的一点在于，尽管新皇后极力迎合周旋而乾隆也极力配合，但她的性格和经历不可能达到孝贤皇后那样体贴入微的程度。尽管这些微妙之处难于把握，但对任何事都追求完美的乾隆来说，这却是一个无法弥补的缺憾。随着时间的流逝，这一“帝后恩爱”假象背后的裂缝并未因两人的相互隐忍而消弭。相反，两者的矛盾极可能会在一些偶然的因素刺激下而突然爆发。

尽管乌喇那拉氏已经随侍多年，但乾隆对于前者的性情其实一直都不是特别了解。直到乌喇那拉氏正位中宫后，乾隆才霍然发现，新皇后表面上虽然性情安和，但其内里却隐藏着一股逼人的刚气，绝不是那种逆来顺受的懦弱女子。这一点，大概也是乌喇那拉氏无法走进乾隆心灵深处而乾隆也无法全心全意对待乌喇那拉氏的原因之一。

是以，乾隆与新皇后表面恩爱而内心冷淡，这固然不是乌喇那拉氏的错，但由此经年累月的积怨，一旦压抑得越久，其喷发也就愈加的猛烈。

此外，根据乌喇那拉氏的年龄推测，其对乾隆的突然冒犯或许与其进入更年期也有一定关系。乾隆三十年（1765 年）帝后冲突时，乌喇那拉氏四十七岁，正是通常女性进入更年期的时期，而更年期女性一向有易怒、暴躁的倾向，这或许也可以作为一种解释。

事实上，乾隆也同样存在类似的心理问题，每逢清明时节、孝贤皇后的忌日前后，其同样有一种心烦意乱的情绪发作期。于是乎，一颗火星最终点燃了一座潜伏已久的火山，局面一发而不可收拾。

皇帝就是皇帝而不是寻常的凡夫俗子，皇后虽然地位尊崇，但一旦冒犯了皇帝，最终会落得一文不值，被打入十八层地狱而毫无妥协的余地。回京不久，乾隆命将乌喇那拉氏历次受封娴妃、娴贵妃、皇贵妃、皇后的册宝悉数收缴，这也意味着乌喇那拉氏不仅失去了皇后的位号，而且从后妃中被彻底摒弃了。

乾隆三十一年七月初，已被打入冷宫、身边只有两名宫女的乌喇那拉氏已是奄奄一息，但乾隆仍于七月初八日从圆明园启銮前往热河避暑而去，并无丝毫的恻隐之心。六天后，乌喇那拉氏于惨淡中告别人世，据说其死前蓬头垢面，身后极其凄凉。

对于乌喇那拉氏，乾隆爱得未必深，绝情却是至深。与孝贤皇后截然不同的是，乾隆对这位继任皇后只有恨，没有悔，只有懊恼，没有遗憾。

在接到乌喇那拉氏的死讯后，乾隆并不避讳而将“帝后失和”之事公布于天下，其中称：“据留京办事王大臣奏，皇后于本月十四日未时薨逝。皇后自册立以来，尚无失德。去年春，朕奉皇太后巡幸江浙，正承欢洽庆之时，皇后性忽改常，于皇太后前不能恪尽孝道。此至杭州，则举动尤乖正理，迹类疯迷，因令先程回京，在京调摄。经今一载余，病势日剧，遂尔奄逝。此实皇后福分浅薄，不能仰承圣母慈眷，长受朕恩礼所致。”

谕旨最后，乾隆不无恶毒地宣布：“若论其行事乖违，即予以废黜，亦理所当然；朕仍存其名号，三为格外优容。但饰终典礼，不便复循孝贤皇后大事办理，止可照皇贵妃例行，交内务府大臣承办。”

听乾隆这意思，没有公开废掉皇后，似乎已对乌喇那拉氏够可以了，但无论如何，丧礼不能按皇后仪制办理而只能按皇贵妃的规格进行。

皇帝的话，底下的大臣当然心知肚明。事实上，乌喇那拉氏的葬礼办得无声无息、无祭无享，非但没有按照皇贵妃的标准，甚至连低等的常在、答应都不如。目睹此景后，一位名为李玉鸣的御史实在看不下去了，其随后具折参劾内务府大臣，称皇上在谕旨中已经指明乌喇那拉氏的丧仪参照皇贵妃旧例承办，但内务府完全没有遵旨经理丧仪，这与以往成例不符，也有违前发谕旨。

按《大清会典》，雍正年间敦肃皇贵妃年氏去世时，皇帝辍朝五日，大臣以下、宗室以上五日内全穿素服，所生皇子摘冠缨、截发辫，成服，二十七日服除，百日后剃头。初薨日，亲王以下、奉恩将军以上，民公侯伯以下、四品官以上，朝、夕、日中三次设奠，咸齐集行礼。此后，慧贤皇贵妃高佳氏、淑嘉皇贵妃金氏均按敦肃皇贵妃的丧仪进行。由此可见，皇贵妃丧仪虽不能与皇后丧仪相比，但也极为隆重。

令众人没有想到的是，乾隆接到弹章后顿时勃然大怒，随后即命将李御史革职并迅速锁拿，最后又将之充军伊犁。事后，乾隆大骂李玉鸣“巧为援引”，其间又“隐跃其词，妄行渎扰”，实属“丧心病狂”、“居心诈悖”。

李玉鸣被充军当然冤枉得很，而乾隆的判词更接近于一种强词夺理。事实很明显，李玉鸣纠劾内务府官员乃其职责所在，而其援引的成例也是《大清会典》上白纸黑字的记载，无可辩驳也无可混淆。所谓“丧心病狂”、“居心诈悖”，实不知所谓也。但是，乾隆毕竟是皇帝，他是金口玉牙，要术不要法。他这么做，无非杀鸡儆猴，以严惩多嘴的李玉鸣来封住天下人悠悠之口罢了。

据说，乾隆本有意公开废黜乌喇那拉氏，但无奈有刑部侍郎、觉罗阿永阿等力谏，这才打消了这一念头。《啸亭杂录》中即对此记载颇详：觉罗少司寇阿永阿，以笔帖式起家，任刑部侍郎。性聪敏，善词曲，尝定秋审册，公扬笔曰：此可谓笔尖儿立扫千人命也！纳兰皇后（即乌喇那拉氏）以病废，公欲力谏，以有老亲在堂难之。其母识其意，喟然曰：汝为天家贵胄，今欲进谏，乃以亲老之故以违汝忠荩之志耶？可舍我以伸其志也。公涕泣从命，因置酒别母，侃然上疏。纯皇帝（即乾隆）大怒曰：阿某宗戚近臣，乃敢蹈汉人恶习，以博一己之名耶！特召九卿谕之。……钱司寇汝诚(即钱汝诚，时署刑部侍郎事）曰：阿永阿有母在堂，尽忠不能尽孝也。上斥之曰：钱陈群老病居家，汝为独子，何不归家尽孝也？钱叩谢。上乃戍公于黑龙江，命钱司寇归终养焉。[1]

阿永阿、钱汝诚、李玉鸣先后碰到了乾隆的痛处，三人分别被遣戍、被斥退也就不在话下了。“废后”风波被强行打压后，乾隆没想到的是，十余年后居然还有人记得这事。乾隆四十三年（1778年）九月，乾隆东巡谒祖回銮至锦县时，一位名叫金从善的秀才拦路进递呈词，其中竟要求乾隆为皇后乌喇那拉氏的遭遇下诏罪己——这简直是不要命了！

金秀才的呈词原件如今是看不到了，不过在降罪谕旨中，乾隆却向世人披露了此前不为人知的宫闱秘事：“……（乌喇那拉氏）册立为后，其后自获过愆，朕仍优容如故，乃至自行剪发，则国俗所最忌者，而彼竟悍然不顾。然朕犹曲予包含，不行废斥。后因病薨逝，只令减其仪文，并未降明旨，削其位号。朕处此事，实为仁至义尽！……朕心事光明正大如此，洵可上对天祖，下对臣民，天下后世，又何从訾议乎？该逆犯乃欲朕下罪己之诏，朕有何罪而下诏自责乎？”

经大学士、九卿会同公审合议后，金从善被认定为“妄肆诋斥，实属罪大恶极，应照例拟凌迟处死”。乾隆朱笔一挥，“金从善著从宽

①昭梿:《啸亭杂录》,第188页。

改为斩决”，秀才的一条小命就这么没了。金从善贸然上呈或许是特例，但士人私下议论，百姓万口交传，乾隆又岂能一一堵住？更何况，在乌喇那拉氏一事上，乾隆真的像他说的那样“光明正大”吗？

乾隆的性格有着典型的两面性，他爱一个人，可以爱到入骨，柔情如一江春水，绵长久远，如对待孝贤皇后。但是，当他恨一个人时，同样可以恨到入骨，其绝情之怒有如火山喷发，雷霆之威，令万民震惊。很不幸，乌喇那拉氏得到的是后者。

在丧葬安排上，乾隆对乌喇那拉氏的恨可谓发挥得淋漓尽致。按清制，皇后先死，则葬入皇帝陵内，届时与皇帝合葬；如死在皇帝之后，就应该单独建陵。在乌喇那拉氏之前，孝贤皇后及慧贤、哲悯、淑嘉三个皇贵妃都已葬入裕陵地宫，石门未关，等待乾隆万年之后与之合葬。

但令人吃惊的是，乌喇那拉氏既未入葬裕陵，也未单独建陵，而是与六年前去世的纯惠皇贵妃苏氏葬在了一起。据记载，乌喇那拉氏下葬之日，未入享，亦无祭。很显然，乾隆既不愿与之死后同穴，也不愿为之修建陵寝，甚至连基本的丧仪也有意轻慢，诚可谓“此恨绵绵无绝期”矣。

当然，早已尝尽人生冷暖的乌喇那拉氏对身后的这一切不会知晓，或者她也早已不在乎了。在这里，再等三十一年后，乾隆与乌喇那拉氏同为如烟如雾的鬼魂时，另一个世界的他们也许不会再有帝后的高下之分、贵贱之别了吧。

江南选妃：寡人好德，但也很好色

乾隆四十三年（1778年）时，锦县秀才金从善为皇后乌喇那拉氏鸣冤叫屈而被处斩。这事说来还真不是个例，在他之前也曾发生过一件类似之事，那就是在乾隆四十一年（1776年）七月，即距乌喇那拉氏幽死正好十年之时，留京办事大臣、大学士舒赫德突然接到一纸启禀，其中即事涉废后。[①]

这份署名为“都察院役满吏员严譄”的启禀，其主要用意是恳请舒大人为之代递一份上书，而后者的主要内容是“请议立正宫”。按说，议立正宫是好事啊，毕竟乌喇那拉氏死了十年了，乾隆再未立过正宫娘娘，这背后究竟是不好意思呢还是其他原因，外人不得而知，无从揣测。

反正，天下之大，总有人想为皇上代言，帮乾隆说出自己不便说的话，譬如“再立皇后并非好色，乃为母仪天下”之类，难保赶巧碰对，或许荣华富贵，一生享用不尽。但不可否认的是，拍马屁是有风险的，有时一不小心，就会拍到了马蹄上，譬如这位前都察院的办事人员严譄，就是典型一例。

严譄以一介草民的身份“议立正宫”当然是一种政治投机，这种行为按说是不妥当而大有风险的。从后来的事实看，乾隆并不喜欢这个话题。更糟的是，严譄上书中有这么几句把乾隆惹怒了：

①此时乾隆正按往年惯例驻跸热河行宫，准备木兰行围。

“纳拉皇后（即乌喇那拉氏）贤美节烈，多蒙宠爱，见皇上年过五旬，国事纷繁，若仍如前宠幸，恐非善养圣体，是以故加挺触轻生。”

因为担心乾隆过度宠幸、有伤龙体，乌喇那拉氏这才“挺触轻生”，这一荒谬低俗的揣测把乾隆的五脏六腑都气爆了，其严厉指出：严譄不过是个“微贱莠民”，他是如何得知宫闱大事的？又是如何知道皇后纳拉氏之姓的？“其中必有向其传说之人，不可不彻底严究！”

舒赫德等人接到旨意后当然不敢怠慢，其后对严譄好一番拷打。后者倒也不经打，很快便供出自己原是山西高平县人，现年四十五岁，妻儿均已亡故，只剩自己孑身一人。乾隆二十五年（1760 年）之前，他曾在都察院充书吏，现寓崇文门外万春杂货号内，代人写账营生，其所写上书，乃他一人所为，背后绝无主使之人。

舒赫德等问他如何知道皇后之姓，严譄答说自己“二十年前在都察院当书办时就晓得”，至于那些宫闱秘事，不过是道听途说。以下为严譄原供：“（乾隆）三十年皇上南巡在江南路上，先送皇后回京，我那时在山西本籍，即闻得有此事。人家都说皇上在江南要立一个妃子，纳皇后不依，因此挺触，将头发剪去。这个话，说的人很多，如今事隔十来年，我哪里记得是谁说的呢？后来三十三年进京，又知道有御史因皇后身故不曾颁诏，将礼部参奏，致被发遣这事。”①

其实乾隆也知道，对严譄的审讯不会有什么实质性结果，因为他与乌喇那拉氏的事实真相，只有自己心里最清楚。不过，审讯结果也证实了乾隆的一个猜测，那就是民间对“废后”一事确实传得沸沸扬扬，其中虽然版本不一，但无一例外的将同情归于乌喇那拉氏而指责加诸于自己。这大概是乾隆最为生气的地方了。

事后，严譄被斩立决自不可免，乾隆的心里也是久久不能平静。他心想，山西高平县地处偏远，但像“帝后反目”这样极度隐晦的

---

①转引自郭成康:《乾隆正传》,第 533 页。

宫闱秘事居然也能传播到此。反过来说，如果高平县都能听到这种小道消息，那通衢大道、大江南北，又何处不高谈，何人不传说呢？如此看来，“皇帝立妃、皇后剪发”在世人眼中已成了一个众口宣传的宫廷丑闻，普天下的百姓都在看自己的笑话。想到这里，乾隆又岂能不怒?!

无独有偶的是，南京也有这么个传说：乾隆南巡时，有一次在莫愁湖边的胜棋楼上品茶听曲，无意中发现了一位貌似香妃的女子，于是乾隆便将此女子带回御舟并封其为“明常在”，而这一汉籍“香妃”的存在，也就成了帝后反目的导火索。[1]

南巡路上立江南汉妃是否是乾隆三十年（1765年）宫闱之变的关键，首先要看乾隆后宫中究竟有没有汉女妃子。而要说起这事，还得从清朝后宫制度说起。

按常例，清宫在康熙年后，后妃制度即大体定型，其中设八个等级并有一定限额，即皇后一人、皇贵妃一人、贵妃二人、妃四人、嫔六人，至于贵人、常在、答应这三个等级，则不设定数。[2]值得一提的是，清宫中后妃地位的高低与紫禁城的格局也是对应的，其中乾清宫和坤宁宫专属于皇帝和皇后，其他嫔妃居住的东西十二宫则如星辰一般簇拥在乾清、坤宁两宫之旁。

按清宫的选妃制度，后宫女子都要从旗人女子中挑选，其中又分为两种：一种是从八旗（含满洲八旗、蒙古八旗和汉军八旗）中选秀女，通常隔三年进行一次；另一种是从内务府三旗（即清朝起家时由皇帝自领的正黄、镶黄、正白三旗，也称“上三旗”）中的普通旗人家挑选秀女，每年进行一次。

内务府三旗的选秀主要为宫中挑选宫女。按当时规定，皇太后配有宫女十二名，皇后十名，皇贵妃、贵妃各八名，妃、嫔各八名，贵人四名，常在三名，答应两名。这些在宫中服役的宫女，除个别

---

①林飞：《乾隆江南地图》，第70页。

②贵人、常在和答应是非主位的庶妃，没有正式封号，也没有专门的奉内管领，地位很低。

被皇帝看中而升为妃嫔外，其他大都服役到二十五岁后放出宫外，自行婚嫁。

至于八旗的选秀，那就要严格多了，因为这是为皇帝、皇子、皇孙和各亲王、郡王等王公物色婚姻对象，并非所有旗人家庭的适龄女子都可参加。按规定，参选家庭尚有在京和外任官员及文武职的区别。具体情况如下：在京为官的，文职须七品以上、武职须六品以上；外任官员，则文职须五品以上、武职须三品以上。①换言之，当时能参选的均为相当品级的旗人官员家庭女子，而且必须在十三岁到十七岁之间，身无残疾，方可备选。

据记载，在应选之日，参加选秀的秀女们由神武门进至顺贞门外等候，然后由太监按名册顺序引入，通常是五人一排进行初选，初选中的还要再度进行复选。复选中被选中的秀女，优秀的留在皇宫成为后妃候选人，其余则赐予皇室王公或宗室之家。

清廷之所以对选秀作出如此严格的规定，一来是为了保证满洲贵族血统的纯正与高贵，二来也是因为清宫中嫔妃（包括相应的宫女）较前朝大大减少，“三千佳丽”的现象在清朝已不复见。当然，清宫嫔妃大量减少还有另一个重要原因，那就是：满汉不婚。

应该指出的是，满汉通婚在清初原无禁例，作为笼络汉人的一种策略，一度还受到清廷的鼓励，如将宗室女下嫁前明降将等。入关之后，满汉婚娶仍无禁忌，顺治皇帝还曾发布谕旨，鼓励满汉通婚，其中称：“朕欲满汉官民共相辑睦，令其互结婚姻，前已有旨。嗣后满洲官员之女，欲与汉人为婚者，先须呈明尔部，查其应具奏者即与具奏，应自理者即行自理。其无职人等之女，部册有名者，令各牛录章京报部方嫁；无名者，听各牛录章京自行遣嫁。至汉官之女，欲与满洲为婚者，亦行报部；无职者听其自便，不必报部。其满洲关民，娶汉人之女，实系为妻则方准其娶。”②

①此为嘉庆年后的规定，嘉庆朝与乾隆朝相去不远矣。

②“尔部”指户部，谕旨载于《清世祖实录》。转引自于善浦：《清东陵大观》，第44页。

为做表率，顺治皇帝也曾“稽古制选汉官女备六宫”，不过在其三十二个后妃中，多因记载不全而无法确定其族属，但至少有一位，即恪妃石氏是汉女无疑。据《清史稿》记载：“石氏，滦州人，吏部侍郎石申女。世祖尝选汉官女备六宫，妃与焉。”

作为首位入宫的汉族嫔妃，顺治恩赐其居永寿宫，“冠服用汉式”。进宫之日，石氏之母也乘肩舆入西华门，行家人礼，赐重宴等。康熙六年十一月恪妃去世，康熙辍朝三日，大内以下、宗室以上诸人三日内俱着素服，王以下、奉恩将军以上，公、侯、伯、都统、尚书、骑都尉等照例齐集致祭，其礼遇应该说相当可以了。①

但在顺治以后，清宫突然宣布“守祖宗制，不蓄汉女”，而这一规定似乎出于孝庄太后的决定。由此，满汉之间便成藩篱，而这与清廷实行的“旗、民分治”也有相当的关联。按清制，旗人(包括满洲八旗、蒙古八旗、汉军八旗）世代挑选为兵或派差，只准居住满城而不准从事他业。作为回报，清廷则为其提供钱粮，即所谓“铁杆庄稼”是也。

从某种意义上说，“铁杆庄稼”是一种义务与约束，但同时也是政治、经济上的一种特权。为了巩固自己的既得利益，加上世代圈居满城，旗人自然而然与其他人群相互隔阂，满汉通婚也就无从谈起。而在内宫，后妃与宫女均来源于旗女的惯例也就顺理成章了。

以此而论，乾隆皇帝若是恪守祖宗家法，当然不能立汉妃，更不要说在江南挑选妃子。据目前已知的统计，乾隆一生中共有皇后三名（嘉庆即位后又追谥其生母为后）、皇贵妃五名、贵妃五名、妃六名、嫔六名、贵人十二名、常在四名，总数在四十一名。②那么，其中有没有哪位后妃是来自南方的佳丽呢？答案是有的。

从清宫档案中看，乾隆至少有两位妃嫔来自江南，一位是扬州籍的明贵人，另一位是苏州籍的陆常在。为什么这么说呢？因为在

①于善浦:《清东陵大观》,第 44 页。

②此为于善浦先生根据乾隆裕陵及裕妃园寝所葬统计，见于善浦:《清东陵大观》,第 110 页。

乾隆四十三年（1778年）时，一个自称“国舅”的人来到京城，其设法找到总管内务府大臣福隆安，说自己姓陈名济，来自扬州，是当今皇上明贵人的兄长，目前妻儿子女都在扬州岳母之处，因为生活艰难而恳求内务府赏个差事。

福隆安得知后也很是吃惊，他心想宫中确实有一位明贵人陈氏，而来人自称陈济，所说各项也都对应得上，如胆敢诈冒皇亲，那不免是胆大包天，自寻死路了。看来，这事十有八成是真的。想来想去，福隆安只得先将陈济安顿下来，然后向乾隆秘密请旨，看如何处理。

乾隆接报后，随即将处理意见口谕福隆安，并命他将此旨意密寄两淮盐政伊龄阿及扬州关监督寅著办理。当年七月初十日，寅著回奏此事的办理结果，此折现存于《宫中档》，其中对乾隆的谕旨记载颇详，以下为其全文：

> 奴才寅著奏：乾隆四十三年七月初六日接准领侍卫内大臣、总管内务府大臣、尚书、公福隆安传谕：本年六月二十八日奉上谕：
>
> “据福隆安奏，有明贵人之兄陈济来京，具呈恳求当差，看来此人系不安分之人，若驱令回籍，不免招摇生事等语。当令内务府大臣酌量将陈济留京赏给差使安插，不许在外生事，并询知其家属现在扬州伊岳母处，伊既已留京，家属不便仍居原籍。著交伊龄阿即行查明，遇便送京，交福隆安办理。
>
> “再据陈济称，尚有伊兄在扬关管事。今陈济来京具呈，伊兄自必与闻，安知不借此名色在彼多事，亦未可定。朕于宫眷等亲属管束极严，从不容其在外滋事。恐伊等不知谨饬，妄欲以国戚自居，则大不可。凡妃嫔之家尚不得称为戚畹，即实系后族，朕亦不肯稍为假借，况若辈乎？著

> 传谕伊龄阿，如陈济之兄在扬尚属安静，不妨仍令其在关管事。如有不安本分及借端生事之处，即当退其管关，交地方官严加管束，不得稍为姑容，致令在外生事。至四十五年朕巡幸江浙，不可令此等人沿途接驾，混行乞恩。
>
> “又，陆常在系苏州籍贯，其有无亲属人等，亦当详悉查明，严加管束。四十五年南巡时亦不可令其接驾乞恩。一并传谕舒文照此办理……”

乾隆接奏后，朱批：览。①

乾隆的这段谕旨较长，但非常具体，其中讲了三个事：一是明贵人之兄陈济看来并不安分，与其让他回籍，倒不如将其安顿京城，免得惹是生非，同时其家属也一并送京；二是明贵人还有个哥哥在扬州关管事，可能也不安分，说不定陈济来京就是他的主意，各驻扬州的内务府官员必须盯紧了，不得因其是国戚而加以姑息，后年南巡也不准其前来接驾；三是苏州籍的陆常在是同样情况，想必也会出这等事，应速速查明其家属情况，严加管束，后年南巡亦不准其接驾。②

从以上信息来看，明贵人和陆常在似乎都是寒素人家出身，不过由于其身份的敏感性，乾隆对其亲属的动向给予了严重的关注。而在处理方式上，乾隆又尽可能地降低规格甚至撇清亲戚关系，处理过程也是极其隐秘而迅速，以防消息外泄，影响其帝王形象。

那么，读者或许要问，乾隆究竟在怕什么？难不成是因为破坏了祖宗家法，害怕被天下人指责其贪图美色而不得不隐秘其事？或

---

①转引自郭成康:《乾隆正传》,第 536 页。

②苏州织造舒文也很快查明陆常在亲属情况:“陆常在现有母亲缪氏,同已经出嫁之长女并外甥女三人,相依居住。此外并无亲属,平日亦颇安静。”另据于善浦《清东陵大观》所记:“乾隆二十五年十二月新封禄常在,四十年时为禄贵人。五十三年十二月葬纯惠皇贵妃园寝。”见第 134 页。

者是为了维护其帝王形象而不得不遮遮掩掩？也正因为如此，明贵人与陆常在是如何进入清宫的就更让人猜疑了。

首先可以肯定的是，明贵人与陆常在不是通过选秀入宫的，因为她们根本不是旗人。排除这一正规途径的话，那两位南方佳丽极可能来自地方官员的进献，尤其是那些驻任南方的内务府官员所尽的“一点孝心”。事实上，早在乾隆四年（1739 年）时，即有人参奏江苏官员海保购买女子进献皇帝，乾隆不得不为此降旨江苏布政使徐士林，令其查明据实奏闻。可见，当时的乾隆对这等事还是颇为谨慎的。

当然，还有一种可能就是乾隆南巡时带回的。自十六年（1751 年）起，乾隆六度南巡，其所住行宫均由盐政、关差、织造等内务府亲信官员负责照料。可以想象，进献江南美女也是这伙奴才们借以邀宠、固宠的惯有伎俩。这种机会，想必他们是不会轻易放过的。

事实上，此类故事在康熙朝时已不是什么秘密，如李光地在《榕村语录续集》中即记了这样一件事：“山西巡抚噶礼迎驾至庆都，并率百姓百余人来邀请圣驾，百姓皆夜间露立。问之，云：‘票押，不敢不来。’轿顶及钩锁皆真全，每一站皆作行宫，顽童妓女，皆隔岁聘南方名师教习，班列其中。渠向予辈云：‘行宫已费十八万，今一切供馈还得十五万。’噶礼进四美女，上（康熙）却之，曰：‘用美女计耶！视朕为如此等人乎？’又密侦得左右皆受此饵，悉加之罪。”①

类似的事例，时在宫中服务的法国传教士白晋也在《康熙帝传》中记载说：“几年前，皇帝到南京巡视江南省，人们根据旧习惯，以朝贡的方式向他进献了七个美女。他连看都不看一眼，拒不接受。”

不过，读者千万不要被这两段记载给误导了，因为康熙的做法显然是做给别人看的。其真正的事实，正如时人在《枝巢清宫词》中写的：“苏浙南巡六度临，宫中从此有南音。侍书未久攀髯泣，

①转引自郭成康:《乾隆正传》,第 538 页。

永苍凄凄白奈簪。”此诗原注说得更直白，“圣祖晚年，始有汉姓女子六七人，传多系苏杭籍，然皆无位号。至六十一年始尊封贵人，或称庶妃，列帝系号。”

如果说《枝巢清宫词》还只是民间传闻的话，康熙在四十六年（1707年）三月十七日给亲信大臣王鸿绪的御批中即透露：“前岁南巡，有许多不肖之人骗苏州女子，朕到家里方知，今年恐又有如此行者。”同为宠臣的高士奇某次觐见康熙，后者曾对他说：“有二贵嫔像，写的逼真，尔年老，久在供奉，看亦无妨。”出示一幅画像后，康熙说：“此汉人也。”后又拿出一幅，说：“此满人也。”最后一次南巡时，康熙特意带上密嫔王氏生育的十五、十六两个阿哥。不为其他，王氏乃江南女子也。

密嫔之外，康熙宫中的汉妃至少在五六个，如《永宪录》中即明白记载二十四阿哥允祕之母白贵人为苏州女子。此外，生育十九阿哥、二十阿哥的襄嫔高氏，生育二十一阿哥的熙嫔陈氏，生育二十三阿哥的静嫔石氏，还有袁氏、陈氏、刘氏等贵人，都可能是江南汉人女子。由此也可知，康熙晚年纳汉妃几乎是朝廷内外官员人所皆知的“秘密”。

话说乾隆这辈子，最崇敬的对象正是其皇祖康熙。既然康熙老爷子也不曾恪守什么祖制，那乾隆数度南巡，又正值其一生事业的巅峰——其时海内宁晏，四夷宾服，志满意得之余，放纵情欲恐怕也在所难免。由此，乾隆为江南佳丽所动而令其随侍身边自不在话下，就算是纳一二汉女为妃，也无伤大体。退一步说，就算是违背祖制了，那又有谁敢公然反对呢？

再者，乾隆自孝贤皇后去世后即感情失托，内心世界上的极度空虚恐怕也是其逐渐耽于声色的一个重要因素。据其自述，自乾隆十三年（1748年）后即形成独宿习惯，即便有嫔妃入侍，云雨之后亦挥之而去。可以想象，年逾五旬的乾隆此时纳入汉妃多出于满足肉欲而非感情的需要，而善于察言观色的内务府奴才们更是乘机劝进，君臣合欢矣。

据朝鲜史料记载，乾隆的第二个皇后（即乌喇那拉氏）被废是因为她要阻止乾隆纳一个妃子，而从明贵人陈氏的入宫时间来看，两者正好有契合之处。因此，也有人说那个妃子可能就是陈氏，这段故事正好发生在乾隆三十年（1765 年）南巡之时。

自古以来，各种所谓流言或小道消息之所以能传播甚广，信者甚众，其中原因就在于它包含了一些真实的成分，而其逻辑又具有一定的合理性。譬如“帝后反目”这件事，南巡时皇后被先送回京，之后又有御史被发遣等情节无疑是不争的事实，那是不是可以由此推导出乌喇那拉氏在南巡路上谏停乾隆立汉妃并进而愤然剪发的逻辑呢？从目前的材料看，这一说法不能说是证据确凿，但其可能性也不好完全排除。

或许，乾隆当时为扬州姑娘陈氏的美色倾倒，并且要立即赐以佳号，收入宫中，而皇后如果懦弱无能，那该发生的都会发生，一切风平浪静，别无二话。然而，乌喇那拉氏是个外似柔弱、内实刚强的北方女子，其与乾隆的积怨太深，随时都可能爆发。在杭州期间，忍无可忍的乌喇那拉氏以维护祖宗家法为名制止乾隆纳汉女为妃，由此爆发的帝后冲突迅速激化为皇后当众断发，最终一发而不可收拾。

乾隆三十一年（1766 年）十一月，也就是继后乌喇那拉氏死后四个月，陈氏被正式册封为“明常在”。乾隆四十年（1775 年），陈氏晋“明贵人”；五十九年（1794 年）十月，晋为“芳嫔”。嘉庆三年（1798 年）十月，也就是乾隆驾崩前两个月，嘉庆奉太上皇敕旨，尊“芳嫔”为“芳妃”。由此可见，如果“废后”事件确因陈氏而起，那乾隆也算相当对得起她了。又三年后，芳妃陈氏去世，葬裕陵妃园寝。

乾隆的第四次南巡因“皇后剪发”事件而闹得沸沸扬扬，后世稗官野史、小说演义也多捕风捉影，添油加醋，将乾隆刻画成一个好色不仁、流连烟花之所的下流皇帝。这种说法，固然不全是事实，但乌喇那拉氏的悲剧至少证明了一点，那就是古话说的，“只许州官放火，不许百姓点灯”，皇帝就是皇帝，即便荒淫无耻也无人敢问，哪怕这个人贵为皇后，只要稍有反抗，也不会落得什么好下场。

令妃之宠：距离皇后只有一步之遥

上世纪末的琼瑶大戏《还珠格格》可谓家喻户晓，而其中又有一固定套路：每次惹人喜爱的“小燕子”和清新可人的“紫薇”被皇后刁难时，一位天使般的“令妃娘娘”总会及时出现，帮助两人摆脱困境。那么，这位“令妃娘娘”是否真有其人呢？还别说，真有。

乾隆三十年（1765年）闰二月十八日，也就是皇后乌喇那拉氏与乾隆发生冲突的那一天，当时一起陪同南下的就有令贵妃。机缘巧合，说不定她还是这场骇人的“帝后冲突”的目击者。而更邪乎的说法是，皇后之所以与皇帝发生剧烈冲突，原因是乾隆想将令贵妃魏氏晋封为皇贵妃，由此遭到前者的强烈反对。如果这种说法成立的话，那令贵妃就不仅仅是目击者，而是当事人之一了。

如果将皇后乌喇那拉氏与令贵妃魏氏的生育情况做一对比的话，就会发现这种说法还真不是毫无根据。根据记载，乌喇那拉氏于乾隆十五年（1750年）正位中宫后，其于乾隆十七年、十八年、二十年分别诞下皇十二子永璂、皇五女和皇十三子永璟。此后，乌喇那拉氏即再无生育。

与此相对应的是，魏氏的生育高峰突然爆发，其于乾隆二十一年、二十二年、二十三年、二十五年、二十七年分别生下皇七女、皇十四子永璐、皇九女、皇十五子永琰（即后来的嘉庆皇帝）和皇十六子，几乎保持了两年一个的高频率。在皇后乌喇那拉氏与乾隆发生冲突后，魏氏又于乾隆三十一年生下皇十七子永璘。

另作为参照的是，从乾隆十七年到二十年（也就是皇后乌喇那拉氏的生育期）的四年间，另有嘉贵妃于十七年生皇十一子永瑆，忻嫔于二十年生皇六女。而从乾隆二十二年到三十一年间，除魏氏所生六个子女外，只有忻嫔于二十二年生下皇八女，此外乾隆别无所出。值得一提的是，生于乾隆三十一年的皇十七子永璘既是魏氏的最后一个孩子，也是乾隆生的倒数第二个孩子。直到九年后，惇妃汪氏才生下皇十女，即乾隆最宠爱的固伦和孝公主。

从乾隆二十一年至三十一年间，魏氏在十年间生下四子二女，其间隔之短，也足见其宠幸之隆。由此，魏氏也成为清宫史上诞育子女最多的一位（与康熙朝的荣妃马佳氏等并列第一）。也就在这十年间，魏氏由普通的妃子而升为贵妃，最后于乾隆三十年升为皇贵妃，离皇后之位仅一步之遥。

宫门一入深似海，在壁垒森严的后宫花海之中，魏佳氏能浮出水面诚属不易。那么，魏氏是什么来头，她又究竟有什么本事能让乾隆对她专宠如此之深呢？

关于魏氏的身世，有这么一种离奇的说法。如美国学者恒慕义在主编《清代名人传略》时，其中“颙琰”条下记曰：有记载说，颙琰（即永琰）之母孝仪皇后原为苏州女伶，乃是掌管宫中娱乐的衙门昇平署自苏州买来或雇用者。甚至有人断言，昇平署内有一座小庙，供奉一尊女神喜音圣母，圣母脚前一度立有颙琰及其子旻宁（即绵宁，道光皇帝）庙号和谥法的两座牌位，如同这两人就是她的后代。尽管有这种可能，但官方记载却说：孝仪皇后是满洲人，《八旗民族通谱》载有姓氏，其家至少有三代世为内务府包衣。她是高宗宠爱的妃子，居于圆明园内著名的“天地一家春”，颙琰即诞生于该处。①

昇平署是专门承应宫廷内部奏乐与演戏的机构，其中畜养江南

①“颙琰”条目的撰写者为房兆楹。转引自郭成康:《乾隆正传》,第 543 页。

优伶固然是不争的事实。[1]不过，由此推论嘉庆之母即令贵妃魏氏为苏州女伶，这一说法未免有些骇人。毕竟，昇平署庙内供奉嘉庆和道光两人的牌位未为可知，即使真的供奉，也与魏氏是苏州女伶没有直接而必然的关系。

当然，也有学者认为，南方担任盐政、织造和税关监督的内务府包衣官员罗致貌美艺绝的优伶以进呈内廷本为例行之事，魏氏出身于苏州女伶，或系昇平署自苏州买来或雇用者。之后，魏氏以色艺俱佳为乾隆所喜爱，于是在奴才官员们的安排下，先认内管领清泰为父，再经选秀女之途入宫，赐号“贵人”。当然，这只是一种可能，并无确证。[2]

清宫家法森严，选秀制度严密，如魏氏真的是江南女伶，要想蒙混过关，似乎也并非易事。因此，也有另一种说法，即魏氏的容貌、性情、气质与孝贤皇后颇为接近。潜移默化中，乾隆把对逝去皇后的感情转寄在魏氏身上，由此产生了一种难以名状的怜爱之情。

这种说法，也不是空穴来风。有一次，乾隆在孝贤皇后陵前祭酒后作了一首诗，其中有这么两句：“旧日玉成侣，依然身旁陪。”这话什么意思呢？原来，当时魏氏也已去世，并以皇贵妃的名义入葬地宫，其棺椁正好位于孝贤皇后棺的东侧。所谓“旧日玉成侣，依然身旁陪”，指的是魏氏当年与孝贤皇后关系紧密，死后仍旧陪伴在身旁。

魏氏生于雍正五年（1727 年）九月，比孝贤皇后小十五岁，那她为何会与孝贤皇后关系紧密呢？这恐怕要从其真正的身世说起了。据《清史稿》的记载，令贵妃本姓魏，内管领清泰之女，“事高宗为贵人，封令嫔，累进令贵妃”。

由此看来，魏氏的家世其实相当一般，其父清泰不过是内务府下的一个包衣头目，而就这个职位，还很可能是因为魏氏的关系才

①因其排练在南花园，因而乾隆时期称“南府”，道光七年(1827 年)才有“昇平署”之名。

②见郭成康:《乾隆正传》，第 544 页。

赏给的。从乾隆初年所修《八旗通志》上的记载来看，魏氏父、祖是那种最普通最低等的世代包衣，家中不曾有人出仕做官，这与慧贤皇贵妃的高家及历任江南织造的曹家有着明显的不同。

按清宫选秀制度，像魏氏这种内务府包衣出身的女子，只能参加挑选宫女的选秀而不具备内廷主位的秀女遴选资格，因为后者是为皇帝及皇子挑选妃子而举行，对其父、祖的官职地位有相当的限制。因此可以推论，魏氏很可能是宫女出身，而且就是孝贤皇后身边的亲信宫女。其宫中地位的上升，恐怕与其主子孝贤皇后的提携照拂有着莫大的关系。事实上，《清史稿》中说她“事高宗为贵人”，即隐晦地表明其入宫封妃走的并非正常渠道。①

魏氏入宫的年份不详，不过她在乾隆十年（1745 年）十一月被封为“令嫔”时只十九岁，而宫女进入清宫服役的年龄通常在十三到十七岁之间。因此，魏氏应该在乾隆四年至六年进宫。之后，随着魏氏在宫中地位的不断上升，其家也由汉军正黄旗而被抬入满洲镶黄旗，即所谓“抬旗”，魏氏也被改称为魏佳氏。

魏氏受封的“令嫔”，其“令”字出自《诗经·大雅·卷阿》中的“如圭如璋，令闻令望”。圭与璋都是古代的玉制礼器，这里比喻人的气质高雅；“令闻令望”的意思是美好的名声和品德，使人仰慕效仿。或许，乾隆希望魏氏能像玉石一般美丽而善良，所以才会授此封号。

就在孝贤皇后去世的那一年，魏氏被晋封为令妃。不过让人有些奇怪的是，魏氏直到乾隆二十一年（1756 年）才生下皇七女，而这也是她的第一个孩子。这一年，她已近三十岁。由此看来，乾隆在此前的八年间似乎并没有对魏氏表现出特别的关注，而这段时间也正是皇后乌喇那拉氏得宠的时期。

但是，从乾隆二十一年后开始，魏氏便接二连三地为乾隆生育

---

①据美籍清史专家欧立德的研究，清宫史上约有七分之一的嫔妃来自宫女，见欧立德:《乾隆帝》,第 50 页。

子女，其中除了早夭的皇十四子永璐和未及命名的皇十六子外，魏氏又生育了另两个儿子，其中一个就是乾隆二十五年（1760 年）所生皇十五子永琰，也就是后来继位的嘉庆皇帝。

大约生育有功的缘故，魏氏于乾隆二十四年（1759 年）被晋封为令贵妃。相对于其出身而言，魏氏上升到这个地位无疑是清宫中极难得的异数，而这也在某种程度上反映了乾隆对魏氏的宠幸之深。① 而从另一个角度而言，魏氏的得宠与皇后乌喇那拉氏的失宠几乎处于同一条时间线上，在乾隆三十年“帝后冲突”后，魏氏更是一跃成为皇贵妃，并受乾隆之命统摄六宫之事，代行皇后之责。

换言之，魏氏虽无皇后之名，却有皇后之实，乌喇那拉氏虽为皇后，但真正的后宫之主却是魏氏。而且，魏氏这一做就是十年，直到乾隆四十年（1775 年）去世为止。

也许有人会问，继后乌喇那拉氏在乾隆三十一年（1766 年）死去后，在长达九年的时间里，为何魏氏未能继任为第三任皇后？是不是乾隆对她还有所保留而不愿意将此名位授于她？或者直白地说，因为魏氏出身太低而不具备皇后的资格，或是乾隆对她爱得还不够深？

魏氏死后，锦州生员金从善向乾隆上书，其中呈请皇帝就废后一事下诏罪己的同时，还提出宫中应册立新皇后。②这事按说与魏氏并无关系，不过乾隆在处治金从善的谕旨中也透露了不立新后的部分原因，其中称：“朕春秋六十有八，岂有复册中宫之礼？况现在妃嫔中，既无克当斯位之人，若别为选立，则在朝满洲大臣及蒙古札萨克诸王公，皆朕儿孙辈行，其女更属卑幼，岂可与朕相匹而膺尊号乎？”③

乾隆的意思是：我年纪都六十八了，现在还谈什么再立皇后？

---

①康熙朝时，八阿哥胤禩的母亲良妃卫氏也是宫女出身，但她也未能上升到贵妃的级别。

②即前文说到的金从善上书事件，事发于乾隆四十三年。

③转引自郭成康：《乾隆正传》，第 541 页。

何况现在的那些嫔妃都没有当皇后的资格；若是为立皇后而再次选秀的话，朝中满蒙大臣都是我的儿孙辈，何况他们有受选资格的女儿？她们又岂能与我相匹而享受皇后之尊号？

“金从善事件”后，朝中再无人敢议立皇后。如从乌喇那拉氏死后开始算起的话，中宫之位实际上虚悬近三十年，而其中前十年正是魏氏代理皇后之职的时期。事实上，乌喇那拉氏幽死当年，乾隆才五十六岁而魏氏不过四十出头，当立不立，必有来历，这其中的主要原因，恐怕还是乾隆说的，妃嫔中“无克当斯位之人”。这其中，当然也包括了魏氏在内。

客观地说，前任皇后去世后不立新后的做法也不是乾隆独创，如康熙皇帝在二十八年（1689 年）孝懿仁皇后（第三任皇后）去世后即再未立过皇后，期间长达三十三年。雍正皇帝在孝敬宪皇后去世后也未再立皇后，其时也正值壮年。

也有人说，魏氏未能转正为皇后可能是因为事涉秘密建储。乾隆三十八年（1773 年），皇十五子永琰被秘立为皇太子。也许是为了遮盖立储意向，乾隆有意让永琰之母即魏氏继续保持皇贵妃的身份。魏氏去世后，乾隆命将其灵柩葬入裕陵地宫，这似乎是一种弥补，但又在无形中有所泄密。因为这很容易让人猜到，这一待遇与永琰被秘立为皇太子的安排有关。

当然，乾隆不立新后还有另一种解释，那就是乾隆认为自己命太硬，克妻克子，前两任皇后寿命不永，即为明证。如果再立新后的话，恐怕也会有此结果。按乾隆“八字”：“此命富贵天然，……诸事遂心，志向更佳。命中看得妻星最贤最能，子息极多，寿元高厚，柱中四方成格祯祥。别的不用问。”应该说，康熙给乾隆找的那位相士还是有点水平的，其前面的“八字”都说得很好，也说得很准，但最玄妙的是最后一句。什么叫“别的不用问”，其潜台词恐怕是“不能说”。那什么东西不能说？那就是妻妾子女虽然多，但乾隆气场太强，克妻克子，其一生中共有四十一位嫔妃，其中三十二个死在他前面，哪怕是年纪要小一轮甚至两轮的，照样被克，总的被克率超过四分之三。而其二十七个子女中，有十个未及五岁即告夭折，成年的也只有五个活到了乾隆身后。

魏氏去世时只有四十九岁，而这也可能与其长女的早逝有关。乾隆二十九年（1764 年），皇七女指配超勇亲王策凌之孙拉旺多尔济；六年后，皇七女被封为固伦和静公主下嫁，这享受的是皇后之女的待遇。可惜的是，在乾隆四十年正月初十，皇七女不幸去世，年仅二十岁。十九天后，魏氏也随之离去，是否因其女早亡打击所致，不得而知。①

不过对魏氏来说，她最幸运的是在圆明园“天地一家春”诞育了皇十五子永琰。乾隆六十年（1795 年）九月初三，嘉亲王、皇十五子永琰被宣布为皇太子并将于翌年元旦即位为嗣皇帝后，母以子贵，已去世近二十年的魏氏被追封为乾隆的第三任皇后即孝仪皇后，也算是死后哀荣。

耐人寻味的是，乾隆在礼部所进的追封典礼仪注里作了这样一段批示：“孝仪皇后神牌升祔奉先殿，前期告祭天、地、太庙一事，亦未免失当。孝仪皇后乃朕因系嗣皇帝生母恩旨册赠，止应于奉先殿祭告。若因此而举行天地庙祀大典，转邻于渎。已著不必举行。”

乾隆的意思是，魏氏被追赠为皇后主要是因为她生育了嗣皇帝，所以不宜与正式的册封皇后一样享有昭告天地、祭祀太庙的大典礼遇，其神牌升祔奉先殿、排于孝贤皇后之次，受后世子孙祭奠即可。考虑到魏氏与孝贤皇后生前的关系，不得不说乾隆的这个讲究还是有些道理的。

魏氏去世时，乾隆也写了一首挽诗：“儿女少年甫毕姻，独遗幼稚可怜真。兰宫领袖令仪着，萱户已勤懿孝纯。了识生兮原属幻，所惭化者近何频。强收悲泪为欢喜，仰体慈帏度念谆。”其中大意是，魏氏过世时，其所生的皇十五子永琰去年刚完婚，而皇十七子

①魏氏次女即皇九女于乾隆三十六年封和硕和恪公主，次年下嫁协办大学士兆惠之子、一等武毅谋勇公札兰泰。乾隆四十五年，年仅二十三岁的皇九女同样早逝。

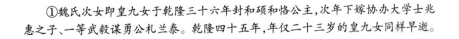

永璘年方十一岁，年少失母，颇为可怜。近年来后宫也是频遇不幸，前年豫妃、去年庆贵妃、今年皇贵妃连遭薨逝，世事如幻，乾隆也只能强收悲泪，孝敬老母，继续向前。

魏氏是乾隆在世时册封的最后一位皇贵妃，随着前者的去世，宫中不仅无主，就连权当六宫领袖的皇贵妃此后也阙而不补。此中缘故，是不是出于对魏氏地位的一种保留，恐怕也只有乾隆心里最清楚了。

不管怎么说，魏氏由一个出身低微的入宫女子而逐步转至皇贵妃并执掌后宫十年之久，期间深受乾隆宠幸而未受责难，这在伴君如伴虎的年代，无论如何都算是极为难得了。

假货横行：下江南被“伪稿案”搅局

天安门城楼前后各有一对巨大高耸的华表，其柱身有巨龙盘旋而上，上方横贯一块精美的云板，如同祥云缭绕。柱顶承露盘上，还雕着一头蹲着的神兽，这就是传说中的“犼”。[①]

犼是上古时期传说的神兽，其体型小而能搏龙，知善恶而能辨忠奸，皇宫用它来守护门户，避妖挡煞，而其中也蕴含了对皇帝施政的警示意义。据传，城楼后的那对“犼”头朝宫内，这叫“望君出”，意在提醒皇帝不要总是深居宫闱，而应到民间去走一走，看一看，明察下情，以实地了解民间疾苦；城楼前的那对“犼”则头朝宫外，这叫“望君归”，意在提醒在外巡视的皇帝不要在民间滞留太久，因为还有许多国事需要他去处理。

应该说，乾隆从即位起就有南巡的愿望，这与华表上“犼”的启示未必有关，但与康熙皇帝的六次南巡有着莫大的关系，因为后者是其最崇敬而极力模仿的对象。不过，乾隆初期因为政事未曾谙习，一时半会也不敢轻动南巡的念头。等到历政十余年后，乾隆北狩至热河、西幸至五台山、东巡至泰山，这些活动都搞过了，南巡的事也就提到日程上来了。

乾隆十四年（1749 年）十月，在江南督抚及该省绅耆士庶“望幸

---

①天安门即昔时之“承天门”，前后有两对华表，建于明朝永乐年间。华表相距约百米，通体用汉白玉雕刻而成，分须弥座柱础、柱身和承露盘三个部分，高近十米，直径近一米，重约二十吨。

心殷、合词奏请南巡”的由头下，乾隆发布了一道谕旨，其中大意是：奏折朕已经收到了，江南人民的心情朕也了解了。不过呢，南巡事关重大，不能由朕一个人说了算，所以将此奏折交由朝中各大臣讨论。现在讨论的结果是，圣祖仁皇帝（即康熙）曾六度南巡，谟烈光昭，所以应俯从所请，也去江浙南方巡阅一番。

说到这里，乾隆开始说自己的想法了：江南地广人稠，朕一向十分关注。其官方戎政、河务海防，及其闾阎疾苦，无一不是大事。只是因为路途较远，十余年来，未遑举行南巡。朕常敬读圣祖实录，其中记有圣祖恭侍皇太后銮舆南下时，老百姓扶老携幼，夹道欢迎，交颂天家孝德。看到这里，朕也是心驰神往。江南名胜甲天下，朕理当陪同皇太后南下游赏，以饱览江左秀丽江川，亲尝南方丰美民物，如此才能娱畅慈怀，也算是朕尽了孝心。更何况，后年春天是皇太后六十大寿，南巡正好恰逢其时。

最末，乾隆又亲自交代了南巡的具体准备工作：届时，朕先简派向导人员前往清跸预备，所有费用都由内务府出，不必取自国库与地方。路上的行营宿顿，不过偶一经临，不可过求华丽、多耗物力。至于要参观的名山古迹，只需扫除洁净，足备临观即可，不必分外崇饰。即使有颓圮之处，随宜补葺就好，费用由官家置办而不得取自民间。

督察河务海防、考察官方戎政、了解民间疾苦及奉母游览、以尽孝心，乾隆在谕旨中将这四大理由说得滴水不漏，方方面面，各种道理都说得通。是啊，江南的耕地面积虽然只占全国的百分之十六，但上交的赋银却达到全国的百分之二十九，赋粮更是高达百分之三十八。另外，江南运往京师的漕粮占到总产量的百分之六十四，征收的盐税更是占到全国此类收入的三分之二以上。①如此重要的鱼米之乡和财赋之区，朝廷钱粮所寄，下去了解了解、体察体察民情，难道不应该吗？

①欧立德:《乾隆帝》,第 114 页。

再者，清朝一向标榜以“仁孝”治天下，皇太后马上就六十大寿了，难道不应该去江南旅游一次，让老太后看看江南的美景，开心开心吗？何况圣祖康熙皇帝也搞过南巡，还很受百姓欢迎，不是吗？所以说，这些都没问题，对乾隆来说就一句话：我看行，该去！

当然，这些都是表面文章。真正的事实是，江南督抚早就被吹过风了，所谓“绅耆士庶”也无非是被代表了而已。这不，乾隆的谕旨刚刚发下去，闽浙总督喀尔吉善、署理浙江巡抚永贵的奏折又来了，其奏请乾隆“临幸浙省，阅视海塘”，这台阶给的是恰到好处，马屁也拍得是恰逢其时。但回头一想，真有这么巧吗？江浙官员都跟串通好了一样？

有些事，不好往细里追究，追下去准保出事。不管怎么说，奏折上来了，乾隆还得装模作样地表个态，其大意是：前次江南督抚等奏请南巡，朕特命大学士、九卿一起商议，结果都赞同南巡。既然大家意见一致，那朕也就降旨允准了。江浙本属接壤，又是圣祖南巡临幸之地，去也无妨。何况浙江海塘事务要紧，朕一向十分关注。既然浙省士民感恩望幸，群情踊跃，合词代奏，那朕也不能辜负了他们的一片好心，所以就答应了吧！待后年春南巡时，也顺便到浙江去看看。不过要记住了，注意节约，勿尚华靡，此意前旨已详，就不多说了。钦此！

经过一年多的准备后，乾隆的皇家旅行团终于要出发了。乾隆十六年（1751 年）正月十三日，在众多侍卫及清兵的保护下，乾隆奉皇太后，率领群妃、皇子及随行的太监宫女走出皇宫，一路上浩浩荡荡，离开京城南下。

首次南巡的路线是，经直隶入山东，然后沿京杭大运河南下。同年二月初八，乾隆一行人渡过黄河，之后经德州、泰安、曲阜、兖州、清河、高邮、镇江、丹阳、常州至苏州。同年三月，一行人到达杭州，乾隆随后登观潮楼阅兵，奉皇太后遍游西湖名胜。

回京时，乾隆从南京绕道至明孝陵祭明太祖朱元璋并阅京口旗兵，期间还陪着皇太后亲自到织造机房观织。之后，南巡团沿运河北上踏上返程。同年五月初四，乾隆等人回到北京，第一次南巡共历时五个月。

皇帝出游与寻常人外出当然大不相同，其排场、其规模及其带来的开支都是极其惊人的。据事前打前站的护军统领努三等人的勘查，南巡途径直隶、山东、江苏、浙江四省，其中旱路一千七百五十八里，计三十三站；水程一千三百四十六里，计十九站。回程有旱路一千四百四十二里，计二十八站；水路一千二百九十四里，计十七站。来回全算起来的话，其中南下路程三千一百零四里，北上二千七百三十六里，往返总计五千八百四十里，全程共计九十七站，平均每天得走六十里。①

乾隆每次南巡，路上都要花上四五个月，用船达四五百只，随驾当差的官兵往往在两三千人，全程用马六七千匹。此外，各地官府还得征召成千上万名役夫沿途提供后勤等方面服务，其人员、金钱的用度可真不是小数目。②

以首次南巡所需的兵丁、马匹、船只等为例，其中即包括随行大臣三十二人，侍卫章京六百一十一人，官兵两千五百五十九名。大臣每人给马五匹，侍卫官员给马三匹，护军、紧要执事人等每人二匹，其余每二人用马三匹，合计需马六千六百九十余匹。这六千多匹马用到江苏宿迁即止，因为后面主要乘船南行，因而江浙两省还需为南巡团准备约四千匹马。

用船方面，乾隆乘用的御舟是特制的安福舻，另有翔凤艇作为备用。各大臣则给二只或一只，侍卫官员或二三人一只或四五人一只，随行兵丁或八九人一只或十数人一只，总计需用船四百四十余只。③

南巡无疑给民间带来了极大的骚扰。以御道为例，其标准是帮宽三尺，中心正路一丈六尺，均要求坚实平整。所经道路，一律黄

①孙文良、张杰、郑川水:《乾隆帝》,第 170 页。

②据保守估计,乾隆每次南巡的费用至少在 300 万两,接近清廷每年财政收入的 5%-10%。见欧立德:《乾隆帝》,第 117 页。

③孙文良、张杰、郑川水:《乾隆帝》,第 170 页。

土铺垫，清水净道，即便石板石桥也不例外。河道狭隘之处要加宽，遇障碍要拆除，必要时甚至要拆桥让路。

出发前，乾隆在谕旨中要求，“清跸所至，除道供应，有司不必过费周章”，“至川原林麓，民间冢墓所在，安厝已久，不过附近道旁，于辇路经由无碍，不得令其移徙”。但话虽如此，一些地方官为了讨好皇帝，又岂会顾及老百姓的感受！

以闽浙总督喀尔吉善的奏折为例，其在折中说：“南省道路，山水交错，不似北地平旷可以随宜布置，且杭、嘉二府道旁皆桑，平原难得。臣与向导大臣恭阅御舟所经河道，纤路最宽者，不过一丈以上，或尚不及一丈”，“臣等不敢过求开阔有损田园”。乾隆阅后批示：“知道了。总以务朴省事及息浮议为要。”由此可知，乾隆亦知民间有“浮议”矣。

乾隆首次南巡最远到达绍兴，其主要目的是要祭拜大禹陵。但是绍兴并非运河所经之处，因而途中颇有麻烦。向导大臣努三、兆惠即奏称：由杭州渡江至绍兴禹陵、南镇一路，“河道窄狭，仅容一船，经过石桥四十余座，须拆毁过半。旱地安设营盘，地气甚属潮湿”。其中颇有谏阻之意，否则骚扰民间，成本甚巨。

乾隆接报后表示：“朕初次南巡，禹陵近在百余里之内，不躬亲展奠，无以申崇仰先圣之素志。”当然，江南水道狭窄也是实情，如拆毁石桥以供出行，难免民间多有怨声。既如此，就将御舟改为小艇，以便通行。至于地气潮湿、不宜安设营盘也无妨，只需在原地“造大船一只，专备晚间住宿”即可。皇帝既然愿意屈尊，那手下大臣还有什么话可说？

乾隆南巡是历代王朝难得的盛典，沿途百姓围观瞻仰帝王风采也是在所难免。出发之前，闽浙总督喀尔吉善请示说，“两岸有村镇居民处”，是否“许令男妇老幼跪伏瞻仰”？对此，乾隆还算通情达理，其批示：“不必严为拦阻。”

不过话虽如此，老百姓固然是热情高涨，很多人走了几十里甚至几百里来看皇帝南下，但因为隔离带都比较远，多数人说是“一睹天颜”，实际上只看个朦朦胧胧的影像，或者什么也没看见。如时人所记：“但见一片黄旗，安流顺发而已！”[①]等到南巡车队（船队）过去后，围观的老百姓除挤了一身的臭汗与泥尘，也就是为皇帝南巡的规模与架势而惊叹不已了。

乾隆是聪明人，他心里也知道南巡给沿途百姓带来极大的不便和开支。于是，其出巡前即发布谕旨，宣布蠲免江苏、浙江等省历年积欠钱粮，其中称：“东南贡赋甲于他省，其历年积欠钱粮，虽累准地方大吏所请，分别缓征带征，以纾民力，而每年新旧并征，小民终未免拮据。……著将乾隆元年至乾隆十三年江苏积欠地丁二百二十八万余两、安徽积欠地丁三十万五千余两悉行镯免。”至于浙江，因为此前并无积欠，“著将本年应征地丁钱粮蠲免三十万两”，以示鼓励。直隶、山东所过州县，“蠲免本年应征额赋十之三”外，又免山东欠谷九十七万石余。如此，还算是给了沿途老百姓一点实惠。

不管怎么说，首次南巡算是圆满结束了，皇太后满意，乾隆当然也很满意。不过，没等乾隆高兴多久，一个突如其来的奇案搅坏了他的好心情，这就是绵延数年、追捕了大半个中国的“伪稿案”。

当年八月，乾隆在批阅奏折时，发现云贵总督硕色的密折中另夹了一纸奏稿。打开一看，乾隆顿时气得脸都白了，当即令各军机大臣速来议事。

原来，硕色在密折中报告说，贵州古州镇总兵宋密收到驻安顺府提塘官吴士周的一份急件，其中夹有一份署名工部尚书孙嘉淦所写的奇怪奏稿。让乾隆生气的是，奏稿之上竟然还带有“自己”的御批。[②]

毫无疑问，乾隆御批是伪造的，这份所谓“奏稿”也是托名之作。那么，问题又来了，这份伪稿说了什么？为什么要假借时任工部尚书、署翰林院掌院学士孙嘉淦的名义？伪稿的真正作者又是谁？

---

①向斯：《乾隆养生之谜》，第 179 页。

②牛寨中：《孙嘉淦：山西清朝第一名臣》，第 284 页。

先简单介绍下孙嘉淦的情况。孙嘉淦，山西兴县人，其弟兄四人，三人为进士，家门荣耀，一时罕见。康熙五十二年，孙嘉淦在乡试、会试中连捷，后点庶吉士、入翰林院，年仅三十。雍正即位后，孙嘉淦上疏言三事：请亲骨肉、停捐纳、罢西兵，一时惹得雍正龙颜大怒，所幸当时有大学士朱轼为其作保，孙嘉淦这才免于灭顶之灾。此后，孙嘉淦“敢谏”之名，播于天下。①

大概因为第一印象不好，孙嘉淦在雍正朝的仕途几起几落，并不是很顺利。雍正十年，时为国子监祭酒的孙嘉淦因引见教习人员而与雍正发生冲突，后被革职发往银库效力。两年后，孙嘉淦出任河东盐政，虽然工作卓有成效，但并不得志。

乾隆继位后，孙嘉淦被特召入京，授吏部右侍郎，不久又晋升为都察院左都御史。这时，孙嘉淦“好谏”的毛病又犯了，他上了一道直指帝王弊病的《三习一弊疏》，其中大意是：人君“耳习于所闻，则喜谀而恶直”；“目习于所见，则喜柔而恶刚”；“心习于所是，则喜从而恶违”。这三种习惯形成后，就会产生“喜小人而厌君子”的弊病，由此“黑白可以变色，东西可以易位”。

孙嘉淦谏议的初衷是希望乾隆上位后能“予除三习，永杜一弊”，但其言语过于锋利，众人都很是为他捏了把汗。好在乾隆初政故示宽容，其非但未降罪于孙嘉淦，反而升了他的官，让他做刑部尚书并管国子监事。不久，孙嘉淦又相继担任吏部尚书、直隶总督等要职，一时风光无限。乾隆十四年（1749 年），本已休致在籍的孙嘉淦再次被特召入京教授诸皇子，之后又担任工部尚书、署翰林院掌院学士等职。

试想，孙嘉淦人在京城，身处高位，他官做得好好的，人也老了，名也出了，去写这种犯上的奏稿完全不符合逻辑。不过，也正因为孙嘉淦“敢谏”的名声在外，树大招风，这才有人托他之名，

①孙嘉淦在雍正朝的事迹，可参考“康雍乾”系列第二本《治官手册：雍正和他的大臣们》。

以期引起轰动。如《啸亭杂录》中说的："公既负直声，屡踬屡起，晚年物望愈隆，朝中略有建白，天下人咸曰得非孙公耶。遂有匪人伪奏疏一纸，语甚悖，托公所为。"①如此说来，倒也可以理解。

这份"伪稿"究竟写了什么，目前已无法确证，因为原始文档已被销毁。不过，从乾隆谕旨及各地方官员奏报办案情况的奏折所透露的信息来看，似乎是指责乾隆失德并具体罗列为"五不解"、"十大过"，而其中重要一项即直指乾隆刚刚结束的南巡，说乾隆此次下江南耗费巨大，劳民伤财，轻重粮草，千里不绝，名为微服私访，实为游山玩水。

乾隆首次南巡，本是"高兴而去，满意而归"，其正在兴头上被浇了这么一瓢凉水，内心之怒可想而知。之后，乾隆连续发布多道谕旨并勒令各省督抚严厉追查，其中称"奸徒传播流言诬谤朕躬"，"务得首先捏造正犯，以伸国法而惩讹言"。

在乾隆的高压之下，"伪稿案"追查三年，至少上千人被牵连入案，其中仅四川一省就有两百八十余人因传抄伪奏稿而获罪下狱。对此，乾隆丝毫不予同情，其表示："所追究者，皆经传看，或钞（抄）录传播。伊等身为大清国赤子，见此等逆词，不稍动心发指，而称为新闻；不问事之有无，乐为传录。此皆幸灾乐祸，不安本分之流！"

但是，尽管费时费力，案子查了三年，"伪稿案"的源头仍旧无法搞清。搞到最后，一向较真的乾隆也被搞得筋疲力尽，只得抓了几个糊涂蛋，把罪名往他们身上一放，凌迟处死，草草了案。

当然，晦气的还有孙嘉淦本人。案子查了三年，他老人家也因为此案而担惊受怕、如坐针毡了三年。尽管乾隆并不疑他，但"公终不自安，以为舍他人而我假，必其致之者有自。遂自此食不甘，寝不寐，情怀忽忽，一切所以补塞晏，参密勿者，弥口不宣，即家庭间亦寂然无复知者"。②果然，案子结束不到一年，孙嘉淦也溘然去

①昭梿:《啸亭杂录》,第 190 页。

②昭梿:《啸亭杂录》,第 190 页。

世。对此，有人说他是惊惧而终，即便不是，至少也与此事有关。

因南巡而冒出的假货其实还不止一个“伪稿案”，《啸亭杂录》中就有一个“伪皇孙案”的记载。乾隆四十五年（1780）第五次南巡时，当乾隆回銮至涿州时，某僧人突然领着一个幼童拦住车驾，声称幼童乃履郡王次子，此前因王府侧福晋妒忌，尚在襁褓时即被设计逐出，僧人怜而收养，长至如今。乾隆得知后，颇有点相信。

原来，履郡王名永珹，系乾隆第四子，后出继为履亲王允祹之后。其侧福晋王氏一向为永珹所钟爱，因而骄妒异常。某次永珹随同乾隆前往热河时，妃子为其产下次子，乾隆听说有孙辈出生，高兴之余连名字也已起好。但没多久，王府又派人报告说，这个孩子已因天花而夭折。

事起突然，当时也有人说这孩子其实是被王氏所害死。这一说法，就连乾隆也略有所知，所以才对此僧人和幼童有些将信将疑。事后，乾隆将僧人和幼童带回京城，之后即招来永珹嫡福晋伊尔根觉罗氏（永珹已于乾隆四十二年去世），后者言之凿凿地表示：当时那孩子夭折时，“余曾抚之以哭，并非为王氏所弃者”。

乾隆遂命各大臣会同讯问僧人与幼童。当日，看来相貌端庄、颇为敦重的童子坐在军机榻上，见诸大臣而傲然不起，其直呼和珅之名曰：“珅来，你是皇祖近臣，不可使天家骨肉有所湮没也。”诸大臣不知其底细，一时都不敢轻易表态。这时，时为军机司员的侍郎保成察觉这童子不像是自然言语而更像是做戏，于是起身走到童子面前狠狠扇了他几记耳光，并厉声恫吓道：“你是哪里来的村野孩童，究竟受谁的指使，胆敢到这里来行灭门的骗局?!”

小孩毕竟是小孩，哪里经历过这等场面，他一下就给吓住了，只得承认自己本姓刘，系树村人，这一切都是那僧人事前编排好了教他的。于是，僧人被斩首示众，童子也被流放到新疆伊犁。后来，据说这小子又在伊犁以“皇孙”自居，招摇撞骗，结果被伊犁将军松筠所斩。

不过，履郡王府的某杨姓太监却说：“履王次子痘时实未尝殇，王氏暗以他尸易之，而命王之弄童萨凌阿负出邸，弃之荒野，嫡妃所抚哭者，非真也。”如此看来，僧人之教伪童也并非全无凭借也。①

乾隆自十六年南巡后，其于二十二年（1757年）、二十七年（1762年）、三十年（1765年）连续四次南巡，每次时间间隔最短不过三年，长也不过五六年。如此兴师动众，也未免过于频繁了。不过，在乾隆三十年第四次南巡闹出“皇后剪发”事件后，乾隆一度对南巡兴致索然，期间有十五年未尝南下。

乾隆四十二年（1777年），皇太后钮祜禄氏去世。虽然失去了奉母游览的由头，不过乾隆之后仍于四十五年（1780年）和四十九年进行了最后两次南巡。此时，乾隆自己也已是七十高龄了。

据说，皇太后本人是极喜欢江南的。但乾隆三十一年（1766年）后，其年事已高，所以十余年间一直未能举行南巡。为了讨好母亲，乾隆特在圆明园福海东面的同乐园里设置“江南一条街”，其中各类店铺、茶馆、酒楼、戏院，应有尽有，假装店员的都是宫中太监与宫女。不为别的，只为博皇太后一乐。②

由此，每到新年前，内务府官员便到宫外各店铺集中采购，将宫中集市的所需货品全部办齐。有意思的是，这些货品在问明价格后造册登记，到时卖掉的就付给店主费用；没卖掉的就原物退还店主。等到春节之时，太监、宫女们便假装当街叫卖，凡是街上有的，这条街上也都一应俱全，什么卖衣服、古玩的，开酒肆茶馆的，甚至提着小筐卖瓜子的，要啥有啥。

当然，宫中设集也不仅仅是为了皇太后一个人开心，宫里没事的太监和宫女们也都可以去。要知道，这些人自进宫后也很少有机会出宫，有钱也没处花，这次获准参加游园，大家都兴高采烈，拿着钱去买东西的买东西，喝茶聊天的喝茶聊天，喝酒吃饭也都可以。

---

①昭梿：《啸亭杂录》，第177页。

②也有说是“苏州街”，在紫禁城内。见欧立德：《乾隆帝》，第53页。

这些人在街上讨价还价，大肆消费，园中热闹非凡，其乐融融，不知道的人还以为到了寻常街道呢。

乾隆也是个爱凑热闹的人。等到宫中开市了，他也假装微服私行，带着皇太后、妃子、皇子或大臣们进酒馆吃饭喝茶。充当服务人员的太监、宫女们还得假装不认识他们，否则反而没意思了。

据说，宫中开市一般要持续九天。皇太后去世后，此例仍照常举行。等到乾隆死后，这一做法才告取消。此后，一向了无生气的宫廷也重新回到了昔日的阴森与沉寂之中。[①]

①天嘏:《清代外史》,见孟森等著:《清代野史:一个王朝模糊的背影》,第117页。

乾隆气量：杭世骏被罚买卖破铜烂铁

唐末以后，江南人口持续增长，地域富饶丰茂，一向是各朝钱粮所寄。不过，乾隆六下江南还有另外一个重要原因，那就是江浙两省人文繁盛，是国内文化程度最高的地区。别的不说，就以科举论，从顺治三年到乾隆六十年的一百五十年间，朝廷共举行了六十一次科考，而江浙两省出了五十一位状元，占全国状元总数的百分之八十七；至于榜眼、探花以及二、三甲进士，情况也大体类似。①

与科举紧密相连的是士人仕途。一般来说，一甲出身的状元、榜眼、探花通常能做到大学士，如徐元文、于敏中即如是。大学士人称“中堂”，位极一品，除此之外，朝中九卿、各省督抚、布政使、按察使、学政等，江浙之人任职之多、在政界影响之大，也是其他各省难以相比的。

江浙文化鼎盛是不争的事实，不过这只是硬币的正面。在其反面，江浙一带也是明末遗民活动的中心，其间各种反清思想和反清言论层出不穷，康雍乾三朝的文字狱也多出于此。也许是这个原因，乾隆每次南巡都要御试进献诗文的士子，其中优秀的直接赏给官职，意在收取天下士人之心。

此外，对那些前来接驾的在籍官员（如年老休致或因故居家的），

---

①在此期间，江浙共出榜眼三十八位，探花四十七位，分别占全国总数的百分之六十二与百分之七十七。

乾隆皆给予厚遇，或起用，或授衔，或赐诗赐物，嘉奖不遗余力。如第一次南巡时，浙江海宁的陈世倌即被重新起用。陈是“乾隆系汉人”传说的事主，乾隆初年由废员起为左副都御史，后迁工部尚书并擢至大学士。不幸的是，后来因为拟旨错误，陈世倌被乾隆斥为“卑琐不称大学士”，后被罢职回籍闲住。首次南巡时，乾隆屡次召见陈世倌，并于高曼寺行宫降下一谕：原任大学士陈士倌从前罢任，尚无大咎，上年已复予原衔，此番于行在屡经召见，虽年过七十，精力尚健，且系旧人，仍著其入阁办事。

类似的例子，还有乾隆的两个文字之交，即所谓“诗友”。其中一位是苏州沈德潜，另一位是浙江嘉兴人钱陈群。乾隆一生，共作诗四万三千余首，堪称中国历史上最高产的诗人，其从十岁到八十九岁大约八十年的时间里，几乎每天要创作两首诗。[①]不过最讽刺的是，没有一首成为名诗而流传后世。

关于乾隆结交诗友的故事倒有些意思。先说钱陈群。钱系浙江嘉兴人，康熙四十年南巡时曾于吴江迎驾献诗，上命俟回跸召试，钱以母病不赴。康熙末年，钱陈群成进士，改庶吉士，授编修。雍正朝时，钱陈群未获大用，官只至顺天学政，可能与雍正评价其为“安分读书人”有关。不过，钱陈群这段时期倒是收了不少知名的弟子，如阿桂、纪昀、刘墉、钱大昕等人均出自其门下。

乾隆朝后，钱陈群将亡母陈书所绘的《夜纺授经图》献上，乾隆御笔题写“清芬世守”四字。后其故居中厅所挂“清芬堂”木匾，即由此出。乾隆七年（1742 年），钱陈群升至刑部侍郎。在此期间，因为孝母与作诗的共同爱好，乾隆与钱陈群诗文答和，关系不错。

乾隆二十二年（1757 年）南巡时，钱陈群随同南下，后受恩在籍食俸。二十五年时，乾隆还亲自将《桥梓图》寄赐给他。一年后，

---

①乾隆在世时，其诗集曾六次结集刊行（分别为 1749 年、1760 年、1771 年、1783 年、1795 年和 1800 年）。不过，很难相信所有的诗都是乾隆本人亲自创作。也许，大多数是由他亲自写作，或基本想法来自乾隆，后经文臣润色而成。见欧立德：《乾隆帝》，第 161 页。

七十六岁高龄的钱陈群与同样退职的高龄侍郎沈德潜一起重返京师，以祝贺皇太后七十大寿。乾隆高兴之余，命与“香山九老会”，加尚书衔。此后乾隆数度南巡，钱陈群均前往迎驾，并扈从无锡、苏州、嘉兴、杭州等地，期间吟诗唱和，其乐融融。乾隆三十年南巡时，钱陈群与沈德潜一同迎驾，乾隆特赐诗云：

二老江浙之大老，新从九老会中回。
身体康强自逢吉，芝兰气味还相陪。
迎堤恭遇以为喜，出诗命和群应推。
更与殷勤订佳约，期颐定复登金台。

六年后，已是八十六岁高龄的钱陈群再次赴京为皇太后八十大寿祝嘏，乾隆特赏其紫禁城骑马，令其子汝诚扶掖出入内廷，并再与“香山九老会”。乾隆三十九年，钱陈群去世，年八十九岁。乾隆得知后，赐谥“文端”，祀贤良祠，并作《怀旧诗》云：

迎銮三于浙，祝厘两入京。唱和称最多，颂中规亦行。
林下唯恂谨，文外无他营。优游登大台，生贤殁亦荣。

钱陈群是三朝元老儒臣，乾隆称其为“故人”，其虽退养，仍屡次升迁，加尚书衔、太子太保。当然，钱陈群能得如此宠幸，与乾隆除君臣之谊外，又是文字知己。钱陈群每有诗文进呈，乾隆必亲笔题诗回赠。其退休在籍后，乾隆帝赐以“食全俸”，并常寄自己诗文要钱和作。钱死后，乾隆上谕谓：“儒臣老辈中，能以诗文结恩遇、备商榷者，沈德潜卒后惟陈群。”为此，乾隆还特意作诗悼念，其中云：

沈去钱存势已孤，陡观遗奏故人无。
江南忽尔失二老，天子原非友匹夫。

蒙邑应成蝶醒梦，香山那复鹿重扶。

诗邮罢趁北风寄，郢垩怜亡为质吾。

作为乾隆另一个著名的“诗友”，沈德潜就没钱陈群那样的好运气了。沈德潜是江苏长洲人（今苏州）人，其满腹才学，孰料科场中却是晦气到了极点。早在康熙三十三年（1694 年）时，沈德潜即中秀才，但在此后四十余年，他是屡试屡败，屡败屡试，再试再败。直到康熙朝完了，沈德潜还是个秀才出身。

四十岁那年，一直靠授馆为生的沈德潜在《寓中遇母难日》一诗中自嘲云：“真觉光阴如过客，可堪四十竟无闻。中宵孤馆听残雨，远道佳人合暮云。”其落寞之意，溢于言表。

雍正十二年（1734 年），清廷举行博学鸿词科考试，已过六十的沈德潜再度落贬。乾隆元年，其再应博学鸿词科，这时运气开始好转了。乾隆四年（1739 年），时年六十七岁，已是白发苍苍的沈老终于得中进士。从二十二岁参加乡试算起，他是从青丝考到白发丛生，期间总共参加科考十七次，最终才修成正果。所谓“锲而不舍，金石可镂”，沈德潜应该算是明证吧。

一朝得中龙虎榜，十年身傍凤凰栖。此后，沈德潜跻身官宦，先后任侍讲学士、日讲起居注官、礼部侍郎等职，备享乾隆荣宠。当然，沈德潜受宠并非没有原因，一则其经历曲折，实可为国民士子励志之典范；二则其诗写得很好，正投乾隆心意。所谓“敬老”而“惜才”，乾隆之宠，乃是一举两得。乖乖，这会引领多少读书人活到老、学到老，乃至考试到老啊。

沈德潜早年师从名家叶燮学诗，其自谓深得老师诗学大义，“不止得皮、得骨，直已得髓”。刨去自吹的成分，其功力也不可小觑。某次，乾隆与其探讨历代诗源，沈德潜旁征博引，对答如流，乾隆一时为之叹服，连称其为“江南老名士”。事后，乾隆又为其诗集《归愚诗文钞》写了序，并赐下几十首御制诗与他。诗中，乾隆将之比作李（白）、杜（甫）、高（启）、王（士祯），沈德潜的声誉也到了无以复加的地步。

开心归开心，不过沈德潜步入仕途太晚，乾隆十三年(1748 年)充会试副考官后，旋以原衔食俸退养。乾隆首次南巡时，沈德潜赶到清江浦迎驾，乾隆赐诗曰：“玉皇案吏今烟客，天子门生更故人”，又给他加礼部尚书衔。期间，沈为父母乞诰命，乾隆慷慨地给予三代封典，并赐诗云：“我爱沈德潜，淳风挹古福。”这时，随侍在旁的钱陈群也唱和一句：“帝爱沈潜德，我羡归愚归。”一时被传为艺林盛事。①

常言道，寿则多辱，不过沈德潜是个例外，他老人家是寿多则荣，寿终则辱。乾隆三十四年（1769 年），年高九十七岁的沈德潜去世，事后被追封太子太师，赐谥“文悫”，入贤良祠。正所谓，“以诗始，以诗终”，乾隆与沈德潜关系火热时是因为诗，而后者身后麻烦也来自于诗。

乾隆四十三年（1778 年），江苏东台县发生“徐述夔诗案”。徐述夔是一名已故的举人，其所著《一柱楼集》中有“明朝期振翮，一举去清都”的“反动口号”，结果被人告发而定性为严重的政治事件。按说，这诗集和沈德潜没有关系，不过他生前与徐述夔是老朋友，曾为徐写过传记，这下惹得乾隆十分不爽，遂亲笔降旨，将沈德潜生前的所有荣誉全部追回，除衔、罢祠、削封、摧碑，就差把入土多年的沈老扒出来鞭尸了。

所谓天威难测，死后也未必安全。顷刻间，沈德潜生前所有的荣华顿时化为泡影。乾隆还不解恨，大骂沈“昧良负恩”，“卑污无耻”，就连沈德潜此前编《国朝诗别裁》的旧事也被翻了出来。乾隆说，《国朝诗别裁》将钱谦益列为集中之首，可钱谦益是谁啊，他诗写得是不错，但他之前是东林党人，后又叛明投清，是个不折不扣的叛徒啊！这样的人，如何能列为集首？这不是欺负我大清无人吗？诚可谓“老而耄荒”也！

---

①沈德潜，号“归愚”。

说来说去，其实还是乾隆的气量有问题。平实而论，乾隆一向是好大喜功，但气量并不宏伟，其中尤以杭世骏的例子最为突出。乾隆八年（1743 年），清廷设“阳城马周”科，以从翰林院诸官中挑取“直士”。[①]乾隆此举，原本为博“善于纳谏”之美名，不曾想一向以戆直闻名的江南名士杭世骏在答卷上提出：大清一统多年，朝廷用人，宜泯满汉之见；应知满洲才俊虽多，但比起汉人不过十之三四；天下巡抚尚且满汉各半，各省总督却无一汉人，这岂不是重满轻汉，难道我汉人就无一人堪任总督？

杭世骏说“满洲才俊不过汉人十之三四”，这话已属客气，实际情况恐怕还要更低。看了此卷，乾隆是驳无可驳，他气得当场把卷子扔在地上，用脚连踩，踩完又看，看完再踩。旁边侍郎观保为杭世骏说情：“杭世骏狂生也，当其为诸生时，放言高论久矣！”[②]

但是，乾隆仍不肯放过，其以“见解悖谬，语中挟私”为由要求刑部治杭世骏的罪。刑部得旨后，初拟死罪，但满朝文武，无论满汉，都为杭世骏说情，说皇上既然下诏求言，如今怎能出尔反尔，引蛇出洞；若是杀了杭世骏，今后谁还敢说真话？自觉理亏的乾隆听后，只好将之免官，放归乡里。

杭世骏曾在博学鸿辞科考试中名列一等，京中官宦争相延纳，但此次被贬出京，只有老友沈德潜一人前来相送。临行前，沈德潜送了杭世骏一首诗，其中两句叫：“邻翁既雨谈墙筑，新妇初婚议灶炊。”其大意是，宋国有个富人家的院墙被雨冲坏，儿子说得赶紧修好，不然会遭盗贼。邻家老翁也这么告诫他。后来果然被盗，这个富人一边夸自己儿子有先见之明，一边却把怀疑对象放在了邻家老翁身上（典出《韩非子》）。后一句则是说刚过门的新媳妇，初来乍到还没摸清婆家的深浅呢，却一入门就妄议婆家饭菜水平的高低。

沈德潜的意思是，这种犯忌的“满汉”话题，皇上自己说说倒也罢了，你一个新官，又是个汉人，不明就里，妄自评议，岂不像

①马周为唐朝监察御史，以敢于直谏而闻名。

②小横香室主人：《清朝野史大观》，第 944 页。

个新嫁娘，未免有些天真了！

故事到这还没完。却说杭世骏回到杭州，以教学及经商为生。多年后，乾隆南巡到杭州，曾为京官的杭世骏也去接驾。众人当中，乾隆一眼就认出了杭世骏，于是问他如今何以为生？杭说："我现在靠买卖破铜烂铁谋生。"乾隆听后，很是为杭的失意而感到开心，随后便写了"买卖破铜烂铁"六个大字，御赐给他。

在后一次南巡中，乾隆又见到杭世骏，问他："你脾气改了吗？"杭说："臣老矣，不能改也。"乾隆听后很不舒服，冷笑一声道："何以老而不死？"杭世骏梗着脖子说："臣尚要歌咏太平。"这回，轮到乾隆笑不出来了，因为他明知道杭世骏在故意冷讽他，但他又没抓到任何把柄。

以上之事，录于《杭大宗逸事状》中，作者龚自珍对此事又补了一笔："癸巳，纯皇帝南巡，大宗迎驾。名上，上顾左右曰：'杭世骏尚未死么？'大宗反舍，是夕卒。"龚自珍的记载或许辅证了乾隆确实说过"老而不死"的诅咒话语，不过说杭世骏当晚就死则是误记，因为杭世骏虽死于癸巳年（1773年），但这一年乾隆并未南巡。①

关于杭世骏"买卖破铜烂铁"一事，坊间笔记小说家的传闻极多。据说，杭世骏被罢归后，其仍性格不改，好学而厌弃官场。由于从不看邸报，一些老熟人做到大学士、尚书、总督这样的高官，他也全然不知。某日，昔日同年、吏部尚书兼协办大学士刘纶前来看他，杭随口一问："你现在官居何职啊？"刘说："实不相瞒，已做多年大学士了。"杭世骏听后不禁失笑，说："你个吴下少年，也能成为内阁成员？"一时满堂哄笑。刘纶本想与杭老叙叙旧，没想反弄个没趣，只得尴尬告辞而去。②

另有一次，后辈官员钱维城来到浙江省视察学政，他也想去见见杭世骏。孰料此时杭正在望仙桥下与一帮年轻人赌钱，他不想见

①杭世骏，字大宗。乾隆前次南巡是1765年，后一次南巡是1780年。可参见小横香室主人：《清朝野史大观》，第946页。

②刘纶比杭世骏小十五岁，称"吴下少年"也似不为过。

钱而故意用扇子遮挡脸面。钱维城走出轿子，来到杭世骏面前恭敬地问：“前辈在此乎？”杭世骏见躲不过去，只好说：“你认出我来啦？”钱见此地不雅，便说：“我正想往前辈住处拜访。”杭世骏听后连声推辞：“别去，别去！我住处太小，恐怕连你随从站脚的地方都没有。”一番推挡后，钱维城只好坐上轿子回去了。

钱维城走后，因怕见官而一哄而散的年轻人溜回来，有人问：“你究竟什么来头？朝廷派来的学使竟这么敬重你？”杭世骏淡定地说：“我嘛，当年也在官场混过。这位学使，不过是昔日衙门中的后辈罢了。”说完，杭世骏一撸袖子，说：“别扯这些没用的。来，来，接着练呀！”于是，一群人又吆五喝六地赌了起来。

当然，杭世骏赌钱只是业余爱好，其平日里还是要教书著述的，其所著的《两浙经籍志》、《经籍志》、《榕城诗话》、《词科掌录》等，流传至今。据说，杭世骏癖好数钱，每次书院发工资，他都喜欢拿到手里倒腾几遍，弄到“两手非墨污，即铜绿盈寸”的地步。

大概是好数钱的缘故，坊间又有了一段关于杭世骏与乾隆“买卖破铜烂铁”的轶闻。据说，乾隆某次南巡至杭州时突然想起了杭世骏，于是让地方官去把他找来，看看他这些年过得怎么样。杭世骏来后，乾隆问他现在靠什么谋生，杭半认真半开玩笑地回答，靠“买卖碎磁故纸，收贩破铜烂铁”为生。乾隆听罢大笑，说：“你放浪江湖多年，全是江湖口气。这样吧，朕给你写个招牌，让你大发利市。”

索纸写罢，乾隆意犹未尽，又问杭世骏这招牌和市间招牌相比如何。杭皮笑肉不笑地说：“臣十年不入市，不知市间招牌如今是个什么样。不过，既然这招牌是皇上所写，那一定是市间第一了。”乾隆听后大笑，随即吩咐浙江大小官员，在杭世骏挂御书招牌时，务必前往“代朕道贺”。

招牌是御书的不假，不过杭世骏并未当回事。等乾隆走后，此牌不过高悬在一旧店铺前，门可罗雀。过往行人见状，“莫不失笑而去”。十余年后，乾隆再次来到杭州，又问起杭世骏如何了，地方官员奏称杭世骏已死。

乾隆有些遗憾，问杭世骏后来发财了没有？地方官支支吾吾，不好多说，乾隆于是命前往其店铺察看。到后，只见铺子灰尘满地，御书寂寞高悬，完全破落的样子。乾隆见得此状，不由叹道："没想到朕写的招牌，竟无益于大发利市！"①

乾隆气量小的故事其实还不止杭世骏一个。乾隆二十七年(1762年)，乾隆第三次南巡至扬州时，因病告退的原礼部侍郎齐召南前来迎驾。乾隆说："此地有金山，风景很好，你与朕一块去吧?"齐说："臣有足疾，不能行。"乾隆说："朕赐你一匹马。"齐说："臣不能骑马。再说，本地风光，乘船即可观赏。现在的那些风景，都是最近新修粉饰的，不足为观。"乾隆听后，很不高兴。

过了几天，乾隆又把齐召南找来，说："朕闻天台山的风景胜过两浙，你是天台人，为朕导游如何?"齐说："山皆悬崖峭壁，虎豹所居。臣有老母，敬遵不登高、不临深的古诫，所以不敢前往。"乾隆听后尴尬一笑，说："你还真是大孝子啊!"事后，乾隆对当地官员遍加赏赐，唯独齐召南一物未得。②

乾隆为人，外表宽和，实则忮刻，当年也只有杭世骏、齐召南这种"不求官、不求利、不怕死"的过气老名士敢于倚老卖老，在装痴卖傻中向皇权挑战，最后还把乾隆弄得灰头土脸、无计可施，这也是皇权史上难得的异数了。不过话又说回来，皇帝怎么会与文人做真朋友呢？别做梦了!

---

①参见许指严:《南巡秘记》,第248页;綦彦臣:《乾隆爷那些事儿:笔记野史中的南巡故事》,第35-40页;小横香室主人:《清朝野史大观》,第944页。

②孙文良、张杰、郑川水:《乾隆帝》,第184页。

南巡趣闻：纪晓岚被骂“倡优大学士”

乾隆南巡，是历朝历代罕有之盛典，其间也是趣闻多多。由此，后世笔记小说家们更是添油加醋，为乾隆和随行大臣、妃子们演绎出各种杂闻轶事流传。而当下影视剧之创作，乾隆故事俨然成为灵感与素材的宝库。

当然，关于乾隆的诸多传闻也是泥沙俱下，说法不一，乃至于真假难辨。以“江天一览”典故为例，其中即有三种说法。据《退醒庐笔记》中记载，乾隆南巡至镇江时，住金山寺，相传方丈某僧有一日随乾隆到江边散步，乾隆见江上舟楫来来往往，十分热闹，便戏问方丈：“你可知江上船有几艘？”方丈从容答道：“两艘而已。”乾隆笑道：“这江上舟楫来往如织，帆樯林立，怎么可能只有两艘？”方丈答道：“我只看见一艘为‘名’，一艘为‘利’。名利之外，并无它舟。”乾隆听后，点头称是。

这时，乾隆见江边有卖竹篮的，就问此物做何用？方丈说是装东西的，乾隆也想学方丈玩禅机，便刁难说：“东西可装，南北就不能装吗？”方丈微微一笑，道：“东方甲乙木，西方庚辛金，木类金类之物，篮中是可以装的。南方丙丁属火，北方壬癸属水，竹篮不能装水火，是以把物件称为东西而非南北。”

众人走到寺门外，乾隆一时手痒痒，爱到处题词的老毛病又犯了，于是提出到照壁上给和尚们题一匾额。词臣们拟了“江天一览”四字，乾隆一时眼花没看清楚，误以为是“江天一觉”，随即挥笔立就。群臣见后，相顾愕然。这时，方丈出来打圆场，说："红尘中人苦于罔觉，果能览此江天，心头一觉，即佛氏所谓'悟'一之旨也。好匾！好匾！"随后，便让工匠镌刻挂上。

不过，《蛰存斋笔记》中却是这样记载的，说乾隆游镇江金山江天寺，乾隆和众臣游到山巅，突然诗兴大发，乾隆先吟首句："长江好似砚池波。"大臣刘石庵续道："举起焦山当墨磨。"众人正在想第三句，和珅见山的东北角有个危塔孤悬山顶，受此启发，便续道："宝塔七层堪作笔。"续到这里，乾隆便指定皇子嘉庆来完成最后一句。嘉庆一时答不上来，纪晓岚当时正立于嘉庆左边，便偷偷透了一句："青天能写几行多。"这句续得浑然天成，又和前面提到的文房四宝雅合，词意贯串，信手拈来，如出一手。

得此佳句，乾隆非常开心，便说要在山顶留题，纪晓岚即请用"江天一览"四字，不料乾隆一时笔误，写成了"江天一监"，刘石庵在旁看见，便和另一大臣张玉书高声说："览者，看也。"张玉书也高声答道："正是。"乾隆一时醒悟，便又索纸写了个"览"字，后将"监"字裁下，和尚们便建石亭于山巅，将此御书四字勒石竖于亭内，只可惜后来太平军来时被毁。

第三个版本是纪晓岚版，说乾隆某次南巡至金山寺，纪晓岚也随同在侧。乾隆一时兴起，想给金山寺题一个匾，但想了半天也没想出什么好名字，于是就取笔在纸上假装写了几个字，便递给纪晓岚问："你看这几个字如何?"纪晓岚拿过来一看，是无字天书，幸好他随机应变得快，便说："好一个'江天一览'!"乾隆大悦，便重新拿起笔题了这四个字。①

说来有趣，乾隆皇帝一生中最喜舞文弄墨，附庸风雅，又爱做诗，曾做御制诗五集四万余首，应该算是中国历史上诗作最多的作者，可惜却无一首名诗，也是莫大的讽刺。乾隆到各地巡游时喜欢

①其实"江天一览"还有第四个说法，即高士奇为康熙南巡时所拟。见昭梿:《啸亭杂录》,第254页。

到处题字，不过其书法比起诗品却要稍微好一点。

《春明梦录》里记了这样一件趣事，说某次南巡时，乾隆一行人游到白龙寺，正好赶到庙里撞钟。乾隆突然想到一个句子，便急忙命手下铺纸，写下“白龙寺里撞金钟”七字，纪晓岚在旁边看了这貌似白话的头句，不免掩嘴窃笑。乾隆大怒道：“朕诗虽然不佳，你岂能当面大笑！”纪晓岚故作惊恐道：“臣哪里敢取笑皇上，只是曾经读到古人诗里有‘黄鹤楼中吹玉笛’这么一句，臣多年来苦不能对。今见皇上的这七字，恰好是天然对偶，就忍不住喜而失笑了！”

“黄鹤楼中吹玉笛，白龙寺里撞金钟”，乾隆一听，觉得对得是不错，这才转怒为喜。

十余年前，系列电视剧《铁齿铜牙纪晓岚》风靡大江南北，不过历史上的纪晓岚决不是电视剧里演的那样，其与和绅两人可以和乾隆相互嬉笑打骂。真正的事实是，在乾隆的心中，纪晓岚不过是个“倡优大学士”罢了！

《南巡秘记补编》里说，乾隆对自己的江南巡游颇为自豪，有一次他偶入四库馆，和纪晓岚闲谈起天子巡狩的事情。纪晓岚是个书呆子，他对乾隆频繁的南巡本就颇有微词，于是乘机把三代之所以巡狩的原因和必要性给乾隆讲述了一番，随后又说秦始皇游幸大可不必，至于后来的隋炀帝屡幸江都，明朝正德皇帝嬉戏南北，都不值得效仿——做皇帝的只要洗濯其心，用贤退不肖，天下自然大治，过多巡幸完全没有必要。

话不投机半句多，乾隆认为纪晓岚是在借古讽今，有意诽谤自己，他是越听越火，怒由心生。等纪晓岚话音刚落，乾隆立刻变色骂道：“你纪晓岚不过是个书生，还敢妄谈国事！朕不过觉得你文学尚优，这才让你领修《四库全书》，实际上不过是把你当倡优养着罢了，你跟我谈什么国事?”这下好，纪晓岚“倡优大学士”的外号传遍朝野，弄得是人人皆知。

纪文达深以为耻，心里气不过，便以自己年纪大了为由，请求辞职。乾隆不许，说："修《四库全书》的事情多得很，你怎么可以随便离职？何况你比朕还年轻许多，还敢在朕面前谈老，明明就是欺君。赶紧回去作好你的事情，别自己讨不痛快。"随后，乾隆又说："朕明年还要下江南，而且要把你一起带去，让你也看看民间的盛世气象，长长你的见识，不要老是书生意气，发些不着边际的议论。"纪晓岚被这么一吓，只得唯唯叩头而退，不敢争辩。

第二年，乾隆又跟纪晓岚说："朕这次南下江南，本想带你一起去，但想想修《四库全书》的事情重要，要是你不在的话恐怕会有所耽搁，这次你还是别去了。况且你现在读书博洽，但还没有到融会贯通的地步，过多阅历对你也无帮助，这事不如以后再说吧。你回去好好反省，现在你还需要洗心革面，尚未到粉墨登场之时。"

纪晓岚心想，不带我去就算了，还无缘无故地挨了顿骂，从此便绝口不提南巡之事，即使是其他军国大事，也不再多言。

不知为何，乾隆临行之前，又把纪晓岚找来，说："这次还是把你带上。上次让张廷玉等人阅召各地试卷，朕都不满意。这次把阅卷权授予你，你要好自为之，勿负朕意。"于是，纪晓岚便作为扈从人员参与这次南巡。

一行人到扬州后，乾隆整天跑到小迷楼里风流快活。纪晓岚对同僚们说："不行，这次我一定要向皇上进谏。就算是触犯龙威，也不过是九泉之下和龙逢、比干相见，总比终身得一'倡优大学士'的名声要好。"

纪晓岚随后便鼓起勇气进了行宫，告诉太监说自己有机要事面奏皇上。太监进去禀告后，没两分钟就出来告诉纪晓岚说："皇上让你把试卷先搁在某房，你现在可以到平山堂去看戏，不要在这里久混。"

纪晓岚说，我这次并非是为了交试卷而来，而是有事当面奏皇上。太监笑嘻嘻地朝纪晓岚挤眉弄眼，让他别坏了乾隆的好事，也不肯再进去回复。纪晓岚催促太监去禀告，太监说："纪先生省省吧，还是回去算了。皇上既然不想让先生多说，先生又何必在这里哓哓不休呢？先生既然以做文章为专职，文章以外何必旁及？我劝你还是早点回去，你若有诗文来，自当为你呈进。”

纪晓岚听太监话里颇有轻侮之意，又恼又羞，愤愤地说：“我今天就不回去，一定要等到皇上出来面奏。”太监一笑置之，也不管他。当时外面风大水寒，站的时间长了，纪晓岚被冻得手足俱冷，浑身上下直哆嗦，渐渐支撑不下去了。这时，另一个和他相熟的太监看见他的窘状，便过来婉言相劝：“皇上今日累了，谁来都不见。纪先生有事要奏，何不写个折子递进去？”

纪晓岚没办法，只好问太监要了纸笔写了个折子，只见他一挥而就，顷刻万言，大概意思是：“陛下这次南巡，到各地查看民情，关系甚大。民间瞻仰皇上威仪，也不是寻常游览可比。但皇上出京至此，贪图淫逸，惟漫游是好，倡优杂进，玩好毕陈，虽然天下太平不妨游玩一二，但宣淫都市恐怕会亵渎圣尊，希望陛下念创业之艰难，守安危之常戒，忧盛危明，以隋炀帝为前车之鉴，不至潜招奇祸”云云。

太监收了纪晓岚的折子，笑道：“纪先生不肯听我的话，非要无端挑起皇上之怒，我不过是多白跑一趟而已。你若想博以成名，其实大可不必，皇上常说：‘朕观这些酸文人的话，和俳优之口没什么两样，可笑则笑，可斥则斥，也不必加罪。他们说的都是些迂腐故事，实在没有加罪的价值。’皇上都这么说了，纪先生何必多费笔墨？还不如多做诗文几篇，反可以博皇上之赏叹。”纪晓岚听得这话纯为讥刺，也无可奈何，无话可说。

上折后三天，乾隆也没理他。纪晓岚正百无聊赖间，突然有旨宣召。纪晓岚以为乾隆严谴将至，好在自己有心理准备，便作出一副不怕死的样子，昂首而入。不料进去后，乾隆颇为和颜悦色，不等纪晓岚开口，乾隆便道：“你的诗文之兴大好，所作也不差，朕知道你在旅途中还颇能用功，且无怨悱意，尚不失谨厚书生的本分。但此后要更为勤勉，不要随意做出位之言，以免自取其咎。”

纪晓岚正要说“臣尚有奏”，乾隆已令太监捧出试卷，命令道：

“这些试卷都归你评阅，赶紧拿回去，评好后明日交卷。”说完，乾隆便转身回宫，而太监们催促着纪晓岚赶紧出去。

从此后，纪晓岚在途中虽常入见，但无非是些科考阅卷之事，乾隆从不和他谈及其他。一日乾隆游杭州西湖，让纪晓岚跟随左右，纪晓岚以为进谏的机会到了，不料刚一见面，乾隆便问《四库全书》中有某某书吗？连问了数十种，纪晓岚都一一作答，乾隆说：“现有献书若干册，其中已收入者颇多，你看是兼收了的好，还是不收了？”

纪晓岚说最好兼收，可备参校，又说：“皇上嘉惠艺林，不如各缮数份，分别贮藏在东南名胜处，以作为南巡的纪念吧？”乾隆笑道：“你这句话，可谓是恰合职分，数年来也就这句可取。朕早有此意，即日就让东南大吏择去挑选风景好一点的地方为藏书之所，你回去好好想个实行办法报上来。”

纪晓岚唯唯领谕而退。乾隆目送纪晓岚走掉后，呵呵笑道：“给你件事做，让你好好忙上一番，免得总在我面前聒噪。”①

也许有人说，所谓乾隆看不上纪晓岚不过是野史，实则正史中亦有记载。乾隆五十年四月，时为左都御史的纪晓岚奉命会同刑部审理旗员海昇殴死其妻吴雅氏一案，由于海昇系大学士阿桂之姻亲，纪晓岚有意包庇，结果被乾隆看出疑窦，其严旨厉责曰：“(纪晓岚)本系无用腐儒，原不足具数，况伊于刑名事件，素非谙悉。且目系短视（即近视眼），于检验时未能详悉阅看，即以刑部堂官所言，随同附和，其咎尚有可原。著交部严加议处！”②如此看来，乾隆和纪晓岚的关系，也不过如此。

纪晓岚之所以在影视剧中被塑造成幽默诙谐的形象，这与他本人流传下来的很多笑谈有莫大的关系。以下聊举数例。乾隆时期，北京达官贵人们都嗜好淡巴菰（烟草），乾隆当时尤其如此，烟瘾很大，一天都离不开。后来，乾隆突然无故咳嗽，太医诊治后说：

①此长故事见许指严：《南巡秘记》，第 233-240 页。

②郭成康：《乾隆正传》，第 612 页。

"病源在肺，恐怕是吸食淡巴菰所导致的。"乾隆听后，便命太监不准再拿这个东西进来。过了一段时间后，咳嗽病倒好了，乾隆于是对淡巴菰极为厌恶，并劝告其臣僚也不要嗜好此物。

烟草其实是轻微的毒品，一旦吸食也很难戒除。纪晓岚当时为翰林大学士，烟瘾最大，人称"纪大烟袋"。《芝音阁杂记》中说："公善吃烟，其烟枪甚巨，烟锅又绝大，能装烟三四两。每装一次，可自家至圆明园吸之不尽也。都中人称为'纪大锅'。"[①]乾隆下禁烟令后，纪晓岚并不理会，每日仍旧拿个特大烟袋，里面贮满烟丝，张口就吸，毫不顾忌别人感受。

有一天，轮到纪晓岚在馆中当值，他工作忙完，便把烟点上，刚美美地吸上两口，突然间太监宣他觐见皇上，纪晓岚一着急，便把烟袋插入靴筒，随后入朝觐见。不巧的是，这次乾隆问的事情多，没过多久，纪晓岚就觉得不太对劲，脚上隐然发热发烫，可当时被皇上问话，又不敢乱动。又过了一会，靴子突然冒烟，原来烟袋的火没有熄灭，结果把袜子给烧着了。这下，纪晓岚痛得要命，眼泪鼻涕直流。乾隆见后大惊，问他怎么回事？纪晓岚只好说："臣靴筒里走水！"[②]

乾隆大笑，让他立刻出去解决。纪晓岚忍着痛，疾步跑到门外，把靴子一脱，里面早已是皮焦肉烂，好不凄惨！让人发笑的是，纪晓岚平时走路特快，同僚们戏称他为"神行太保"，这次被烧了以后，纪晓岚一个多月走路都一瘸一拐，人们又送绰号"铁拐李"。

据说，后来乾隆过问此事，让他为这事写检讨。纪晓岚好文才，援笔立就，里面有这么几句："裤焚，帝退朝曰：'伤胫乎？不问斗。'"这个马屁拍得很到位，乾隆心头一喜，便赐给他烟斗一枚，准其在馆吸食，纪晓岚也得意地说自己是"钦赐翰林院吃烟"云云。

纪晓岚不但"钦赐吃烟"，而且还有一个"奉旨纳妾"的故事。

---

①小横香室主人:《清朝野史大观》,第936页。

②当时北方人把失火叫"走水"。

如昭梿在《啸亭杂录》中记："纪晓岚北方之士，罕以博雅见称于世者，惟晓岚宗伯无书不读，博览一时。所著《四库全书总目》，总汇三千年间典籍，持论简而明，修词澹而雅，人争服之。今年已八十，犹好色不衰，日食肉数十斤，终日不啖一谷粒，真奇人也。"①

《栖霞阁野乘》中说，纪晓岚自幼禀赋超于常人，能夜间视物，一日不御女，则肌肤欲裂，脚要抽筋。《虫鸣漫录》里也说，纪晓岚自称是野怪转身，不吃米，光以肉为饭，一日须御数女，五鼓入朝一次，归寓一次，午间一次，薄暮一次，临卧一次，一次也不能少，有时候乘兴而幸，也是常有的事。这就越编越离谱了。

纪晓岚在编辑《四库全书》时，有几天特别忙，一直在馆中上班。由于几天没有碰女人，纪晓岚两眼暴赤，脸色血红。乾隆皇帝在路上碰到他，见他这副模样大吃一惊，便问他生了什么病，纪晓岚不敢隐瞒，便把实情托出。乾隆大笑，后来派了两个宫女给纪晓岚伴宿。《四库全书》编好后，乾隆又让纪晓岚把两女带回家中。纪晓岚十分得意，经常在别人面前夸耀，自所谓"奉旨纳妾"是也。

还有一次，纪晓岚奉命在翰林院编纂《四库全书》，因为工程浩大，纪晓岚和同事们日夜赶工，时值盛夏，天气酷热，纪晓岚身体肥胖又怕热，往往汗流浃背，衣服尽湿。后来纪晓岚干脆把衣服除去纳凉，同事的阁臣们也学他的样子，脱了衣服在里面工作。

后来这事被乾隆知道，便想去捉弄他一下。某天，乾隆有意走到翰林院，正好纪晓岚和同事阁臣数人光着膀子在那里谈笑风生，大家见乾隆走了过来，慌忙穿衣不迭，纪晓岚因为眼睛近视，一时间找不到自己的衣服，穿衣不及，慌忙中钻到了椅子下面。

乾隆见了大乐，便一屁股坐在上面，纪晓岚躲在下面喘息而又不敢动。乾隆在椅子上面坐了两个时辰不说话，也不走。因为天气酷热，纪晓岚不能忍耐，见过了那么长的时间，便伸头问同事们："老头子走了没有啊？"

---

①昭梿：《啸亭杂录》，第353页。

乾隆大笑，诸人也笑。乾隆让纪晓岚出来，故作不悦说："纪昀无礼，何得出此轻薄之语？你要解释得过去就放过你，要说不过去就杀你的头。"纪晓岚大为尴尬，说："臣尚未穿衣。"乾隆便命内监代他穿上，又训斥道："你胆子不小，你为什么称呼朕为老头子啊？"纪晓岚眼睛一转，说：'京城中人都是这么称呼皇上的啊，皇上叫'万岁'，岂非老乎？君是'元首'，得非'头'乎？皇上为天之子而子万民，所以叫'子'啊。"乾隆见难他不住，便呵呵一笑走了。

纪晓岚被乾隆捉弄，找到机会他也要捉弄捉弄和绅。有一次，和绅家修花园，建了个亭子，请纪晓岚帮他写个亭额，纪晓岚挥笔而就，写下"竹苞"二个大字，和绅见两字写得龙飞凤舞，十分开心地把它给挂了起来。没多久，乾隆临幸和府参观新花园，抬头看见亭上的匾额，便问是谁写的。和绅得意地说是请纪晓岚写的，乾隆大笑，说："你上了他的当了！纪晓岚这是在骂你家'个个草包'啊！"和绅气得半死，又无可奈何。

纪晓岚读书多又天性诙谐，平时也爱讲笑话故事，每次入宫当值没事时，太监就喜欢缠着他讲故事，纪晓岚不胜其烦。有一次，纪晓岚又被某太监缠上，让他讲个故事，纪晓岚说最近没故事，某太监非得让他说一个，现在编也行。纪晓岚便故作思索状，说："有了。说有一个人。"说完，便闭嘴盯着太监看。太监见他不说了，便催促道："这个人下边还有何事？"纪晓岚说："下边没有了。"太监知道被其揶揄，大笑而去。

纪晓岚有一次为某词林朋友的太夫人祝寿，朋友请他作首诗，纪晓岚站了起来，清了清嗓子，众人都作洗耳恭听状，纪晓岚便道："这个婆娘不是人。"众人大惊，以为大不敬。纪晓岚见效果达到，便从容续道："九天神女下凡尘。"众人一听，赞这句说得好。纪晓岚话锋一转，又道："生下儿子去做贼。"众人愕然，朋友也很是难堪。不料纪晓岚笑道："此子却好，偷得蟠桃寿母亲。"众人听后大乐，一时传为佳话。①

纪晓岚是个聪明人，但他的聪明在当时往往被人视为可笑之物，这大概就是乾隆视纪晓岚如倡优的缘故罢。不过，这些都是影视剧、传闻中的纪晓岚，历史上真正的纪晓岚或许诙谐，不过他却是个真学者，其生于雍正二年（1724年），比乾隆小十三岁。乾隆十九年（1754年）时，纪晓岚以二甲四名的成绩考中进士，后授翰林院编修、侍读学士等职，很受乾隆器重。

可惜的是，在乾隆三十三年（1768年）时，其亲戚、退职的两淮盐运使卢见曾被人揭发贪污腐败。而在卢被调查之前，纪晓岚为其通风报信。事情败露后，纪晓岚被发配新疆，数年后才被再度召回，与刘统勋、陆锡熊一起编纂《四库全书》，由此名扬天下。

说到谏止乾隆南巡，其实朝中大臣尚不止纪晓岚一人。如大学士刘统勋也曾言南巡之非，然一击不中后，则不复力争。再如满人大学士、尚书松筠也曾对南巡颇有微词，乾隆则怒斥其为满臣而“腾此谰言，不惧伤皇太后之心乎”？是以，松筠仕途亦几起几落。

更有某江苏学政尹会一，其任满回奏时直言乾隆南巡几次，“民间疾苦益甚，至今怨声载道”。乾隆听了这话立即跳了起来，其厉声质问：“汝谓民间疾苦，试速指出何人疾苦？又言怨声载道，试速指明何人怨声？”尹会一无言以对，只得免冠叩首，自伏妄奏而已。其实，乾隆这明摆着就是耍流氓嘛。②

不可否认，乾隆南巡耗费了巨大的人力物力，而地方官员为了讨好皇帝，其招待更是无比奢靡。如第五次南巡时，乾隆御舟将至镇江，“遥望岸上，著一大桃，硕大无朋，颜色红翠可爱。御舟将近，忽烟火大发，光焰四射，蛇掣霞腾，几眩人目。俄顷之间，桃忽然开裂，则桃内剧场中峙，上有数百人，方演寿山福海新戏。”③

更离奇的是，同是这次南巡，直隶新城某知县为引起乾隆的特

①小横香室主人:《清朝野史大观》,第936页。

②许指严:《南巡秘记》,第241-243页。

③参见许指严:《南巡秘记》,第35页;林飞:《乾隆江南地图》,第90页。

别关注而亲自试放一种能量很大、功能新颖的爆灯，结果圣驾一到，该知县手忙脚乱，一时误操作了机关，结果轰隆一声巨响，当场炸死炸伤十余人，其中即包括了这个倒霉的知县。此后，乾隆下发谕旨，不许沿途再行放灯和举行烟花表演。[①]

当然，也不能说乾隆南巡全是负面效应。毕竟，蠲赋恩赏、巡视河工、观民察吏、加恩士绅、培植士族、阅兵祭陵，这六大事务不能说不重要，即便奉母游览，也是提倡孝道，为国表率，并无不可。退一步说，因为乾隆的南巡，沿途官府主动修建道路，搭建桥梁，清理沟渠，对各地交通和城市市容的改善都起到了积极的促进作用。

如《扬州行宫名胜全图》中的记载，两淮盐商为迎接乾隆巡幸扬州，曾先后集资修了高桥、香阜寺、天宁寺、迎恩桥、虹桥、莲花桥、万松亭、平山堂、宝塔寺、高旻寺、锦春园等宫殿楼廊五千余间，亭台近两百座。而由于乾隆与皇太后好游山水名胜，沿途古迹也得以保护开发，就连乾隆南巡之迹在内，都给后人留下了丰富的旅游资源。

在乾隆看来，纪晓岚等人对南巡的看法实属书生之见。事实上，清廷统治者本就有游牧传统，乾隆在位六十年而六次南下，加上东巡、西游五台山等其他活动，其出巡时间占其统治时期的近四分之一，达十五年之久。[②]很显然，乾隆之举不能简单地理解为好动或喜欢游山玩水，其屡屡出巡的真正原因和愿望，实际上是借以创立和巩固“他心目中的全盛之势”。

换句话说，乾隆之所以要效仿康熙皇帝六下江南，其主要动机在于牢固控制江浙并充分利用江南的人力、财力和物力，以巩固其统治，发展其“盛世”。而这，才是乾隆真心想做与要做的。

总体来说，乾隆六下江南有得有失、有利有弊。通过六次南巡，

---

①向斯:《乾隆养生之谜》，第 188 页。

②欧立德:《乾隆帝》，第 98 页。

乾隆相当清楚地了解了沿途及江南的官风民情，知道了民间的百姓疾苦。正如其在四十九年（1784 年）的御制《南巡记》中说的，“予临御五十年，凡举二大事，一曰西师，二曰南巡”。作为他生平最重要的事功之一，乾隆对南巡的重视程度可见一斑。

不过，乾隆也在《南巡记》里清醒地指出，若不具备君主之“无欲”、扈驾人员之“守法”、官员之“奉公”、民人之“瞻觐亲切”这四个条件，切不可轻言南巡。十余年后，乾隆曾对军机章京吴熊光说：“朕临御六十年，并无失德。惟六次南巡，劳民伤财，作无益，害有益。将来皇帝南巡，而汝不阻止，必无以对朕。”

乾隆以后，清朝再无皇帝南巡。由此，“六下江南”是否就是乾隆中叶中国国势渐衰的原因，这自然是仁者见仁，智者见智。这等问题，还是留待历史学家去研究吧！

孤独鳏夫

宫里宫外都寂寞

传奇：生前是容妃，百年后成香妃

乾隆高寿，一生遭遇的事多，风流韵事自在不少。其中，有一大部分集中在南巡，另一小部分则集中于个人，如传说中的“香妃”。

为人所熟知的“香妃”故事，如《清代外史》中所演绎的，其剧情大概如下：

新疆某部王妃，容貌艳丽，身段风流。最独特的是，她不需要香熏粉沐，身体便天然有异香，当地人都把她叫“香妃”，连乾隆对此也有所耳闻。

乾隆二十年（1755年）后，新疆叛乱，清廷派将军兆惠前去征讨。临行前，乾隆特意交代兆惠，让他此去好好去查一下这个“香妃”是什么来历。兆惠心领神会，征伐时便细心寻访，终于在平定叛乱后将“香妃”找到。

待到亲眼见过后，兆惠眼前陡然一亮：这个“香妃”果然非同一般，只见她肤色白嫩，眼睛水灵，容貌端庄美丽。正如人们所说，近身即闻到其身上一股异香，此香不是花香，却更胜花香，是一种女人才有的独特香味。久而久之，还真是让人神魂颠倒。

兆惠不敢怠慢，随后急忙密奏乾隆，向主子报告这个好消息。乾隆得报后自是喜不自禁，其命兆惠速速将此女送到京城。为此，风流皇帝还特意嘱咐：路上一定要好生看待，千万别让美女受了委屈，减了颜色！

得令后，兆惠为“香妃”进京而特意打造了一辆硕大的寝车，里面铺上软毯，四周围以锦帷，以遮蔽风雨。另外，还专门派了两个贴身丫环，随时伺候。这样，西域“香妃”便躺在这辆寝车中，由清军严密保卫前往北京。

沿途的官员们自然也早奉了密令，一路上是迎来送往，好生招待。据说，就连“香妃”洗澡，各地也都早已备好了新鲜的牛奶，并奉上各种奇香异草，丝毫不敢怠慢。就这样，“香妃”一行人总共走了半年，这才抵达京城。

“香妃”进宫后，好色的皇帝虽说欣喜若狂，但一开始还不敢乱来。观察几天后，乾隆见“香妃”神情泰然，并无悲哀之色，一时心头窃喜。数日后，乾隆喝了点小酒，乘着些许醉意，便进了“香妃”房间。后者见了乾隆后，冷若冰霜，一副凛然不可侵犯的样子。乾隆借着酒劲，便壮着胆子伸手去摸“香妃”。

说时迟、那时快，“香妃”突然从贴身处抽出一把尖刀，向自己手臂割去！乾隆被这么一吓，酒劲全吓没了，赶忙去夺“香妃”的刀子。“香妃”举其受伤滴血的手臂，另一只手抵着自己的脖子大声道：“你要再敢往前一步，我就立刻死给你看！”

眼见“香妃”性情刚烈，乾隆又急又怕，便急忙唤宫女为“香妃”包扎伤口。

偷鸡不成反蚀一把米。乾隆事后十分懊恼，但一时又想不出什么别的招数。后来，为了讨好“香妃”，乾隆特意在宫中按西域风格给“香妃”造了别宫，想以此来打动“香妃”。但是，“香妃”始终不为所动。有时，乾隆和她搭讪，“香妃”也多不理睬。乾隆又不敢威逼她，也颇为恼火。

后来，皇太后钮祜禄氏知道了这事，便把乾隆找来，说：“既然这女子不肯屈从于你，你干脆把她杀了，还能保住她的名节。要不然，就把她送归乡里。就这样留在宫中，不伦不类，成何体统？”

乾隆唯唯而退，但要下令杀了“香妃”，他心里又舍不得，而就这样放回去吧，又心有不甘。于是，这件事就不了了之，搁置了起来。

数年后，乾隆有一次率王公大臣们去天坛举行大祀。乘此机会，皇太后命人将“香妃”带到慈宁宫，问她到底有什么打算。“香妃”答以“唯死而已”。皇太后见她守节不渝，意志坚决，便命人赐白绸一条，令其自尽。

得到消息后，乾隆急忙飞马赶回宫中。但此时慈宁宫已经上锁，乾隆在外面急得团团转，但又无法进去。过了一会，宫门开启，乾隆进去后发现“香妃”早已香消玉殒，气绝身亡。乾隆十分悲痛，也只得命人将“香妃”好生安葬。

据说，“香妃”就葬在北京陶然亭东北角，孤坟三尺，杂花间绕，旁边有一石碣，刻有这样一首词：“浩浩愁，茫茫劫。短歌终，明月缺。郁郁佳城，中有碧血。碧亦有尽时，血亦有时灭。一缕香魂无断绝。是耶非耶，化为蝴蝶。”词句哀痛，据说是乾隆委托一位翰林所做。①

此则故事有多个版本，如小横香室主人之《清朝野史大观》，蔡东藩之《清史演义》等，内容大同小异。②更令人捧腹的是，这则故事还出口到国外，如斯文·赫定在上世纪三十年代出版的《帝王之都：热河》一书中，竟足足有一章节拷贝这一传奇，就连“陶然亭墓”石碣也全部照抄不误。此外，法国作家、法兰西学院院士阿兰·佩雷菲特先生在其名作《停滞的帝国：两个世界的撞击》一书中也全盘引用这一故事，只是把上述那首词和墓碑搬到了喀什。③

“香妃”故事能传到万里之外，这固然是一种文化的成功。不过，“香妃”是否真有其人、真有其事，却仍有诸多的疑问。

首先，所谓“香妃”之“香”，究竟是什么呢？有人说，这是“体有异香”，但人体毕竟不同于麝鹿，因而没有这种可能。第二种

①天嘏：《清代外史》。《清代外史》又名《满清外史》，上文系据原文改写。见孟森等著：《清代野史：一个王朝模糊的背影》，第 119 页。

②见小横香室主人：《清朝野史大观》，第 38–39 页；蔡东藩：《清史演义》，第 204 页。

③转引自郭成康：《乾隆正传》，第 550 页。另见斯文·赫定：《帝王之都：热河》，第 134–143 页；阿兰·佩雷菲特：《停滞的帝国：两个世界的撞击》，第 224 页。

解释是，“香妃”之“香”并非来自体内，而是因为经常洗“花草浴”、“牛奶浴”或经常搽抹一些具有特殊香气的高级脂粉，由此自然散发出一种引人注意、沁人心脾的香味，这或许也有可能。还有一种说法是，所谓“香妃”之“香”，很可能是一种望文生义的解释，只是因为“香妃”长得美、秀色可餐，故美其名曰“香妃”。总之，各种说法很多，也无法定论。

其次，传说中“香妃”被太后所杀，这是否可能呢？这次的答案却是否定的。据清史专家孟森先生的考证，所谓“香妃”，其原型即乾隆之容妃和卓氏，但后者于乾隆二十二年（1757 年）入宫、乾隆五十三年（1788 年）卒，而皇太后崩于乾隆四十二年(1777 年)。因此，说皇太后命诛“香妃”，显然是鬼魂作案。

再者，民间传说“香妃”被杀后，乾隆慑于皇太后之威而将之秘密安葬于陶然亭，此说亦难成立。清末民初时期，陶然亭确实有一荒冢，形同土堆，其位于亭北丛芦乱苇中，据说当地人称之为“香冢”，其碑文亦如前文所述。

但是，此碑除铭文四十余字外别无他字，其中只言“香魂”而无一字提及“香妃”。此外，冢中人谁、立碑者谁，均毫无线索。如此看来，葬于此处的可能是一女子，而其生前可能发生过曲折离奇的情感故事，或为妓女也未为可知。①退一步说，如冢中人真是大清皇妃的话，死后自有妃寝园陵，怎么可能葬在这荒草堆中呢？

不过，若是追根溯源的话，香妃之传说还真是由“香冢”而起，不过此冢不在陶然亭而是远在新疆喀什。光绪十八年（1892 年），曾随左宗棠征西的湖南人萧雄在其退职后著有《西疆杂述诗》，其中卷四有一首名为《香娘娘庙》，曰：“庙貌巍峨水绕廊，纷纷女伴谒香娘。抒诚泣捧金蟾锁，密祷心中愿未偿。”在该诗附录中，萧雄进一步写道：“香娘娘，乾隆年间喀什噶尔人，降生不凡，体有香气，

①据 1913 年出版的《满清稗史》之《新燕语》卷下《香冢》一文，其中记载：相传一士人昵某歌妓，欲纳之而未果，后某大富贾以千金强聘，妓不从，自刎死。见于善浦：《乾隆皇帝的香妃》，第 241 页。

性真笃，因恋母，归没于家。”①

萧雄诗文未言“香妃”而言“香娘娘”，不过香妃的第一个要素出来了，即“体有香气”。或许在此启发之下，曾为曾国藩幕僚的晚清学者王闿运在一篇名为《今列女传》的文章中塑造了一位“回妃”形象，其事迹如下：“准回之平也，有女籍于宫中，生有美色，专得上宠，号曰‘回妃’。然准女怀其家国，恨于亡破，阴怀逆志，因侍寝而惊宫御者数矣。诘问，具对以必死，报父母之仇。上（即乾隆）益悲壮其志，思以恩眷之。太后知焉，每召回女，上辄左右之。会郊祭斋宿，子夜驾出，太后乘平辇直至上宫，入便闭门。宦侍奔告，上遽命驾还，叩门不得入，以额触扉，臣御号泣，闻于内外。太后门坐，促召回女，绞而杀之，待其气绝，抚之已冷，乃启门。上入号泣，俄而大瘖，顿首太后前，太后亦持上流涕，左右莫不感动泣下。海内闻者皆叹息，相谓天子有圣母也。”②

《今列女传》一文收录于《王湘绮先生全集》第五卷，此书刊印于光绪三十年（1904 年）。以王闿运之文名，“回妃”事迹遂入文人视野，而所谓“香妃”故事，亦由此大体定型。不过，传播学意义上的“香妃”之名，其广泛流传尚在清廷覆亡之后。

民国改元后，故宫古物陈列所于 1914 年从沈阳故宫和承德避暑山庄调来一批文物搞展览。其中，有一幅名为“香妃戎装像”的油画陈列于浴德堂后，像中人为一“外罩铠甲、内着红装，佩剑挺立、英姿飒爽”的年轻女子。更离奇的是，画像下附有这样一则《香妃事略》，其中云：“香妃者，回部王妃也，美姿色，生而体有异香，不假熏沐，国人号之曰‘香妃’。或有称其美于中土者。清高宗闻之，西师之役，嘱将军兆惠一穷其异。回疆既平，兆惠果生得‘香妃’，致之京师。帝命于西内建宝月楼（原注：即今之新华门）居之。楼外建回营，毳幕韦鞲，具如西域式。又武英殿之西浴德堂，仿土耳

①徐鑫：《香妃画像》，第 35 页。

②郭成康：《乾隆正传》，第 553 页。

其式建筑，相传亦为‘香妃’沐浴之所。盖帝欲借种种以取悦其意，而稍杀其思乡之念也。讵妃虽被殊眷，终不释然，尝出白刃袖中示人曰：‘国破家亡，死志久决，然决不肯效儿女子汶汶徒死，必得一以报故主。’闻者大惊，但帝虽知其不可屈而卒不忍舍也，如是者数年。皇太后微有所闻，屡戒帝弗往，不听；会帝宿斋宫，急召妃入，赐缢死。上图即香妃戎妆画像，佩剑矗立，赳赳有英武之风，一望而知为节烈女子。”

有趣的是，古物陈列所在《香妃事略》结尾处还不忘告诉观众：“原本现悬浴德堂，系郎世宁手笔。”郎世宁是乾隆年间宫中留用的西洋传教士兼画师，其所作之画在《国朝院画录》和《石渠宝笈》中均有记录，但这幅所谓的“香妃戎装像”却并不在其名下，而且此作风格不似郎世宁之笔，画中女郎也无维吾尔族女性之特征。

关于此幅画像的由来，原故宫博物院资深专家朱家溍先生曾特地写了一篇名为《“香妃戎装像”定名的由来》的文章，其中指出：原账上只是油画屏一件，之所以定“香妃”画像，原因不过是内务总长朱启钤顺口一说，“这大概就是香妃吧”。所谓“官大标准”，大意如此。

曾在古物陈列所工作过的原故宫博物院副院长单士元先生也曾回忆说：“那时，我和几个同事根据民国政府内务部一位官员说的‘这大概就是香妃’，并考虑到当时社会经济效益商定的，是没有查史料的，是错误的，是一种不负责任的行为，是应该纠正的。”

不过有一点需要注意的是，在询问此画像运办经手人、古物陈列所保管科科长曾广龄先生时，与朱家溍先生和单士元先生的记忆稍有出入，前者称画像并无签子，而后者称像下有“美人画像”字样。但是，有一点可以肯定，那就是原画像并无“香妃”二字。①

如单士元先生所说，将无名之画像归于“香妃”，这是一种招徕看客的广告行为，而之后的事实也证明，此举非常有效。展览期间，

①徐鑫:《香妃画像》,第 54-56 页。“香妃戎装像”现藏于台北故宫博物院。

在媒体的炒作下，“香妃”故事很快传遍九城，成为京师街谈巷议的热点新闻。之后，好事者趋之若鹜，古物陈列所前门庭若市，一时间万人争说，好一派热闹景象。

“香妃”故事被热捧，与《香妃事略》这篇文采飞扬、史事传闻虚实相间的短文也有莫大的关系。从传播路径上看，《香妃事略》是把萧雄与王闿运之诗文相结合，由“体有异香”到“回妃”，再由“回妃”直接呼以“香妃”，其间过渡毫无违和之感。不过，《香妃事略》一文其实并非首创，真正将“香妃”故事从逻辑上、剧情上做完整的并非他文，正是开篇所述传奇，即天嘏于1913年出版的《清代外史》上卷四编第九章之“眷恋香妃”。古物陈列所之《香妃事略》，或为天嘏之文的缩写。①

此后，黄鸿寿之《清史纪事本末》、蔡东藩之《清史演义》、徐珂之《清稗类钞》、许啸天之《清宫十三朝演义》、小横香室主人之《清朝野史大观》，均由此加以反复演绎，“香妃”故事遂传于天下矣。

不仅通俗史家如此，严肃史家如日本学者稻叶君山之《清朝全史》、萧一山之《清代通史》、金梁之《清帝外纪·清后外传》乃至严肃典籍《顺天府志》也对此多加记载或全盘照收，“香妃”事迹竟成屹立不摇之态势。②

除此外，民国年后还出现了诸多描绘“香妃”故事的戏曲说唱、小说诗歌等，其间绘声绘色，凄婉动人，令人不得不信。即便是当下，事涉“香妃”的小说、影视剧亦在不少，如金庸先生大作《书剑恩仇录》中之“香香公主”，《还珠格格》之“含香”等，均以“香妃”为原型。

影视剧中的“香妃”们都很美，那历史上真正的“香妃”又长

---

①于善浦:《乾隆皇帝的香妃》,第239页。另据孟森先生在《香妃考实》一文中的说法,太仓陆夫人(同治状元徐郙之女、礼部尚书陆宝忠之子妇)于民国二三年间至东陵,守者谓容妃陵寝即香妃冢。由此,是否由天嘏首提“香妃”之名,尚在未定之中。见徐鑫:《香妃画像》,第60页。

②相关记载资料可参见于善浦:《乾隆皇帝的香妃》,第238-258页。

什么样呢？这里又有所谓的“画像之争”。前文所说的“香妃戎装像”来自承德避暑山庄，此画虽无题记与落款，但属皇室藏品当为无疑。从画像上看，所绘女子年纪较轻，肤色雪白，身着盔甲为欧式，这与香妃有较大差异，因而也有人说这是乾隆最喜爱的“十公主”（即和孝公主），不过目前没有证据，也难定论。

第二幅“香妃旗装半身像”。此像绘一穿红色旗袍、梳满洲大翅头、戴玉耳环、套玉手镯的少妇，像中人物气色红润安详，神情典雅高贵，是流传最广的“香妃”像，多数描写香妃的书籍、画报均以此为底本。不过，此画来源并不明朗，据说系东陵大盗孙殿英贿赂宋美龄之礼物。众说纷纭，无法厘清，不过以讹传讹的可能性较大。

第三幅是“香妃洋装像”。这幅画被收入《郎世宁画集》，原版本现藏于台北故宫博物院。画中，一年轻女郎头戴西式凉帽、身着西式长裙，其左手扶花铲、右手提花篮，神态慵懒，双目凝视，若有所思。同前两幅一样，此画像也没有题记与款识，来源亦不甚清楚。如果将其说成是“香妃”像，未免有些武断。

以上三幅，均难判断是否为“香妃”真像，充其量也只能说是传说中的“香妃”像。据孟森先生所云，太仓陆夫人在民国二三年间游清东陵时，于妃园寝拍摄有真正的“香妃吉服半身像”。但是，年代既已久远，守园人所指未必是真，拍摄人也未必能辨，所谓“香妃吉服半身像”也不可轻信。

此外，也有人认为清宫所藏的《威弧获鹿》中的女子很可能是“香妃”。在这幅图中，乾隆与妃子均骑马跃动，乾隆张弓射鹿，身旁妃子为乾隆递箭，画面很有动感。尤其值得注意的是，画中妃子身着少数民族服装，其花袍上绣满“巴旦木”图案。

从画中题款及宫中档案所记来看，此图画于乾隆二十七年（1762 年）七月，系乾隆与后妃至围场木兰秋狝之事。从年龄、服装、肤色及个人特点来看，《威弧获鹿》中的女子很可能就是历史上的“香妃”。[1]

不过，准确地说，历史上是没有“香妃”的，真正能与之对应的，其实是容妃和卓氏。当然，容妃和卓氏没有传说中的那么多曲折经历，史籍档案中也没有所谓“体有异香”的记载，更没有被皇太后赐死的最终结局。

那么，容妃和卓氏又是怎样一个人，她如何会被附会成“香妃”呢？

据史载，乾隆嫔妃四十一人中，唯有容妃和卓氏来自叶尔羌（今新疆莎车），但她并不是什么被掠入宫，而是因其家族在平乱中有功而移居京师后被选入宫中的。

和卓氏家族世居叶尔羌，父系阿里和卓。早在乾隆二十年（1755年）时，清军平定准噶尔达瓦齐部的叛乱，原拘于伊犁的大和卓波罗尼都及小和卓霍集占兄弟被解救。但两年后，当准噶尔阿睦尔撒纳部再次复叛时，因不满清廷安排的大、小和卓也随同叛乱。乾隆二十三年（1758年），清兵进军叶尔羌和喀什噶尔，大、小和卓的叛乱随后被平定。

容妃和卓氏家族本与大、小和卓同宗，但在这次战争中，容妃之兄图尔都因不满大、小和卓叛乱而将全家迁往天山以北的伊犁居住。清军进攻叶尔羌时，图尔都随五叔额色尹及堂兄玛木特跟随清军作战，为平定霍集占的叛乱立下了功劳。

乾隆二十四年（1759年）冬，平叛有功的容妃家族被召入京师，次年被正式安置于北京长住。其中，额色尹被封为辅国公，图尔都先授扎萨克一等台吉，后晋辅国公。[2]为加笼络，乾隆还将宫中女子巴朗赐给图尔都为妻。[3]

也就在这时，和卓氏被选入清宫，初封为“和贵人”。乾隆二十七年五月，被封为容嫔。乾隆三十三年六月，三十五岁的和卓氏晋

---

①关于“香妃”画像的争议，详见徐鑫：《香妃画像》，第52-68页；于善浦：《乾隆皇帝的香妃》，第44页。

②周远廉：《乾隆皇帝大传》：第606页。

③郭成康：《乾隆正传》，第554页。

为容妃，册文曰：“容嫔霍卓氏，端谨持躬，柔嘉表则，秉小心而有恪久，勤服事于慈闱，供内职以无违，夙协箴规于如史。”据考证，容妃和卓氏生于雍正十二年（1734 年）九月，其于乾隆二十五年入宫时已二十七岁，究竟为何如此之晚而未嫁，则不得而知。

和卓氏被封为容妃时，乾隆特意下旨：“容嫔封妃，现无满洲朝服、吉服，应赏给处赏给其项圈、耳坠、数柱……”由此可见，容妃入宫之后仍着本族服装，这无疑是一种特殊的待遇。

事实上，容妃所获的特殊待遇还不止于此，如其生活习惯亦加以特别关照，宫中为她专门配备了一名叫努倪马特的同族厨师，平时还经常赏赐以南疆特有的哈密瓜、绿葡萄干、白葡萄子等果品。容妃四十寿辰时，乾隆特赐其玉如意、玛瑙灵芝杯等物品；五十大寿时，又赐以如意一盒、古玩九件、锦缎九匹、银元宝九个。

自入宫后，容妃颇得乾隆宠爱，每逢东巡、南巡或热河举行“木兰秋狝”时，乾隆常带容妃同行。乾隆三十年（1765 年）第四次南巡时，虽处苏州、杭州、江宁、扬州等江南繁华之所，乾隆仍按新疆当地习俗赏赐容妃羊肚片、羊他他士、酒炖羊肉、奶酥油野鸭子及苏州糕等食物。乾隆三十六年（1771 年）东巡谒孔时，乾隆格外赏赐容妃羊西尔占等。

或许出于照顾其家乡习俗与思乡之情的考虑，乾隆特允容妃常着本民族服装，不必按旗人习俗穿着梳洗。

按古物陈列所《香妃事略》中的说法，乾隆为迎容妃而特建宝月楼，此说不确。按乾隆御制《宝月楼记》一文中所说：“宝月楼者，介于瀛台南岸适中，北对迎薰亭，亭台皆胜国遗址，岁时修葺增减，无大营造。顾掖池南岸，逼近皇城，长以二百丈计，阔以四丈记，地既狭，前朝未置宫室，每临台南望，嫌其直长鲜屏蔽，则命奉宸，既景既相，约之椓椓。鸠工戊寅之春，落成是岁之秋。……楼之义无穷，而独名之曰宝月者，池与月适当其前，抑亦有乎广寒之庭也。”

由此可见，乾隆在西苑建宝月楼并非为了容妃入住，而是因为南海瀛台为乾隆夏日临幸之处，但由于瀛台与皇城城墙之间缺少屏障，每逢乾隆临台南望时，西长安街上的百姓难免窥得圣迹。于是，乾隆命将瀛台正南方向的一段皇城城墙拆除，然后在原基础上修一座东西二百丈、南北宽四五丈的重檐楼宇，此即“宝月楼”之由来。从时间来看，宝月楼建在容妃进京之前；而从地理上说，容妃也不可能远离众嫔妃之后宫而独居于宝月楼。

至于《香妃事略》中说“浴德堂传为‘香妃’沐浴之所”，这更是望文生义。所谓“浴德”，出自《礼记·儒行》，原文为“儒有澡身而浴德”，意在修身养性、以德自清，与沐浴风马牛不相及。更何况，浴德堂远在武英殿西，容妃怎么可能从外朝宫殿群中招摇而过，跑到距离后宫（乃至宝月楼）数里之遥的浴德堂去洗澡呢？这让文武百官作何感想？

关于宝月楼，乾隆倒是写了不少诗。如在二十八年（1763年）的《御制香宝月楼诗》中，其末句为：“鳞次居回部，安西系远情。”乾隆在诗下自注曰：“墙外西长安街，内属回人衡宇相望，……新建礼拜寺，正与楼对。”[1]

从原诗及自注的含义来看，乾隆对新疆少数民族颇为重视，其笼络之意极其明显。之所以将容妃家族留于京师并给予优厚待遇，其目的就是通过“怀柔”政策加以羁縻，以加强清廷对新疆地区的统治。而在这一“和亲”政策中，容妃无疑是其中一大关键人物。

乾隆五十年（1785年）后，或许是身体欠佳的缘故，容妃即不太参与外出活动。乾隆五十三年四月十四日，乾隆赏给容妃十个春橘，这也是她所获得的最后一次赏赐。五天后，容妃在圆明园去世，年五十五岁，无子嗣。临终前，容妃将其衣物及珍贵首饰分别赠给娘家婶嫂姐妹及宫中相好嫔妃、格格与宫女，以做纪念。同年九月，由皇八子、仪郡王永璇护送其金棺移葬裕陵妃园寝。

如前文所述，容妃之墓也有诸多传说，如陶然亭之荒冢。再有

①向斯：《乾隆养生之谜》，第108页。

就是新疆喀什的“香妃墓”，传说当年容妃去世后，其遗体由灵轿运送到喀什噶尔东北郊下葬，据说一架“驮轿”还停放墓侧。那么，喀什噶尔的墓群是否真有其事呢？答案是有的。

此墓地位于喀什市东北郊区的浩罕村，占地三十亩，系香妃的外祖父阿帕·霍加为自己的父亲阿吉·穆罕默德·优素福·霍加修建，其始建于明崇祯十三年（1640年），后来阿帕·霍加及其后人也陆续葬入此地，由此成为一座历史悠久的家族墓葬群。当地人称此墓为“海孜来特麻扎尔”，译为“尊者之墓”；也有人称之为“阿帕克和卓扎尔”，简称为“和卓墓”。

据学者考证，前文所述的湖南人萧雄曾随军到过喀什噶尔，其诗中说的“香娘娘庙”或许指的就是这一墓葬。至于后人所说的新疆“香妃墓”，可能指的是“香妃”家族墓而并非容妃之墓。[①]

容妃之墓在清东陵之裕陵妃园寝自属无疑。据徐广源先生在《正说清朝十二后妃》中的记载：1979年10月，容妃墓被保护性考古发掘，发现其地宫有两个碹堂组成，均为拱碹石结构。在金碹的宝床上，停放一红漆棺木，棺木为盗墓人砍开一大洞，棺中已空，棺头正中有数行文字。

棺木西侧有一头骨，西北角又有一根八十五厘米长的花白发辫、青缎衬帽、包头青纱等，还有一些龙袍残片和几件织物，织物上织有“江南织造臣成善”、“苏州织造臣四德”等字样，墓中还存有如意、荷包、珍珠、宝石、猫眼石、钻石等。棺头文字还表明了墓主的宗教信仰，龙袍和猫眼石等证明其身份为妃子，由花白发辫推断死者为五十五岁左右，织物上“四德”、“成善”皆为乾隆五十三年的织造官。由此可见，这是真正的容妃墓。

另：清人笔记中尚有与香妃相关的“银妃”之事。其中称：银妃系山东青州人，乳名珠儿，父死母贫，送与同里黄某为义女，故姓黄。珠儿貌美，“艳名益著”。乾隆南巡经过山东时，将珠儿带回

---

①徐鑫：《香妃画像》，第79页。

京师，初安置于坤宁宫。后担心太后知晓，又匿于四知书屋，“敕封银妃”。“越数年，征回部，获香妃。香妃初入，与银妃同宫。居未久，香妃迁他宫，高宗时幸之，有所赐，亦优于银妃。香妃死，高宗大哭至病目，而弃银妃若敝屣矣。”或许此传说太过荒唐，作者亦云：“然此实道路传闻之傅（附）会，未可信也。”[1]

①《清稗类钞》第一册，“高宗纳银妃”。转引自周远廉：《乾隆皇帝大传》，第609页。

暴酷：恃女而骄，惇妃将宫女活活打死

郭成康先生在《乾隆正传》中有这样一段话："自从孝贤皇后离开乾隆皇帝以后，皇帝的心也是空空荡荡的，无依无靠。他能够稳得住、成为他精神支柱的，首先是肩负着父、祖两代的重托，必欲把大清帝国治理好的强烈的事业心。除此之外，大概就只有生母崇庆皇太后，可以像朋友那样作推心置腹交谈的大臣傅恒与和珅，以及六十五岁上得的爱女和孝公主了。"此观察可谓独到。

乾隆晚年，大清帝国表面繁花如锦，但热闹景象的背后，其内心情感却极度空虚寂寞，诚可谓高高在上的"孤独鳏夫"。尤其在乾隆三十一年（1766年）令贵妃生育十七子永璘后，后宫即再无婴儿的啼哭声。乾隆四十年（1775年），一度填补了孝贤皇后空缺的令贵妃中年告逝，乾隆心绪更为的难受。但幸运的是，也就在这年正月，惇妃生下皇十女即和孝公主，这在很大程度上填补了家庭情感的空缺。

现在有句话说，女儿是爸妈的"小棉袄"，做父亲的尤其疼爱女儿，甚至有"女儿是前世小情人"的说法。当然，皇家制度等级森严，这一说法虽然未必得中，但或许也有一定的道理。乾隆一生嫔妃众多，子女自然不少，但或许是其福大命硬、克妻克子的缘故，妃子、子女大多走在他的前头，这对晚年的乾隆来说，尤其倍感凄凉。

包括和孝公主在内，乾隆总共有十个女儿，其中皇长女、皇二女、皇五女、皇六女、皇八女均不幸早殇，这个自不用提。其他女儿，皇三女固伦和敬公主是孝贤皇后所出，在很小时即指配科尔沁蒙古王公色布腾巴尔珠尔。

众所周知，康熙祖母孝庄太后来自科尔沁草原，顺治的两位皇后也都来自其母族，清初爱新觉罗皇族与科尔沁王公家族通婚几成惯例。自九岁起，色布腾巴尔珠尔即奉乾隆之命养育宫中，与其他皇子一同读书。所谓“女婿即半子”，乾隆对这位乘龙快婿相当不错。长成之后，色布腾巴尔珠尔这蒙古小伙倒也憨厚实在，其与和敬公主成婚后，未按常例回到科尔沁大草原，而是由乾隆赐下宅第，仍与公主在京师居住。

乾隆十九年（1754 年）时，乾隆从避暑山庄经科尔沁蒙古往谒祖陵。途中，和敬公主和额驸色布腾巴尔珠尔也随同前往，乾隆还特做一首名为《科尔沁固伦和敬公主、额驸达尔汉亲王色布腾巴尔珠尔侍宴》的七律，其中称：

世笃姻盟拟晋秦，宫中收养喜成人。
诗书大义能明要，妫汭丛祥遂降嫔。
此日真堪呼半子，当年欲笑议和亲。
同来侍宴承欢处，为忆前弦转鼻辛。

乾隆一诗，回忆了女婿当年养育宫中的历史，但最末话锋一转，所谓“为忆前弦转鼻辛”，说的是和敬公主成婚后仅一年，其生母、孝贤皇后即告去世一事。所谓“睹女思母”，乾隆看到皇后唯一的骨血，难免回想起当年的贤妻而鼻子一酸，几近流泪了。

正因为和敬公主的缘故，乾隆对额驸色布腾巴尔珠尔也是特殊看顾。据《啸亭杂录》中载：乾隆二十年（1755 年）时，准噶尔阿睦尔撒纳部叛乱，定边将军班第被包围后自刎死，“事闻，上以额驸匿情不奏，欲立正典刑，来文端公请曰：‘愿皇上念孝贤皇后，莫使公主遭嫠独之叹。’”乾隆听了这话，“挥泪太息”，最终免其死而只褫其爵。[①]

因为和敬公主的缘故，匿情不报、失误军机的色布腾巴尔珠尔才算捡回一条小命。此后，尽管乾隆有意提携，但这位额驸仍旧表现平平，最终于乾隆四十年（1775年）时死于金川之役，空留和敬公主孀居枯守于豪华宏伟的公主府。[②]

再说皇四女和硕和嘉公主，其生母是纯惠皇贵妃苏氏，乾隆二十四年（1759年）公主下嫁大学士傅恒次子福隆安。福隆安倒是不负皇恩，一步一个脚印，仕途相当顺利。可惜的是，和嘉公主却没有"夫贵妻荣"的福分，其于下嫁八年后（乾隆三十二年，1767年）即告去世，年仅二十三岁。

同样年纪轻轻即不幸去世的还有皇七女固伦和静公主，其生母为皇贵妃魏氏。皇七女后下嫁和硕亲王、雍正乾隆两朝名将策棱之孙拉旺多尔济。[③]和静公主去世于乾隆四十年，年仅二十岁。这一年，也正好是和孝公主出生之年。

皇九女和硕和恪公主也是皇贵妃魏氏所生，后于乾隆三十七年（1772年）八月下嫁另一名将、一等武毅伯兆惠之子札兰泰。如此算来，乾隆的女儿本不算少，但和孝公主出生时，其女或死或嫁，竟无一人承欢膝下。即便是仍在世的和敬、和恪两位公主，前者已是四十多岁的妇人，而后者在五年后也很快故去了。

也正因为这个原因，时隔九年多后，已是六十五岁高龄的乾隆突然晚来得女，其心中喜悦可想而知。事实上，高兴的还不仅仅是乾隆，包括八旬高龄的皇太后，乃至宫女、太监等执事人役，在小公主呱呱坠地的那一刻，无不有一种喜从天降的意外之感，其时宫中的喜庆气氛，绝不亚于皇子的诞生。

论功行赏，母以女贵，最大的功臣当然是和孝公主的母亲惇妃

①来文端公为大学士来保，"嫠独"即守寡之意。见昭梿:《啸亭杂录》，第78页。

②和敬公主府至今仍在，即京城东四十条张自忠路内。

③策棱为康熙朝额驸，娶康熙第十女、和硕纯悫公主，后因军功卓著而晋封固伦额驸，和静公主也由此特封为固伦和静公主。

汪氏。据郭成康先生的考证，汪氏为满洲正白旗人，其父四格曾任都统，但其家族原属内务府，很可能具有汉人血统。此外，汪氏在乾隆三十六年（1771年）被封为惇嫔、三十九年晋封惇妃时，册文中竟连“秀毓名门、大家淑质”之类的门面话都没有，可见其家族并非八旗世家。[①]弄不好，汪氏家族很可能是内务府包衣出身。

汪氏生于乾隆十一年（1746年）三月，其十八岁入宫时封永常在，地位极低。直到乾隆三十六年（1771年），也就是汪氏进宫八年后，才于当年正月晋封为永贵人。同年十月，汪氏被晋封为惇嫔。三十九年九月，汪氏进一步升为惇妃。次年正月，和孝公主诞生。从这一时间序列也可以看出，汪氏在入宫的最初七八年里默默无闻，直到乾隆三十六年后才开始得到宠幸，并幸运的诞育一女，而这也是乾隆的最后一个孩子。

通常来说，做父母的最重视、最疼爱两个孩子，一个是初生的长子或长女，另一个是老小，这也是人之常情。所谓“一碗水端平”，实际上是做不到的。应该说，乾隆是个感情世界十分丰富而细腻的人，但在孝贤皇后去世后，其内心空落落了很多年。在长年处理政务的重负之下，他也需要有人去怜爱他，也想把自己的感情宣泄出来，而和孝公主的诞生，正好填补了这块空缺。

此后，只要有和孝公主在身边，无论如何吵闹嬉笑，乾隆都不以为忤，反视为难得的童稚天真，可以让自己从繁重的事务中解脱出来。小公主的一颦一笑，都能让乾隆忘记所有的烦恼；小公主只要一哭一闹，乾隆马上放下皇帝的架子，慈父心绪展露无遗。

但是，乾隆四十三年十一月时，宫中却发生了一件骇人听闻的事件：和孝公主的母亲惇妃汪氏长期虐待下人，当月竟将手下宫女殴打致死。话说汪氏被册封惇妃时，册文中称其“毓质柔嘉，提躬端淑，娴兰宫之礼教”云云，其实这些都是表面，只是在皇太后和皇帝面前表现如此而已。

---

①郭成康：《乾隆正传》，第556页。

事实上，惇妃汪氏性格暴躁，对手下使唤的宫女和太监一向苛刻乃至凶暴。尤其在诞育小公主后，她仗着乾隆对女儿的宠爱，责打下人更是肆无忌惮，最终酿成了将宫女残虐致死的惨剧。

自古宫中等级森严，宫女、太监因犯错而被责打本是常有之事。不过，宫女之死毕竟人命关天，乾隆获悉此事后也是十分震惊而愤怒。乾隆说，朕为“天下主”，“掌生杀之权”，但也从未有“任一时之气，把太监等立毙杖下”——从前身边小太监胡世杰、如意等惹恼了自己，也不过“予以薄惩，杖责二十，至多不过四十”。唯一的例外是，有一次乾隆穿衣时被深深地刺了一下，后发现原是一枚钢针忘在了袖口。乾隆一怒之下，不仅将当责太监杖罚枷号，而且还将之充军边陲。这事说来，还是乾隆十六年（1751 年）的事了。①

这一次，事情的性质不同了，一个外表温良、“娴于礼教”的妃子，竟将使唤的宫女活活打死。如此残虐人命，实属清宫罕见。

次月初八日，乾隆下达长谕，其中厉斥惇妃之过，原文摘录如下：“昨惇妃将伊宫内使唤女子责处致毙，事属罕见。……前此妃嫔内，间有气性不好，痛殴婢女，致令情急轻生者。虽为主位之人，不宜过于狠虐，而死者究系窘迫自戕。然一经奏闻，无不量其情节惩治，从未有妃嫔将使女毒殴立毙之事。令惇妃此案若不从重办理，于情法未为平允，且不足使各位宫闱之人咸知警畏。……惇妃即著降封为嫔，以示惩儆，并令妃嫔等嗣后当引以为戒，毋蹈覆辄（辙），自干重戾。”

乾隆说：“朕办理此事，准情酌理，惟协于公当，恐外间无识之徒或有窃以为过重者，不知朕心已觉从宽。事关人命，其得罪本属不轻，第念其曾育公主，故量从末减耳。若就案情而论，即将伊位号摈弃，亦岂得为过当乎？朕临御四十三年以来，从不肯有溺爱徇情之事，尔众皇子及众大臣皆所深知。即如惇妃，平日受朕恩眷较优。今既有过犯，即不能复为曲宥。……”②

①郭成康：《乾隆正传》，第 558 页。

②周远廉：《乾隆皇帝大传》：第 608 页。

令人无语的是，乾隆前一段话说得很重，似乎雷霆万钧，惇妃弄不好要性命不保。谁知到了后段却话锋一转，说什么其“罪本属不轻”，但考虑到小公主的感受，只好违心地将之从轻发落，只将其由惇妃降为惇嫔。而据《清史稿·后妃列传》的记载，“惇妃，汪氏。尝笞宫婢死，上命降为嫔。未几，复封”，可见其责罚不过是做做样子罢了。

倒是与此案有关的首领太监郭进忠、刘良等人倒了霉，分别受到革去顶戴并罚钱粮二年的处分；总管太监王忠、王成、王承义、郑玉柱、赵得胜等五人因“未能预为劝阻”也被各罚钱粮一年。只是，他们是被惇妃所累，其应罚钱粮由汪氏代缴一半。至于被殴毙的宫女，只罚惇妃出银一百两交宫女父母殓埋。这事就这么轻轻了结了。

宫女被殴毙之年，和孝公主未满四岁。其实所有人都看得出来，惇妃被从轻发落与女儿的受宠有着直接的关系。至于乾隆对自己婉转曲法的解释，更像是“此地无银三百两”，什么“念其曾育公主”，什么“量从未减”，说白了就是考虑到和孝公主的感受：这万一把惇妃废去名位、打入冷宫，小公主失去亲生母亲，势必深深伤害自己视若掌上明珠的宝贝女儿；若真要这样做，老皇帝又于心何忍？算了，爱屋及乌，把惇妃降为惇嫔，就这样吧！

和孝公主也确实不负乾隆的期望。据《啸亭杂录》中的记载，和孝公主长大后，“性刚毅，能弯十力弓。少尝男装随上较猎，射鹿丽龟，上大喜，赏赐优渥”。每年夏秋之际，乾隆去避暑山庄并木兰行围时，总不忘带上和孝公主，而后者的表现也让乾隆感到十分惊喜。

据说初次行围，年未满十岁的和孝公主竟然自己用弓箭射死了野兔和小鹿。由此，也有人说，此前所谓“容妃戎装像”，原型其实就是和孝公主。此外，《啸亭杂录》中更有一种说法：“和孝公主，惇妃所生，为纯皇帝最幼女。上甚钟爱，以其貌类己，尝曰：‘汝若为皇子，朕必立汝储也！’”①

①昭梿:《啸亭杂录》,第 515 页。

尽管乾隆对和孝公主溺爱非常，但小公主本人却是聪明伶俐，善解人意，待人接物也谦恭有礼。随着其一天天地长大，乾隆是既高兴又犯愁：女儿再好，也不能留在自己身边一辈子，迟迟早早，她都得嫁出去。因此，为其挑选一个如意郎君便成为乾隆的头等大事。

俗话说得好，皇帝的女儿不愁嫁，不过乾隆把身边的亲贵子弟认真梳理了一遍后，却没有发现中意的佳婿。按惯例，清皇族一向实行满蒙联姻，但乾隆绝不希望和孝公主远嫁外蒙，即使可以与和敬公主一样留居京城，也没有合适的对象。至于满洲亲贵，各大臣都已年高，其子女也早已婚娶，孩子都与和孝公主差不多大了。

想来想去，乾隆把目光投到当时的政坛新星和珅身上。和珅当时有一子，年龄只比和孝公主小半个月，长得模样俊俏，讨人喜欢。至于其家世，和珅发达之前，虽说家道中落，但其远祖也是当年开国的有功之臣，姑且算是名门之后。更重要的是，和珅当时年富力强，且身兼户部尚书、军机大臣、领侍卫内大臣、九门提督等要职，俨然是政坛上一颗冉冉上升的新星。再说了，乾隆也发自内心地喜欢和珅，君臣联姻，结为百年秦晋之好，岂不为自己的执政史再添一佳话？

自己儿子能被乾隆看中并招为乘龙快婿，这对和珅来说当然是求之不得。所谓“近水楼台先得月”，无疑是圣眷正浓的体现啊！这还有什么话说？乾隆四十五年（1780 年），在将两个孩子的八字看过后，乾隆十分满意，随后便把未满六岁的和孝公主指婚给和珅的儿子。为此，乾隆还特意给这位未来的佳婿赐名“丰绅殷德”。

“丰绅殷德”什么意思呢？所谓“丰绅”，满语里有“福禄”、“福泽”、“福祉”的意思，大意是夫婿将来寿山福海，公主嫁过去后当然是前途无忧。①另据美国清史学家欧立德在《乾隆帝》一书中的解释，“丰绅殷德”也有“祝你好运”的意思。②不管“丰绅殷德”

①郭成康：《乾隆正传》，第 561 页。

②欧立德：《乾隆帝》，第 67 页。

究竟什么意思，总而言之，在乾隆看来，和珅有自己的提携，公主下嫁其子是最合适的安排，即使自己百年之后，宝贝女儿的前途也是最有保障的。

和孝公主被指婚后，因年龄太小而仍在乾隆身边承欢侍养。据清人姚元之《竹叶亭杂记》中记载：和孝公主未嫁时，直呼和珅为“丈人”，“一日高宗携主游同乐园之买卖街，和时入直在焉。高宗见售估衣者有大红夹衣一领，因谓主曰：‘可向汝丈人索之。’和因以二十八金买而进之。主呼和为‘丈人’，不知其故。闻主少时衣冠作男子状，或因戏为此称耶”。

按说，和孝公主应该尊称和珅为“公公”，但这则记载却说其直呼和珅为“丈人”，确实有些怪异。对此，嘉庆年后曾任内阁学士的姚元之解释说，这是因为公主少时喜欢打扮成男孩子，因此行为不羁，有此戏称。当然，也不排除旗人女子地位较高，和孝公主自命“龙女”，其所谓嫁丰绅殷德，倒不如说是娶丰绅殷德，如此才会戏称和珅为“丈人”吧？

随着时间的推移，和孝公主转眼间便长到十四岁，到了婚嫁的年龄了。眼看宝贝女儿就要出阁了，乾隆决定再度破例，封和孝公主为“固伦和孝公主”。

清朝公主按满洲习俗称“格格”，其中又别有规定：凡中宫皇后所出，封“固伦公主”，品级相当于亲王；其他妃嫔所出，封“和硕公主”，品级相当于郡王。由此，公主夫婿也有“固伦额驸”、“和硕额驸”之别。①

当然，也不是没有特例。如康熙五十六岁身患重病时，荣妃马佳氏所出的皇三女、和硕荣宪公主晨昏视膳问安，期间不辍四十余辰，老爷子被女儿的纯孝深深感动，病愈后特旨进封其为“固伦荣宪公主”。再有康熙之皇十女即和硕纯悫公主，其生母为通嫔纳喇氏，公主后下嫁喀尔喀蒙古赛音诺颜部策棱。雍正朝时，策棱在边

①“固伦”在满语里意为国家。

疆屡立奇功，后于雍正十年（1732 年）被特封为“固伦额驸”。其时，和硕纯悫公主已去世，因夫婿的缘故而特旨追赠“固伦纯悫公主”。

和孝公主的母亲惇妃只是一般嫔妃，按清宫制度，其女只能封为“和硕和孝公主”。但是，为给女儿大婚添光加彩，乾隆决定破例将其封为“固伦和孝公主”。与康熙、雍正两朝的“纯孝”与“奇功”所不同的是，乾隆这次的破例纯粹是发自私心，这与清朝册封公主的定制不尽符合。不过，乾隆才不管那么多呢。

乾隆五十四年（1789 年），在乾隆八旬万寿大庆的前一年，和孝公主和丰绅殷德奉旨完婚。用现在的话来说，这场婚礼完全称得上是“世纪婚礼”。按照钦天监择定的吉日，乾隆于当年十一月二十七日在保和殿大宴固伦额驸和王公大臣们。等吉时一到，身穿金色绣龙朝褂、头戴十粒大东珠的貂皮朝冠的和孝公主来到父皇面前行礼拜别。这时，老皇帝虽然面露微笑，并嘱咐女儿到夫家后不得恃尊示贵，而应孝顺姑嫜，但其心里却是百感交集，很不是滋味。

养来养去，女儿终究是外家人。对此，即使贵为皇帝的乾隆也无可奈何。之后，在内务府总管诸大臣、福晋夫人、随从命妇及众护军的护送下，和孝公主登上銮仪卫早已准备的彩舆，前往夫家和珅府。一路上，观者如云，沿途似堵，老百姓都赶来看这场盛大的皇家婚礼。等到和珅府后，只见和府上下装饰一新，到处张灯结彩。鞭炮齐鸣声中，公主降舆升堂，和珅夫妇屈膝跪安，将公主迎入内室。

和孝公主下嫁是乾隆朝晚期最为人津津乐道的一大盛事，乾隆陪送给女儿的嫁妆更是给人们留下了深刻的印象。据记载，自成婚之日起，公主妆奁以及皇帝赏赐固伦额驸的金银珠宝、皮货绸缎、家具摆设，以至茶壶痰盂、木梳笤帚，等等，车载、马驮、人抬，源源不断地从宫中运出，有条不紊地随着送亲队伍徐徐进发，把街道两旁聚观的百姓看得是目瞪口呆。

除陪送金银财宝、日用生活品之外，皇帝还赏给公主男女各十二人，户口管领二人。此外，又赏赐丰绅殷德头等女子、二等女子、三等女子各四名。公主偕额驸回门那天，乾隆又赏给他们白银三十万两。[①] 如此超多的嫁妆，以致一个见过此前公主出嫁的朝鲜使者也记载说，和孝公主的嫁妆是其他公主的十倍之多。[②]

不幸的是，乾隆的如意算盘打错了。嘉庆四年（1799 年）正月，乾隆驾崩还不到半个月，嘉庆即以迅雷不及掩耳之势拿下和珅，昔日煊赫一时的和府也就“忽喇喇似大厦倾”，几尽灭顶之灾。据说，若不是和孝公主涕泣求情，和珅弄不好就要被处以极刑，死无全尸。

对此结局，和孝公主似乎早有预知。据《啸亭杂录》载：和珅权大位重之时，额驸丰绅殷德也仗着自己父亲的权势而颇为骄纵。和孝公主见后，即严词责备说：“汝翁受皇父厚德，毫无报称，惟贿日彰，吾代为汝忧。他日恐身家不保，吾必遭汝累矣！”一日积雪，丰绅殷德偶弄畚锸作拨雪戏，公主立责之，曰：“汝年已逾冠，尚作痴童戏耶?”丰绅殷德长跽请罢乃已。[③]

在人生被彻底逆转后，丰绅殷德也陷入了颓唐之中。《啸亭杂录》中又记载说：和珅死后，和府门楣衰替，“其子丰绅殷德，善小诗，俊逸可喜。尚和孝公主，初赐贝子品级，因父获罪，降散秩大臣。中年慕道，与方士辈讲养生术。……卒以是致喘疾，号数旬死，年未交不惑也。”《啸亭杂录》的作者昭梿与丰绅殷德是同时代人，因为讲道的缘故，昭梿等人还没少侮弄他。[④]

人倒霉的时候，“丰绅殷德”这个赐名也成了笑话与反讽。嘉庆十五年（1810 年）五月，丰绅殷德在绝望无味中病故，年仅三十六岁。又十三年后，和孝公主亦于道光三年（1823 年）九月去世。人生如梦，梦如人生，倘若乾隆皇帝地下有知，会不会对自己的安排失算以致爱女痛苦半生而后悔不已呢?

---

①郭成康:《乾隆正传》,第 562 页。

②欧立德:《乾隆帝》,第 68 页。

③昭梿:《啸亭杂录》,第 515 页。

④昭梿:《啸亭杂录》,第 471 页。

前缘：和珅有才情商高，乾隆不爱都不行

作为乾隆朝的第一贪官奸臣，和珅骄横贪腐，可谓天下皆知。后人也许会奇怪，以乾隆之精明老练，如何会被一个比自己小几十岁的臣属愚弄而不觉其奸，这让人实在有些想不通。

那么，此前默默无闻、毫无资历的和珅，他在乾隆朝中后期又是如何骤升高位的呢？

据《郎潜纪闻初笔》中说：和珅最开始在宫中任侍卫，某次出宫，乾隆在御轿中读各地奏报，其中有一折报告说要犯脱逃。乾隆微怒之下，随后轻吟一句："虎兕出于柙！"①扈从的众侍卫相互询问，不解其意。这时，和珅接了一句："典守者不得辞其责。"

乾隆听后，探头看了看和珅，问："你也读《论语》吗？"和珅答："是。"乾隆听说侍卫里居然还有人读《论语》，于是很感兴趣地问了和珅的家世、年岁。和珅都一一作答，回答很是得体。由此，和珅开始为乾隆所注意，并有意加以提拔。和珅本就是聪明人，当然不会放过这个宝贵的机会，是以恩礼日隆，飞黄腾达。

不过，《清代外史》上却记了这样一个更为离奇的故事：雍正时期，宫中有个宫女，长得美丽娇艳，青春动人，尚是阿哥的乾隆和她颇为相熟。当时，乾隆正值弱冠年华，有一次有事进宫，路过时正好看见那可爱的宫女在对镜梳妆。我见犹怜之下，情窦初开的

①此句出自《论语》，意思是典守者要对此负责。

少年乾隆心一痒痒，便悄悄走上去，从背后偷偷捂住那美女的眼睛，其中既有玩笑之意，亦存轻薄之心。

宫女被这么一吓，又不知后面是谁，惊慌中便顺手拿把梳子往后一砸，结果正好砸在乾隆的额头上，把皮也弄破了，还出了点血。被这么一砸，小色鬼乾隆慌忙放手跑掉了。

第二天，乾隆去见母妃钮祜禄氏。后者眼尖，一下就发现了乾隆额头上的小伤疤，便问这是怎么回事。乾隆害怕怪罪，支支吾吾不肯说。钮祜禄氏更加怀疑，便加以厉声斥责，乾隆这才老实交代了昨天发生的事情。钮祜禄氏听后勃然大怒，认定是该宫女心怀叵测，有意勾引皇子，随后便下令将那宫女赐死。

这时，乾隆被吓得半死，他想要为那宫女辩解，但又没这个胆量。等回到书斋后，他想了半天，也没有办法。后来，乾隆用手指蘸了朱砂，又跑回宫女所在之处，结果发现那心仪的宫女已经被吊死。乾隆十分后悔，他乘无人注意，便在那宫女的脖子上用力按了一下，说："这次是我害了你！如果上天有灵，等二十年后，你我再相聚吧。"

转眼到了乾隆朝中叶。有一次乾隆外出，随从在仓促间寻黄盖而不得。乾隆质问："这是谁负责的？"负责皇帝出行仪仗的和珅站了出来，说："臣不敢推卸责任。"乾隆乍一听，觉得这人声音好像有点熟悉，再一看这人，好像也在哪里见过，但就是一下想不起来。

回宫后，乾隆想起早上的那个人，突然一回想——这不就是二十年前那个被无辜害死的宫女吗？于是，乾隆便密令和珅进来并跪近御座，细看他的脖子，指痕处果然有一颗明显的朱砂痣！

回想往事，乾隆以为是上天注定，二十年后那宫女化作臣子再来相聚。由此，他对和珅是倍加怜惜，万般宠爱，不知道的人还以为他们在搞同性恋呢。有了乾隆的宠信，和珅不数年间便由一个仪仗总管被提升到相位，实属罕见。

和珅并不知道这段故事，他有了乾隆的宠信，此后是气焰嚣张，令同僚侧目。乾隆也不怪他，只是在归政前对他说："我和你有前世的宿缘，所以待你如此。怕就怕，后面的人容不得你啊！”和珅当时不能理解，后来果然被嘉庆掰倒。①

此段野史故事，可谓绘声绘色。不过，和珅能够位极人臣，当然不可能靠什么前世因缘。事实上，历史上真实的和珅相当有才，其精明强干，办事能力尤其在体会领导意图方面相当不弱，其善于察言观色的本事，用现在的话来说，简直就是“情商极高”。那么，和珅究竟是个什么来头呢？

和珅，原名善保，字致斋，钮祜禄氏，满洲正红旗人，其高祖尼雅哈纳是满洲开国功臣，其父为福建副都统常保。和珅生于乾隆十五年（1750 年），比乾隆小三十九岁，早年流年不利，母亲在生其弟和琳时难产而死，父常保也在和珅九岁时因病去世。此后，和珅家道中落，史称其“少贫无藉，为文生员”。

既为“文生员”，说明和珅还是受过良好教育的。早年，和珅就读于咸安宫官学，后者的招生对象主要是八旗官员子弟。在校期间，和珅颇受老师吴省钦、吴省兰喜爱，其不仅通晓四书五经，而且还精通满、汉、蒙、藏四种语言，算是个难得的语言人才。乾隆三十四年（1769 年），和珅曾参加科考，可惜是名落孙山。也就在这年，和珅承袭了祖辈遗留下来的三等轻车都尉。更为重要的是，在此期间，和珅娶了直隶总督英廉的孙女为妻，这为他之后的仕途打开了通衢之道。

也许有人会问，就和珅这种没落官宦子弟，又没有像样的功名，他如何能攀上直隶总督这样的高官家庭呢？认真说，这固然是运气好，但也非纯粹偶然。首先，从流传下来的画像可知，和珅是个美男子，其面容姣好，风姿绰约（难怪野史会说他是前世宫女），绝非著名演员王刚塑造的“和大人”形象。其次，和珅在学校的成绩优秀，在旗人子弟中名声很好，英廉由此看上他并认为其有前途，也

①上述故事亦见小横香室主人：《清朝野史大观》，第 40、577 页；许指严：《南巡秘记》，第 214 页。

未为可知。其三，和珅为人风趣，善于做人，社会交往中如鱼得水，有贵人相助也不是没有可能。

不管怎么说，落第而婚后的和珅在乾隆三十七年（1772 年）开始从皇宫中步入仕途，其时二十二岁。不久，和珅被授为三等侍卫，旋补黏杆处侍卫。次年，和珅成为皇帝仪仗队的侍从。乾隆三十八年（1773 年），和珅就任管库大臣，因善于理财而获得乾隆的赏识。

两年后，和珅被擢为乾清门御前侍卫兼正蓝旗满洲副都统。乾隆四十一年（1776 年），这一年是和珅最为关键的一年。就在这年正月，和珅升为户部侍郎；三月又被任命为军机大臣；四月被任命为总管内务府大臣。其升迁之快，可谓火箭速度矣。

《归云室见闻杂记》卷中有一则和前文类似的记载，其中称：乾隆四十年临幸山东时，“上喜御小辇，辇驾骡，行十里一更换，其快如飞。一日，和珅侍辇旁行，上顾问是何出身，对曰生员。问汝下场乎？对曰庚寅（乾隆三十五年）曾赴举。问何题？对孟公绰一节。上曰：能背汝文乎？随行随背，矫捷异常。上曰：汝文亦可中得也。其知遇实由于此。比驾旋时，迁其官，未几躐居卿贰，派以军机，凡朝廷大政俱得与闻，朝夕论思，悉当上意”。[①]

此则记载在时间地点上或许有误，不过从侧面反映了和珅的应对能力确实超常，而且其记性之好，远胜常人。乾隆四十三年，和珅又兼步军统领并监督崇文门税务，这两个职务，一为要职，一为肥缺，乾隆对其之重视，可见一斑。乾隆四十五年，和珅奉命赴云南查办总督李侍尧贪污案；乾隆四十六年，和珅再度受命前往甘肃查办冒赈捐监案。[②]由于事情办得漂亮，回京后和珅晋户部尚书兼议政大臣，又兼御前大臣，补镶蓝旗满洲都统，授正白旗领侍卫内大臣，充四库馆正总裁，兼办理藩院尚书等事务。诚可谓一肩多任，春风得意。

---

①陈焯之：《归云室见闻杂记》，转引自周远廉：《乾隆皇帝》，第 621 页。

②两案详见郭成康：《乾隆正传》，第 398、428 页；陈捷先：《乾隆写真》，第 125、137、359 页。

值得一提的是，乾隆四十五年（1780年）五月二十日，乾隆将最喜爱的十公主指配给和珅之子丰绅殷德，这无疑为其仕途加了一道双保险。之后，和珅一再加官晋爵，并先后担任吏部尚书、协办大学士。乾隆五十一年，和珅晋文华殿大学士，仍兼吏部、户部事。乾隆五十三年，以承书谕旨有助于平台湾林爽文起义，和珅受封三等忠襄伯。嘉庆三年（1798年），以“襄赞机宜”有助于平白莲教之乱而晋为一等忠襄公。①

和珅一生中，共得到五十多次的加官晋爵，其升迁之速、知遇之厚乃至权力之大，可谓是“一人之下，万人之上”，俨然是朝中的“二皇帝”。不过，和珅能得到乾隆如此深宠，想必也确有本事。据说，和珅的一大特长就是特别能照顾人，尤其是为皇上服务。虽然他贵为大学士、军机大臣，但只要乾隆一咳嗽，第一个拿痰盂去接的一定是和珅。

更有甚者，为了投乾隆所好，和珅还有意模仿乾隆作诗、书法，极尽阿谀奉承之所能。所谓“投之以桃，报之以李”，和珅这么做也不是没有回报，乾隆对其宠幸之深，就连马嘎尔尼使团某成员也看出来了，其表示：“乾隆皇帝对自己儿子的爱护，远不如对和珅的宠幸。”

另有一点，和珅虽然位极人臣，但他平时为人风趣，好说笑话，善于逗人开心。据《啸亭杂录》中载：某次乾清宫演礼，诸王大臣多有俊雅者，和珅见而笑道：“今日如孙武子教演女儿兵矣。”又有一次，安南贡金座狮象，空其底，和珅故作诧异：“惜其中空虚，不然可多得黄金无算也！”②从这一方面说，他善于在官场上挑动气氛，尤其是逗皇帝开心，那没有一定的本事是做不到的。

从上则记载也可看出，和珅为人贪婪，其贪腐之例更是举不胜举。《啸亭杂录》中即说：“和相权盛，凡入都谒选，争以谒见为荣。有山东历城令某入都，求见和一面，以夸耀于同寅。以二千金

①周远廉：《乾隆皇帝》，第622页。

②昭梿：《啸亭杂录》，第268页；小横香室主人：《清朝野史大观》，第578页。

贿其阍者，于和相归邸时，长跽门前，自呈手版。和相于舆中呵曰：‘县令是何虫豸，亦来叩见耶！’时传为笑柄。”[①]

区区一个县令，和珅当然不放在眼里。不过，就算是总督、巡抚，和珅也同样玩弄于股掌。《春冰室野乘》里记了这样一则奇闻：广西巡抚孙士毅从越南回来，在宫外等待乾隆接见时，正好碰到和珅在值班。和珅见后便乐呵呵地问他：“大人手上捧的什么宝贝啊？”孙士毅说：“就一鼻烟壶。”和珅便问他拿过来看，见这鼻烟壶和雀卵一般大小，做工精美，细看乃是一颗明珠雕成。

和珅看了爱不释手，便说：“这东西真不错，大人送给我怎么样？”孙士毅大窘，说：“昨天我已经上奏了，过会就要呈现给皇上，这可怎么办？”和珅见他受窘，便拍拍孙的肩膀说：“跟你开个玩笑了，那么紧张干吗？”

过了几天，孙士毅又在值庐与和珅碰见了，和珅招手把孙士毅叫过去，说他昨天也得了个鼻烟壶，不知道和前几天送给皇上的相比如何？说完，和珅便从自己袖里拿出一个鼻烟壶给孙士毅看。孙士毅看后大吃一惊，和珅拿的这个，竟与自己送给皇上的几乎没有两样！孙士毅心想，这大概是皇上赏赐给和珅的罢，但他查过皇上的赏赐纪录，并无这事。后来，孙士毅才知道，和珅出入宫廷，见到自己喜欢的东西，往往是直接拿了就走，从不奏明，足见其权势之恣横。

事实上，就算是阿哥，和珅也照样不放在眼里。某次，七阿哥和弟弟成亲王在宫中玩耍，不小心把一个碧玉盘打碎。这个碧玉盘有一尺见长，是乾隆最喜欢的摆设之一。七阿哥闯下大祸，吓得直哭，弟弟成亲王还算镇定，说：“不如我们去问问和大人吧，也许他有办法。”

于是两人便走去求和珅。和珅开始故意做出为难的样子，说：“此物岂是人间常有？我有什么办法呢？”七阿哥更加害怕，吓得失

①昭梿：《啸亭杂录》，第 438 页。

声痛哭。成亲王比较聪明，他见和珅在旁边乐，知道他有办法，便把和珅叫到旁边僻静处说了老半天，和珅才答应帮忙，其回身跟七阿哥说："你先回去，我回头想想办法。成与不成，我还不知道。不如我们明天在原来放盘的地方见后再说吧。"

第二天，两兄弟赶到那里，见和珅已经在那里等了，见两人来后便拿出另一玉盘，比原来那个色泽还要好，而且尺寸要大一点。感谢和珅之余，两兄弟心中却想：和珅这老小子，原来四方进贡之物，上等品都让你拿自己家里去了，稍差的才送进宫！①

当然，和珅也有碰壁的时候。《啸亭杂录》有这样一则记载：大学士王杰入军机时，"和相势方薰赫，梁文定公国治为其揶揄若童稚。公绝不与之交，除议政外，默然独坐，距和相位甚远。和相就与之言，亦漫应之。一日，和相执公手笑曰：'何其柔荑若尔？'公正色曰：'王杰手虽好，但不会要钱耳！'和赧然退。然纯皇帝深倚任之，和亦不能夺其位。"②

和珅贪婪，自然奢侈。《焦里堂忆书》里说，吴县有个叫石远梅的人，世代以贩卖珍珠为业，他卖的珍珠都用一个精美的小匣子装着，里面铺有锦囊蕴裹，珍珠外包有赤金箔，最上等的珍珠往往要卖两万两银子，次等的卖一万两，最差的也要八千两银子。尽管价格奇高，但买的人仍旧络绎不绝，就怕买不到。

有人问这些人买去干什么，都说买去献给和中堂。原来，和珅每天早上起来，都要服用一颗珍珠，服后便觉得心窍通明，一日之内的事务，都了然于胸，不会忘记。如果珍珠陈旧或者已经穿孔，就失去了效果。正因为珍珠的价格高昂，所以海上采珠之人，冒着生命风险在惊涛骇浪中去采攫此物。③

---

①小横香室主人:《清朝野史大观》,第 578 页。此则故事之人物却有些疑问,文中七阿哥或为八阿哥。

②昭梿:《啸亭杂录》,第 102 页。《清代之竹头木屑》又作:"此手但会做状元宰相,不会要钱,有甚好处!"见孟森等著:《清代野史:一个王朝模糊的背影》,第 633 页。

③小横香室主人:《清朝野史大观》,第 579 页。

和珅权势熏天，主要在善于揣测乾隆的心意，那功夫是相当了得。《清朝野史大观》中说，乾隆乙酉年顺天府乡试，乾隆一时兴起，说要亲自出题，随后便让人先呈进四书一部，命题后把试卷封好下发。和珅听说后，便问太监当时乾隆出题是怎么个情状。太监说："皇上拿着《论语》第一本，快要看完了，便欣然微笑提笔直书。"和珅回去想了半天，便猜到是《乞醯》一章，大概"乞醯"二字中嵌有"乙酉"字在内。于是和珅便偷偷地把这事告诉他的门生故旧，结果题目出来，果然猜对，一时受益者颇众。①

不过，和珅这本事弄过头了也会惹祸。《清朝外史》上即说：乾隆六十年，太上皇乾隆早朝结束后，让和珅进见。和珅进去后，见乾隆南面坐，而嘉庆则西向坐一小机。乾隆眼睛闭着仿佛睡着的样子，但口中又喃喃自语，嘉庆虽然极力倾听，但一个字也听不明白。过了好大一会，乾隆突然睁开眼说："其人何姓名?"和珅应声答道："高天德、苟文明。"乾隆便再次闭眼而诵，过了一会便让和珅出去，没有问其他问题。

嘉庆大为惊骇。过了几天，他偷偷问和珅："你那天听太上皇说的什么啊？我怎么一点也没听明白？你所对的六字，又是什么意思呢?"和珅说："上皇所诵的是西域秘咒，诵此咒想让他死的，必定为白莲教的首领，所以那天我就以此二人名回答。"由此，嘉庆得知和珅也会此秘咒之术，对之更为的厌恶和提防。②

乾隆禅位时，和珅提前把玉如意交给嘉庆，泄露了天机，而和珅还以为自己拥戴有功。殊不知，这次马屁拍到马脚上了，弄得后来嘉庆最讨厌玉如意了。嘉庆在做见习皇帝时，和珅和其他大臣说话，言必称太上皇。嘉庆得知后，大恨道："和珅这狗奴才，着实可恨，胆敢如此蔑视朕躬，不给他一点厉害看看，他还做梦哩。"

---

①《论语》原文为：子曰："孰谓微生高直?或乞醯焉，乞诸邻而与之。"醯，醋也，本句意思是孔子批评微生不诚实，别人问他借醋，他自己家没有，却非要到邻居家借了后再给人家。见小横香室主人：《清朝野史大观》，第578页。

②天嘏：《清代外史》。见孟森等著：《清代野史：一个王朝模糊的背影》，第121页。

第二天，嘉庆便在便殿召见和珅，低声跟他说："太上皇待你好么?"和珅顿首答道："太上皇恩典天高地厚。奴才虽死不忘。"嘉庆又问："那么朕待你如何?"和珅又顿首答道："陛下待奴才恩典虽异于太上皇，奴才誓以死报。"嘉庆冷笑一声，说："好个誓以死报。"便又问："太上皇与朕谁更好?"和珅这才悟出点味道，慌忙顿首道："奴才不敢说。"嘉庆不许，非要他说，和珅才道："太上皇有知人之明，陛下有容人之量。"嘉庆哈哈一笑，道："好个容人之量，你候着罢。"和珅这才明白大事不妙，出去后两腿战栗，汗流浃背，棉衣都湿了。

《南亭笔记》里即接着记了这么一段，说乾隆驾崩时，嘉庆假造了一份遗诏，随后把和珅召进宫，带到乾隆的寝宫前。和珅见乾隆崩逝，大哭不已。嘉庆陪着掉了会泪，便问和珅："皇考待你如何?"和珅呜咽着说："先帝恩典天高地厚，奴才没齿不忘。"嘉庆道："皇考归天时，遗诏说让你殉葬，你前面说誓以死报朕躬，还记得吧?皇考待你不薄，死以身殉，义不容辞。你今日之死，不过小小的报答。苟得其所，死可无憾。"

嘉庆随后便把那份假遗诏给和珅看，和珅大为惊骇，顿时泪如雨下，上前抱着嘉庆的腿哭嚎道："皇上，我家有老母，奴才死了，母无生理。奴才死不足惜，我那老母可怎么办啊?"嘉庆冷笑道曰："言犹在耳，忠岂忘心，你今天所说的，未免让太上皇失望了。"说完，便让和珅出去了。和珅被这么一吓，遂成心疾。

所谓"一朝天子一朝臣"，和珅是能人不假，但嘉庆也不是个好惹的主。这不，乾隆一死，嘉庆刚亲政六天，便以迅雷不及掩耳之势对和珅下手，并定下二十二条罪状，其中包括：

一、乾隆六十年九月初三日册立皇太子之前一天，和珅"先递如意，泄漏（露）机密，居然以拥戴为功"；二、见帝时，骑马直进圆明园左门，过正大光明殿，至寿山口，"无父无君，莫此为甚"；三、借称腿疾，乘坐椅轿抬入大内，肩舆出入神武门；四、娶出宫女子为次妻；五、延搁军报，有心欺蔽，致征剿白莲教之军务日久未竣；六、乾隆帝病重时，其“谈笑如常，丧心病狂”；七、帝带病批谕字画，间有未真之处，其竟胆敢口称不如撕去，另行拟旨；八、将户部事务一人把持，变更成例，不许部臣参议一字；九、隐匿不办抢夺达赖之商人的“番人”；十、不许蒙古王公来京祭悼皇父；十一、大学士苏凌阿老迈难堪，因系其姻亲，竟隐匿不奏，侍郎吴省兰、李潢，太仆寺卿李光云皆曾在其家教读，“并保列卿阶，兼任学政”；十二、军机处记名人员，其竟任意撤去，“种种专擅，不可枚举”；十三、其家所盖楠木房屋，“僭侈逾制，其多宝阁及隔段式样，皆仿照宁寿宫制度。其园寓点缀，竟与圆明园、蓬岛、瑶台无异”；十四、其蓟州坟茔，竟设立享殿，开置隧道，“附近居民有和陵之称”；十五、家内所藏珍宝甚多，其中珍珠手串竟有二百余串，较大内多数倍，大珠较御用冠顶为大；十六、其本不应戴宝石顶，却藏有真宝石顶数十个，整块宝石不计其数，且有内府所无者；十七，家内银两及衣服，数逾千万；十八、夹墙藏金二万六千余两，私库藏金六千余两，地窖内埋银百余万两；十九、以首辅大臣与小民争利，附近通州、蓟州地方均有当铺钱店；二十、其家人刘全家产多达二十余万，且有大珠及珍珠手串，“若非（和珅）纵令需索，何得如此丰饶”；二十一、和珅私藏皇上才能服用的正珠朝珠一挂，“往往于灯下无人时私自悬挂，临镜徘徊，对影谈笑”；二十二、京师步军统领衙门及巡捕五营所管步甲兵丁，“在和珅宅内供私役者，竟有千余名之多”。①

二十二条，条条都是死罪。随后，满朝文武大员都奏请将和珅凌迟处死。嘉庆说，和珅是罪有应得，但考虑到朝廷的面子、太上皇的恩典，决定仿造康熙诛鳌拜、雍正诛年羹尧为例，赐和珅自尽。

据说，和珅临死前曾吟诗道：“对景伤前事，怀才误此生。”又说，“百年原是梦，卅载枉劳神”。②是啊，三十年辛苦敛财，最后

①周远廉：《乾隆皇帝》，第629页。
②陈捷先：《乾隆写真》，第349页。

全部充官，白费功夫。和珅一倒，嘉庆立刻命对其抄家。不抄不知道，一抄吓一跳，乖乖，和大人真是富甲天下呢！据载，其被抄财产清单如下：

房屋三千间，田地八千顷，银铺四十二处，当铺七十五处；赤金六万两；大金元宝一百个，每个重一千两（共十万两）；小银元宝五万六千六百个，每个重一百两（共五百六十六万两）；银锭九百万个，洋钱五万八千元，制钱一百五十万文；吉林人参六百余斤；玉如意一千两百余柄；珍珠手串二百三十串，桂圆大珍珠十粒，大红宝石十块，蓝宝石四十块，银碗四十桌，珊瑚树十一支，均高三尺有余，绸缎纱罗共一万四千三百匹，毛呢哔叽两万板，狐皮五百五十张，貂皮八百五十张，又各种粗细皮五万六千张，铜锡器三十六万一千件，名贵瓷器十万万件，镂金八宝炕床二十四座，西洋钟四百六十座，四季好衣服七千件，等等。

和珅家产的总价值，有人估计在八亿两白银左右，这相当于当时清廷一二十年的财政收入。真所谓："和珅敛财三十载，一朝全部入宫中"；又所谓："和珅跌倒，嘉庆吃饱"！

据说，和珅家有一玉马，长三尺，高两尺，洁白温润，本是平定新疆时从和田获得。后来，此玉马送到宫中，不料和珅将之盗出，经常和爱妾洗澡时坐在上面，以此淫乐。该玉马被抄出来后，后来放在圆明园，慈禧太后在园中沐浴时，也曾坐过。只可惜，后来英法联军攻进北京并洗劫了圆明园，这玉马被英国人掳去，现存于英国博物馆。世事难料，也许这玉马本就是妖物。①

对于和珅的评价，史学界包括影视界都是一边倒的口诛笔伐。不过也有学者认为，各人有各人的观察角度，如乾隆看来，和珅有

①天嘏：《清代外史》。见孟森等著：《清代野史：一个王朝模糊的背影》，第122页；小横香室主人：《清朝野史大观》，第274页，第580页。按：和珅财产究竟多少，实则正史蒙混不清，如所说"八亿两"则未免匪夷所思，不可信。民初笔记小说家任意造史，而部分严肃史学著作亦随意引用，则未免失之于慎。据云，"八亿两"说法始于梁启超之口。见陈捷先：《乾隆写真》，第349页。

活力、有才华，善解人意；同僚眼中，和珅则是个贪婪的政治暴发户、善于阿谀奉承的小人；来华的朝鲜使臣说和珅“为人狡黠，善于逢迎”；马嘎尔尼使团却将其描绘成“有礼貌、有教养”。再以经济头脑而言，有人认为其唯利是图，乾隆却认为他善于经营。[1]

总而言之，历史人物的评价一向是见仁见智，和珅的成败荣衰，虽说只是茶余饭后的闲杂故事，但于后世亦有相当的借鉴意义。

①李景屏:《乾隆六十年:1795 年》,第 162 页。

超恩：皇帝情缘，福康安岂一“私生”了得

乾隆晚年，和珅权势煊赫，这一点就连朝鲜使臣也看了出来，其在回国后的报告中指出：“兵部尚书福隆安、户部尚书和珅贵幸用，阁老阿桂之属，充数而已。”①

朝鲜使臣说的福隆安，系前大学士傅恒次子，也就是孝贤皇后的侄子，其兄弟四人（福灵安、福隆安、福康安、福长安）在乾隆朝都受重用，这在清代史上是不常见的。②

相比而言，和珅虽然幸运，但较之傅恒四子来说又不算什么，因为后者才是真正的皇亲国戚，最为乾隆所看重。在《清朝的皇帝》一书中，高阳提及和珅固宠的手段时，其中有这样一段话：

“和珅得以固宠的另一因素，即为厚结福康安弟兄，而尤在窥知高宗的隐衷，贵为天子，富有四海，国势极前朝未有之盛，但一母一子，都不得公然享受名分上的尊荣，晚年对福康安的舐犊之情，尤为强烈，一则由子及母，对傅恒夫人的一段情，只能在厚遇福康安以为寄托。……福康安在阿桂照应、海兰察效命之下，居然武功彪炳。在高宗心目中，原应是嗣位之子，格于名分，无可奈何，只

①郭成康:《乾隆正传》,第560页。

②傅恒长子福灵安去世较早,其为多罗额驸,乾隆三十二年(1767年)授正白旗满洲副都统,署云南永北镇总兵,但于当年六月卒于任所。次子福隆安同样为额驸(娶乾隆第四女和嘉公主),先后担任兵部尚书、军机大臣等要职。后卒于乾隆四十九年(1784年)。

好待以异数，借补遗憾。而福康安所被异数，其中不少为和珅暗中迎合，媚福康安即所以媚高宗；而福康安兄弟心感和珅，则以椒房贵戚，独对之时，只说和珅好话，宠益以固。后来福康安获罪，即由此故。”①

高阳这段话的信息量很大，但可以归结为两点：一是和珅借福康安弟兄邀宠，福康安兄弟亦借和珅固宠，两者相互利用；二是福康安之所以受到乾隆的非常厚遇，原因是前者乃后者之私生子。

邀宠固宠，自然是权臣权术，不过高阳先生说和珅与福康安相互勾结，这却有些偏离方向了。事实上，和珅勾结的并非福康安，而是其弟福长安。对此，乾隆五十九年（1794年）来华的朝鲜使臣也有另一段观察：“和珅、福长安之用事日甚，擅弄威福，大开赂门，豪奢富丽，拟于皇室，有口皆言，举世侧目。”②正因为与和珅结为一党，福长安在嘉庆亲政后不久也被夺爵抄家，境遇不比和珅好哪去。

至于福康安，其非但不与和珅勾结，反而是乾隆朝晚期相互争斗的死对头。如乾隆四十七年（1782年）时，湖北按察使李天培因私运木植被查，时任四川总督的福康安也因涉案被处以“革职留任”并罚总督养廉银三年。表面上看，此案是巡漕御史和琳秉公办事，但明眼人都知道，这是和琳之兄和珅在其背后捣鬼。再如福康安率军出征廓尔喀及镇压贵州农民起义时，和珅也是多方掣肘，甚至指使运粮布政使有意延误粮饷。无他，不欲福康安建功也。

和珅与福康安相互倾轧其实也不奇怪。在和珅看来，福康安既是椒房贵戚，又屡立战功，其性格也一向骄横独大，如不将其挤出中枢，则自己地位难保；而在福康安这边，其对乾隆深宠和珅自是大不满意，若要让他屈居和珅之下，又岂能心甘情愿？

对此，朝鲜使臣又有一段旁证：“阁老和珅，用事将二十年，

---

①转引自郭成康：《乾隆正传》，第585页。

②郭成康：《乾隆正传》，第586页。

威福由己，贪黩日甚，内而公卿，外而藩阃，皆出其门……福康安稍欲歧贰于坤，颇自矜持，收拾人望，而宠权相埒，势不两立。皇帝欲两解之，每出康安于外，讨平后藏，巡抚四川，上年八月始还京城，旋命巡抚两广。”①

正所谓，一山不容二虎，乾隆对此也是洞若观火，其采取的措施就是内用和珅、外用福康安，两人不能碰头，免得倾轧起来，自己也抹不下面子，难以收场。不管怎么说，和珅与福康安在乾隆晚期都是势均力敌的竞争对手，万难勾结。

至于高阳先生的另一个高论就更有意思了：历史上声名显赫的福康安竟然是乾隆的私生子！这一说法虽有些石破天惊，但考虑到高阳在前文已经说过，傅恒之宠主要是“红顶遮绿帽”，用以遮盖乾隆与其妻私通的丑事，所以此论也不算是特别的惊世骇俗。

在《乾隆韵事》中，高阳对此观点更有露骨地描绘。其小说快要收尾时，正好讲到乾隆十三年（1748年）冬傅恒受命出师征讨金川，姐夫乾隆为内弟举行了极为隆重的出征仪式。而这一切，只有傅恒的夫人最为清楚。接着，高阳以这样一段对话作为全书结尾：

“我对得起你们富察氏了吧？”“是的，皇上很够意思了。可惜——”“怎么？为什么不说下去？”“只有一个人对不起。”“谁？”“咱们的儿子。”乾隆低头不语，好半天才说：“福康安，在汉文中是再好不过的一个名字。你放心，我一定会让他名副其实！”②

如何“名副其实”呢？高阳先生大笔一扔，《乾隆韵事》到此戛然而止，给读者留下了无尽的想象空间。其处理不可不谓之高明也。

风流天子竟与自己皇后的弟媳私通，如此狗血的剧情当然吸引眼球。当然了，这种说法也非高阳首创，早在清末民初时即有一首广为流传的《清宫词》，其中曰：“家人燕见重椒房，龙种无端降下方。丹阐几曾封贝子，千秋疑案福文襄。”诗的下面，作者钱塘九钟

---

①郭成康:《乾隆正传》,第586页。

②高阳:《乾隆韵事》,第364页。

主人又作注云：“福康安，孝贤皇后之胞侄，傅恒之子也。以功封‘忠锐嘉勇贝子’，赠郡王衔。二百余年所仅见。满洲语谓后族为‘丹阐’。”①

“丹阐”者“后族”，“椒房”者“后妃”，“燕见”亦作“宴见”，至于“龙种”，那就不用再解释了。如此，这首诗的意思就很明白了：原来啊，趁着家人宫中见面的机会，乾隆竟与傅恒夫人私通而生下了福康安，后者才得以破例封“固山贝子”并追赠“多罗郡王”。不过，诗作者还算慎重，其将“福康安为乾隆私生子”的传闻归于千秋疑案，也算是没有说死。

接着，在1916年出版的《清史演义》中，历史小说家蔡东藩先生对此传闻做了创作型的扩充，其设定的时间地点是某次皇后千秋节，傅恒夫人入宫庆贺，待其酒醉被宫女扶至别宫暂寝后，乾隆也随即离席而去。之后的云云雨雨，蔡先生同样是隐而不露，适可而止。至于这两位是否生了福康安，蔡只说乾隆皇帝非常眷爱福康安，结论还得靠读者自行判断。

至于之后的各种野史小说，那就说得更为肆无忌惮了。以金庸先生的《书剑恩仇录》为例，其第二十回《忍见红颜堕火窟，空余碧血葬香魂》中即云：傅恒之妻十分美貌，进宫来向皇后请安之时，给乾隆见到了，就和她私通而生了福康安。傅恒共有四子，三个儿子都娶公主为妻。傅恒懵懵懂懂，数次请求让福康安也尚主而为额驸，乾隆只是微笑不许。他儿子很多，对这私生子偏生特别钟爱。福康安与陈家洛面貌相似，只因两人原是亲叔侄，血缘甚近……

有意思的是，在七八十年代后的相关影视剧中，福康安和陈家洛往往由同一人扮演，而香港知名演员郑少秋更曾同时演过乾隆、福康安与陈家洛三角色。也许导演认为这三人反正是父子、兄弟，为了节省成本而为之吧？

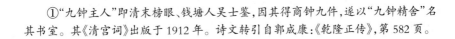

①“九钟主人”即清末榜眼、钱塘人吴士鉴，因其得商钟九件，遂以“九钟精舍”名其书室。其《清宫词》出版于1912年。诗文转引自郭成康：《乾隆正传》，第582页。

不过，既然《书剑恩仇录》中提到福康安兄弟皆为额驸而唯独福康安不是，这事倒要说道说道。认真说，福康安的大哥福灵安是多罗额驸不假，但并非乾隆女婿而是乾隆之弟、和亲王弘昼的女婿，充其量算乾隆的侄女婿。其二哥福隆安娶的是乾隆第四女、和硕和嘉公主，这个是正宗的乾隆女婿。至于其弟福长安，虽然乾隆也待他甚厚并让他做过户部尚书，却未当过驸马。

再者，乾隆长大成人的女儿就这么几个，福康安未娶公主其实也说明不了什么，更不能由此证明他就是龙种。据历史学者考证，福康安至少有一子二女与宗室婚配，且均为宗室主要支系。试想，如果福康安真是乾隆私生子，那乾隆如何会让福康安的子女跟自己的孙子、孙女辈结婚？同族婚嫁结姻，这在清代尤其皇族是绝对不可能容忍的，否则与禽兽何异？

福康安并非乾隆私生子，从乾隆对其生母，也就是传说中的“老情人”的态度即可得知。

按《清实录》中的记载，在乾隆五十七年（1792 年）时，福康安刚刚把廓尔喀事务办竣，乾隆本打算让他回京住上数月，以便看视其生病的七旬老母，但旋即安南又起风波，福康安“声威素重”，必须由其亲往广西，以资弹压。乾隆还特别强调说，福康安“受恩优渥”，当“以公事为重”。

乾隆五十八年四月，福康安之母在京病故。到了这份上，乾隆仍不许福康安回京奔丧，其在谕旨中说：“（福康安）三月十三日甫抵边坝，赶抵成都尚需五十日，计到京已在六月下旬。不特不能躬视含敛，且百日将满，已属无及。而福康安系国家出力之人，屡著劳绩。现因奉差在外，以致伊母大事，不获躬亲料理，为之恻然！福康安若到京，朕心转不忍与之相见。因思康熙、雍正年间，边疆事务紧要，督抚原有在任守制之例。现在广西边隘，关系甚重，而两广总督，一时亦难得其人。福康安应仿照旧例，在途次成服。办理广西事竣，即赴广东，在任守制。过一二年，朕酌量降旨，再行赴阙。”

此时的福康安也病在途中。其接旨后，用几近哀求的语气上奏："臣母抚臣成立，以仰邀恩佑。兹既不获侍汤药，亲身含殓，惟思于未卜墓穴之前，居庐数日，臣悲慕之心已伸，郁结之怀亦释，犬马之疾转得速痊。此臣迫切私情，不敢于圣主之前，稍有讳饰。"

直到这时，乾隆才算网开一面，允其回京哭祭。试想，若福康安之母真是乾隆的"老情人"，那在其重病不治之时，乾隆又如何忍心将亲生骨肉拒于千里之外而令其失去最后的见面机会，乃至于不许其奔丧？那也未免太过绝情了吧?!

福康安之母去世后，乾隆未尝多提及其母而是反复劝导福康安"当以公事为重"，"为国爱身，不可过于哀毁"。可见其关注点不在其母，而在于国事。于乾隆而言，福康安实一犬马也。

既然乾隆对福康安的生母并不怎么样，那福康安受宠即另有原因。概而括之，主要为"世恩"与"战功"两点。如《乾隆韵事》中所说，乾隆是对得起富察氏了，但这个"对得起"，并非对福康安之母，而是针对孝贤皇后及其弟傅恒。孝贤临终前，将自己的胞弟托付乾隆，而以其在乾隆心中的地位，后者自当对傅恒好生看顾，以全亡妻之遗愿。①

事实上，乾隆也确实是这么做的。孝贤去世之前，傅恒官拜户部尚书，在首席军机讷亲等数人之下。但孝贤去世、讷亲被斩后，三十来岁的傅恒一跃成为首席军机。其出征金川时，乾隆为其送行规格极高，并不亚于当年康熙送十四阿哥胤禵出征西藏。乾隆如此做，无他，"令得建大功，有以服中外"耳。

世间万物，机遇与风险总是同存并在。傅恒奔赴前线后，乾隆再三叮嘱小舅子不得身涉险地，但得小胜，即可班师回京。如此小心谨慎，无非是害怕辜负了孝贤的一片心意。是啊，这万一傅恒折在了金川，乾隆又如何面对九泉之下的爱妻呢？

①如乾隆年间程穆衡所撰《金川记略》一书中即说："后临薨，以傅恒为托。故上欲骤贵恒，且令得建大功，有以服中外。廷臣窥见其指，故甚重其行。"见郭成康：《乾隆正传》，第588页。

傅恒这个人，也是福大命大，为人也十分大度从容，他与姐夫乾隆是相处甚得。对此，乾隆也心有所感，其在赐给傅恒的扇子上曾题诗曰："世上谁知我？天边别故人。助斯风到处，扬武并扬仁。"在其眼中，傅恒不仅是臣子、是小舅子，更是能推心置腹的故人（朋友）。乾隆三十四年（1769年）傅恒病逝后，乾隆亲临傅宅灵前祭酒并写了一首七律，其中有两句曰："平生忠勇家声继，汝子吾儿定教培！"

乾隆说的"汝子吾儿"，意思就是"你的儿子就是我的儿子"，我这个当姑父的一定将他们培养成材。这句话，乾隆倒也是说到做到。傅恒去世之时，老大福灵安已于三年前死于征缅之役，老二福隆安时以工部尚书入值军机处并兼九门提督，老三福康安年方十七岁，其与弟弟福长安均被接入宫中，与诸皇子一起读书就学，说他们是乾隆的养子，也不过为（但养子岂能与私生子混同）！

乾隆最初是想栽培福隆安的，但这女婿自幼体弱，才华也不出众，让他替代其父傅恒在中枢的地位，恐众人不服，乾隆自己也不放心。乾隆四十九年（1784年），福隆安病故，乾隆也就把希望寄托在福康安身上了。

福康安倒是个好苗子，其自幼即文武兼擅、机警过人，乾隆也曾评价说："福康安垂髫豢养，经朕多年训诲，至于成人。"在其父去世的第二年，才满十八岁的福康安被提拔为户部侍郎、镶蓝旗蒙古副都统。未及弱冠即位列卿贰，这无疑是乾隆的有意栽培。

当然，福康安能力是强，其机遇也多。从乾隆三十八年（1773年）第二次金川之役开始，福康安从领队大臣干起，从此戎马二十余载，期间冲锋陷阵，出生入死，身经百战，战功卓著。乾隆晚年最念叨的"十全武功"，其中征金川（乾隆三十八年至四十一年）、征林爽文（乾隆五十二年至五十三年）、征廓尔喀（乾隆五十六年至五十七年），均以福康安为主将。此外，福康安还参与镇压甘肃农民起义（乾隆四十九年）、湘黔农民起义（乾隆六十年至嘉庆元年），谓之为乾隆晚期第一主将，实属名至实归。

福康安一生经历复杂而富有传奇性，其先后担任吉林将军、盛京将军、成都将军及四川总督、陕甘总督、云贵总督、闽浙总督、两广总督、武英殿大学士，一生奔波劳碌，足迹遍布全国各地以及边疆海疆。在其四十多年的短促生涯中，福康安几乎都是在战斗环境中度过，可谓军书旁午，夙夜勤劳，这才赢得了三次紫光阁图形的莫大荣誉。

在《乾隆帝及其时代》一书中，清史学者戴逸对福康安评价甚高，其认为：凭借当时强大的军力和富盛的财力，福康安出师屡捷，所至必然，但也历尽艰辛，胜利来之不易。在历次战役中，福康安“组织了在风涛中的渡海作战，参与了丛山密林中的攻碉战，指挥并亲自翻越喜马拉雅山，进行旷古未有的最艰苦的高山作战”，其杰出的军事才能和不畏艰险、勇于任事的精神，诚为中国军事史上有所建树、值得称道的一位重要统帅，也不失为十八世纪将帅中的佼佼者。[1]

乾隆五十七年（1792 年），福康安指挥清军翻越喜马拉雅山往征廓尔喀（今之尼泊尔）。可以想象，在当时的物力条件下，翻越世界屋脊用兵方外，后勤补给线逾数万里，其艰难可想而知。用乾隆原话来说，是役“用兵之难，为从来所未有”。但不管怎么说，清军打赢了这场艰难的战争，而这一胜利也把福康安推倒了人生荣耀的最高峰。

这下，反倒是乾隆有些犯难了。三次紫光阁图形，进封一等嘉勇公，赏红宝石帽顶、四团龙补服；加赏黄腰带、紫辐和金黄辫珊瑚朝珠，等等，总而言之，能给福康安封赏的，乾隆都已经给了。如果再封，只能待以异数——封宗室爵。

按清制，封爵分宗室与民爵两种。所谓民爵，共分九级，即：恩骑尉、云骑尉、骑都尉、轻车都尉、男、子、伯、侯、公，每级又分三品，总计九级二十七品。福康安封至一等公，已是登峰造极。至于宗室封爵，受封者须有宗室身分，其共分十二等，即：奉恩将

---

①戴逸：《乾隆帝及其时代》，第 535 页。

军、奉国将军、辅国将军、镇国将军、不入八分辅国公、不入八分镇国公、辅国公、镇国公、固山贝子、多罗贝勒、多罗郡王、和硕亲王。①

此外，凡亲王、郡王，初封时还要由皇帝赐以佳号；宗室王公的服饰、护卫等，也有一系列规定。福康安以一等嘉勇公的民爵，而赏紫辐、黄腰带、金黄辫珊瑚朝珠之类只有宗室王公得用的服物，这表明他距宗室王爵不过一步之遥。但就这“一步之遥”，却因为身份的差异，难以逾越。②

按乾隆的本意，福康安既是孝贤皇后之侄、大学士傅恒之子，此次冒险顶危，亲临绝域，尔后又连战连捷，加封宗室王爵也不为过。但他转念一想，富察氏一门贵幸太甚，如福康安再逾格封王，难免外人有所议论，所以最后还是打消了这个念头。

为此，乾隆还特为此事向天下降旨宣谕，其大意是：福康安此次进剿廓尔喀，功劳甚大。前代功臣，也有身非宗室而晋封王爵的例子。只是援例封爵福康安的话，就怕天下无识之徒，或谬议朕厚于后族，破格施恩，几与汉唐之宠任外戚者无异，朕将何以自解？且福康安父子兄弟多登显秩，福康安又荷王封，富察氏一门日盛，于伊家亦属无益。

最后，乾隆决定赏予福康安世职，并照王公名下亲军校之例“赏给六品顶戴蓝翎三缺，令福康安于伊得力家人内的酌量给戴，用昭格外加恩、优眷劳臣至意”。由是，福康安生前封王的愿望最终未能实现。

嘉庆元年（1796年）五月，福康安病殁于平定西南之役的军中。已是太上皇的乾隆闻讯大悲，其作诗悼念曰：“到处称名将，功成

①清皇族从太祖努尔哈赤父亲塔世克辈份开始算起，按嫡旁亲疏分“宗室”和“觉罗”两大类。凡属塔世克本支即努尔哈赤及嫡亲兄弟以下子孙属“宗室”，塔世克叔伯兄弟支系的称“觉罗”。按规定，宗室腰系黄带子，觉罗身系红带子，以显示其特殊身份。故此，宗室也俗称“黄带子”，觉罗称“红带子”。

②郭成康：《乾隆正传》，第592页。

勇有谋。近期黄阁返，惊报大星流。自叹贤臣失，难禁悲泪收。深恩纵加赠，忠笃那能酬。”①乾隆诗中，并未有类似于亲子之死的哀伤而基本是对一个得力将才病逝的痛惜。随后，乾隆命追封福康安郡王爵衔，并谥“文襄”。其父傅恒，也跟着沾光，被追赠为郡王。

不过，在乾隆死后，朝廷的风向随即变了。正所谓“一朝天子一朝臣”，新皇嘉庆对当年最受宠信的和珅与福康安极其憎恶，指两人为乾隆晚期“一文一武”的两大奸臣。尽管已死去多年，但埋在土中的福康安仍被嘉庆多次点名批判，而前者的主要罪责，即军中腐败之风须由其负责。

如嘉庆九年（1804 年）的上谕，其中称：“自福康安屡次出师，始开滥赏之端，任性花费，毫无节制。于是地方承办之员，迎合备送，盈千累万，以及银牌绸缎，络绎供支，不过以赏兵为名，亦未必实惠尽逮戎行也。”嘉庆十年的上谕又称：“自福康安出师台湾等处，始有自行赏给官兵银两绸缎之事。尔时藉其声势，向各省任意需索，供其支用，假公济私，养家肥己。”

嘉庆的上谕发下去，手下官员自是心领神会，朝中舆论也随之一转。此前，在乾隆还在的时候，朝中对福康安颂扬的居多，而到了这时，就全成批评了。其中，有指责福康安纨绔无能，靠椒房之亲、裙带关系才青云直上的；有说他欺世盗名，其功绩全是部下海兰察打下来的；至于揭发其骄横奢侈的，那更是连篇累牍，渲染得淋漓尽致。

如说福康安台湾之役后路过浙江时，“自三衢方舟下严陵，江舟设重楼，陈百戏，中流鼓吹竞作，从官舟衔舳舻，并两岸疾下”；再如说福康安用兵时，“大军所过，地方官供给动逾数万。福既至，则笙歌一片，彻旦通宵。……善歌昆曲，每驻节，辄手持鼓板，引吭高歌，虽前敌交绥，血肉横飞，而余音袅袅未绝也。”②

---

①据说，福康安去世前，有大星向营盘西北陨落，光芒有声，诗中遂有“惊报大星流”一句。

②戴逸：《乾隆帝及其时代》，第 534 页。

还有从侧面反映福康安骄奢的，如《清朝野史大观》中有一则《陬邑办差》的记载：福康安奉命西征时，声势赫奕，所经州县以办差不善而被弹劾者不一而足。传檄至某陬邑时，当地清苦，官亦疲懒，县令听说前途才干之员亦每有失误，其心中悚惶，日惟涕泣而已。某依附于他的亲戚见他可能丢官，于是出主意说，只要你能给我三百两银子，不要问我怎么花，我有办法应付福大帅，到时或许前程可保。县令听后，便依他之计。

当时正值盛暑，天气炎热，该官亲自与工房预备了一处极其宽敞的馆舍，其中用染古色纸裱糊，字画皆用旧物，所用椅桌全用油核桃仁熏成乌木色。引枕、靠垫用旧的藤竹席片蒸洗一色，以蓝缎为边，内以玫瑰杂杨花代絮填充。帘幕用深绿色虾须竹，天棚自村口接至上房，长有里许，上铺芦席，盖以松毛。路旁则以数百盆山中小松柏夹道而列，茉莉花、夜来香之类放在天棚后边，只觉芳香而不见其形。公馆后及左右墙外三面环列水桶，以竹截作笛，雇佣数百民夫各持一笛吸水向上徐徐喷之，使屋上棚间俱有润泽意。饮料则用西瓜汁，稍加冰糖薄荷水。茶用兰牙雪瑞，气香味厚，色亦清冽，用沙瓯烹熟，置于水筒，以取温和。如此，三百银子用毕，铺陈也算像模像样。

福康安及其随从来后，因为一路上顶着烈日，舟车劳顿，其来到村口已觉阴凉；走向公馆时，见两旁松柏阴森，更觉沉静古穆，并无结彩悬灯、耀目增光之物，第一印象就感觉很好。等进入公馆，所用铺垫皆软滑清香，十分惬意。及进酒席，则雪雁、冰参、卤鸭、糟鸡之类，香鲜配口，毫无肥腻气味。对于这次的招待，福康安极为满意，说自出都以来，日夜不得休息，今幸得此福地，虽系尖站，必须住宿一宵。临行时，福康安又赏给该县令两千两银子。不久，该令竟得优保而仕至监司，此亦官场奇闻也。①

---

①陬邑一说是孔子故里，一说做偏僻边远之县邑解，取后者。小横香室主人:《清朝野史大观》，第 598 页。

平心而论，福康安骄奢成习、生活豪侈确是事实，其纵容部属勒索地方也在所难免，但是否福康安引领将帅铺张之风，则有待推敲。不过，一些民间野史里确有福康安豪奢扰民及其部属横暴地方的记载，如《清代之竹头木屑》中说：福康安出行都是坐轿，即使出师督阵亦如是。因此，其手下常备三十六名轿夫，轮流抬轿，以使轿行如飞。为保持轿夫体力，每名轿夫都配有四匹良马，凡被轮换下来休息的即骑马随行，以尽快恢复体力。[①]

福康安军功显赫，又得乾隆殊宠，由此气势熏天，手下家奴亦极骄横。据《三异笔谈》中载，福康安征西时（疑为出征廓尔喀），其轿夫头跑到当地百姓家抢东西。当地巡视都司徐斐看到上前阻拦，轿夫头竟将徐斐从马上拽下来一顿猛揍。川北道官员姚一如听说后将其抓获，轿夫头犹自咆哮，遂被群役杖毙。对此，福康安倒不是很在意，说“抢夺斗殴，军政固应加重”。其他轿夫听后，竟然愤而集体罢工。福康安为安抚这些人，竟下令将姚一如的官职撤去，而后者本已保升川东道，结果仕途为之顿挫。[②]

更有借福康安之声势而行诈骗的。《啸亭续录》中载：福康安屡任督抚，权势赫濯，其家奴随行时亦骚扰驿站，地方上苞苴赂遗，应接不暇。有个叫副天保的京城泼皮，其与福康安某家奴是邻居，平日里经常听后者吹嘘，因而从中了解了一些福康安的声势排场及情状嗜好。某日，副天保灵机一动，想到了一个发财的好项目，于是召集数十名不务正业的无赖痞子，出京后打着福康安的牌子旗号，沿途讹诈州县。为避免见过福康安的地方官员识破其伎俩，副天保们一路上都声称福大帅偶染小恙，不便见客，所以不见任何人。在其声势下，沿途州县官员不敢多问，只是争相行贿，以谋攀附巴结。如此一来，副天保一行所获颇丰。

当骗子队伍来到湖南辰州时，知府清安泰乃福康安一手提拔的

①小横香室主人：《清朝野史大观》，第597页。
②小横香室主人：《清朝野史大观》，第598页。

亲信，其见恩公到来，当然要去求见。可是，心里有鬼的副天保等人百般阻挠，就是不让他面见福康安。这下，清安泰起了疑心，他觉得此事有诈，于是强行闯入内室。当他揭开帐子锦被时，却发现原是副天保扮作福康安躺在床上。于是乎，副天保一伙全部被抓获，无一漏网。事后，清安泰一路升迁，最后做到了浙江巡抚。①

副天保之事不知真假，但福康安之名声早在嘉庆朝即已毁坏却是事实。不过，福康安名声虽毁，但其一生功业毕竟事实俱在。如其父一样，福康安的运气也够好，他若不是孝贤之侄、傅恒之子，当然也不会得到乾隆的悉心栽培，其军事天才也无从发挥，更不可能以非黄带子身份而封多罗郡王。退一步说，福康安实为不可多得的大将之才，傅恒有子四人，独他一人得膺王封，这当然不是没有原因的。

值得一提的是，清末之前并无所谓乾隆“偷情”的故事，也无福康安系乾隆“私生子”的传闻。以情理论，福康安以非宗室而追赠宗室爵郡王，这固属非常，但亦非毫无解释。倒是清廷覆亡之后，各种清宫秽闻、流言小说铺天盖地，乾隆及福康安的这段所谓“秘闻”，不过是其中的一种罢了。

①昭梿:《啸亭杂录》,第 496 页;小横香室主人:《清朝野史大观》,第 599 页。

寡人亦老

枯坐无聊老皇帝

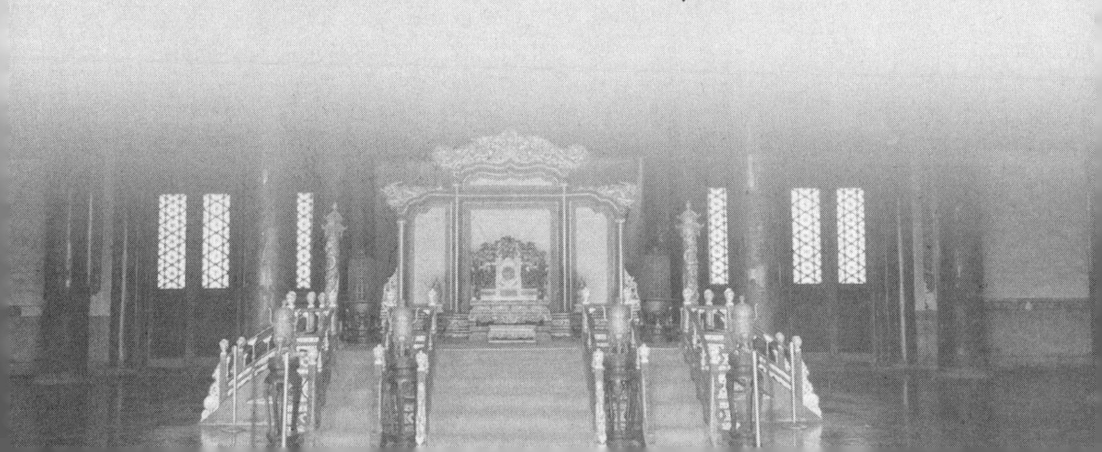

心写治平：古稀天子，默看群妃之像

乾隆十七年（1752年）十月二十七日，在众太监、杂役与旗兵的护送下，慧贤皇贵妃、哲悯皇贵妃棺椁随孝贤皇后梓宫自静安庄起驾，前往已经完工的东陵胜水峪地宫安放。望着这三位昔日旧侣的灵驾依次而去，送驾的乾隆不免有些感伤，不禁赋诗一首，以志其哀。诗云：

凤翼龙辐何事尔，鱼贯故剑适相从。
可知此别非常别，漫道无逢会有逢。
芦殿惊心陈白日，蒿涂举目惨寒冬。
百年等是行云寄，廿载凭参流水淙。

时光如水，时光如云，时光如驹过隙，难以挽回。这一年，距孝贤皇后去世已经四年，距慧贤皇贵妃高氏去世已七年。至于哲悯皇贵妃富察氏，那就更早了。其在雍正十三年（1735年）七月时即已去世，连夫君登上帝位都未及看到。

按礼制，皇陵的安葬顺序须严格遵循"卑不动尊"的原则。换言之，要想跟皇帝合葬，不管是皇后还是皇贵妃，都得死在皇帝前头才行。其去世后，棺椁放进地宫，但地宫的石门并不放下，要等到皇帝驾崩葬入地宫时，这道沉重的石门才会永久关闭。之后，即便是皇太后（即原皇后）也只能单独建陵安葬，而不可能重新打开皇帝地宫，再行葬入。一句话，只有后妃等待皇帝，而不可能皇帝等待后妃。

在明朝和清初，能与皇帝合葬的只有皇后。乾隆将早年去世的皇贵妃也葬于自己的地宫，这并非他首创而是其父雍正为皇祖康熙开创了先例。原来，雍正即位后，为笼络十三弟、怡亲王允祥而将其母敏妃章佳氏追封为皇贵妃，康熙奉安时，又将之重新葬入康熙地宫。

雍正驾崩后，其地宫中除孝敬宪皇后乌喇那拉氏外，尚有年羹尧之妹、敦肃皇贵妃年氏，这是在雍正生前即做出的决定。从这个意义上说，皇贵妃祔葬于皇帝地宫始于雍正朝，只是首例为怡亲王允祥之母敏妃祔葬康熙地宫，但这主要出于雍正的政治考虑而未必是康熙的心愿。由此，慧贤皇贵妃、哲悯皇贵妃随孝贤皇后祔葬于乾隆地宫乃援例而行，并不违制。

孝贤皇后与慧贤皇贵妃前文已述，这里先说一下哲悯皇贵妃富察氏。富察氏为佐领翁果图之女，其早年入侍藩邸，雍正六年（1728 年）五月生皇长子永璜，这也是乾隆的头一个孩子。从怀孕生育的情况来看，她应该比孝贤皇后更早进入藩邸，但其身份地位远不能与后者相提并论。富察氏和乾隆年龄相仿，其初入藩邸时为格格（实为低级侍妾），有人猜测她可能是乾隆成婚前的试婚女子，并很可能是乾隆生命中经历的第一个女人，即所谓“性启蒙者”。当时的皇族，有这习惯似乎也并不奇怪。

通常来说，父母对第一个孩子尤其是长子总归要高看一眼，格外重视。更何况，乾隆与孝贤皇后大婚之后，富察氏仍于雍正九年（1731 年）生下皇二女（幼殇未封），而在藩邸时期，乾隆的子嗣极为有限，富察氏的接连怀孕与生育，说明她与乾隆的感情是不错的。

富察氏去世时很年轻，大概只有二十五岁上下。更悲催的是，此时离乾隆登基只有一个多月，她最终还是没有看到夫君成为皇上的那份幸运。不过，富察氏的死让乾隆感到十分伤心，其登基后即追赠其为哲妃，十年后又追赠为哲悯皇贵妃。所谓“哲”者，知也；

“悯”者，怜悯、痛惜也。

乾隆十七年（1752 年），也就是哲悯皇贵妃去世已经十七年后，乾隆仍未忘记这个早逝的爱人，在其极为有限的地宫中，仍给她留了一个位置。乾隆四十五年（1780 年），年已七旬的乾隆再一次来到陵园，其在祭奠已逝各妃后特意为哲悯皇贵妃写了一首诗，诗云：

已是别多时，能无一写悲。七旬忽我逮，百岁任他期。
幻景徒惊速，故人不憖遗。曾孙毕姻近，眠者可闻知？

乾隆一生写过四万多首诗，但除孝贤皇后和慧贤皇贵妃外，写给后妃的极少，写给哲悯皇贵妃的诗目前能找到的也仅此一首。从文学与思想上说，这首诗并没有太多的修饰与深义，不能算精品，但其中却流淌着一种平淡而真切的伤感。是啊，光阴似箭，岁月无情，哲悯皇贵妃此时已经去世四十五年，而乾隆也已七旬高龄。时间对任何人都是公平的，即使贵为皇帝，又与常人何异？

那么，乾隆为什么要在哲悯皇贵妃去世四十五年后为她写下这样一首诗？其实原因很简单，这就是最后一句所揭示的——“曾孙毕姻近”，说的是皇长子永璜一系、哲悯皇贵妃的曾孙也已经长大成人并即将完婚了；“眠者可闻知”，即作为曾祖母、长眠地下多年的哲悯可曾闻知？由此可见，乾隆此次祭陵的主要目的，即为告慰故人而来。

乾隆十七年（1752 年）前，孝贤皇后与慧贤皇贵妃、哲悯皇贵妃这三位后妃的灵柩一直停厝于京东静安庄，直到乾隆的陵墓修好后才安放于地宫之中。当然，即使乾隆的陵墓修好了，也不是所有的妃子都能与皇帝合葬。据统计，乾隆一生中，有正式名分的妃子共计四十一人，而这四十一人中，只有五人与乾隆合葬于裕陵地宫。

除以上提到的三位外，与乾隆合葬的还有乾隆二十年（1755 年）去世的淑嘉皇贵妃金氏及乾隆四十年（1775 年）去世的令妃魏佳氏（即嘉庆即位后追封的孝仪皇后）。令妃魏佳氏前文已述，这里说一下淑嘉皇贵妃金氏。

和令妃一样，金氏也是内务府包衣世家出身，其祖上为鸭绿江畔义州一带的朝鲜人，后于清太宗皇太极时期投诚而编为满洲正黄旗包衣第四甲喇（即后之“参领”）下的第二高丽牛录。康熙朝后，金家有所发达，金氏之父为内务府上驷院卿三保，其兄金简先后担任户部侍郎、吏部尚书等职。后者最为出名的，则是在担任四库全书副总裁时，以制作武英殿聚珍版而名传于后。①

金氏也是早年入侍藩邸的旧人，其于乾隆二年（1737 年）十二月时被册封为嘉嫔；四年后，晋为嘉妃；十四年（1749 年）四月，晋升为嘉贵妃。乾隆二十年（1755 年）十一月，嘉贵妃去世，年四十三岁，被追谥为“淑嘉皇贵妃”。在此期间，金氏为乾隆连生四子，即皇四子永珹、皇八子永璇、皇九子永瑜（早殇）和皇十一子永瑆，其宠幸可知。嘉庆初年，淑嘉皇贵妃之父三保一支也由内务府包衣抬入满洲正黄旗，并赐姓金佳氏。

所谓“夫妻”之义，即“生同衾、死同穴”。从这个意义上说，乾隆后妃中最尊贵、最幸运的当然是埋入地宫的两位皇后，三位皇贵妃了。毕竟，乾隆的地宫也不宽敞，能够在四十一人中被选中与皇帝合葬，此等死后殊荣也非所有后妃所能享受到。毫无疑问，这五个女人一定是乾隆这辈子最心爱的女人，由此才能与之在地下长相厮守。

总体而言，乾隆对潜邸时期即陪伴他的妃子们比较真心也比较有感情。毕竟，她们都是在乾隆年少时即陪伴身边，曾共度过一段快乐无忧的时光。那时的乾隆，还只是年轻的皇子，尚未有帝王的诸多事务、烦恼与威仪。因此，这些早年的妃子与乾隆的关系大体接近于普通男女之间的真情实感，而不是之后帝王与妃嫔之间不对等的宠爱与情欲关系。

以事实论，乾隆对早期的妃子也大多比较宠爱而优待，她们或

---

①郭成康:《乾隆正传》,第 545 页。

为皇后，或为皇贵妃，名位大体不低。对于潜邸时代的几位知心爱人，如孝贤、慧贤、哲悯等几位，乾隆都保持了终身的怀念。由此可见，乾隆这个人还是比较念旧的。可惜的是，人生无常，时光不再，乾隆所珍爱的女人都早早地离他而去，而同时被带走的，是乾隆年少时代的美好回忆。

由于乾隆太长寿，他的大部分后妃都死在了他的前面。除了常去陵寝祭奠外，乾隆把哀思寄托在了一份名为《心写治平》的画卷上。①在这份历时四十余年才最终完成的画卷上，乾隆令宫廷画家将他和十二位后妃画好后裱贴成卷，只供他个人欣赏。

毫无疑问，出现在《心写治平》上的必定是乾隆最钟爱、最欣赏的后妃。其中，与乾隆合葬于地宫的五个后妃中，有四个出现在《心写治平》上。唯一的例外是哲悯皇贵妃，不过其中原因也很简单，那就是在开始画这幅画卷之前，她就已经去世了。否则的话，画卷中必定有她的一席之地。

不如来看一下《心写治平》上都有谁。展开画卷，为首者当然是乾隆自己。在其画像旁，有“乾隆元年八月吉日”八个小字，这是乾隆自己的笔迹，也标明了作画时间。②按此推断，这很可能是乾隆登基时的“御容”。从画面上看，乾隆头戴冬季服冠，身着明黄五彩云金龙冬装龙袍，其面目清秀，自信满满，风华正茂。画像的左首，有一“古希（稀）天子”的圆章钤印，此为乾隆七十寿辰时所用；画像的右侧，又盖有“八征耄念之宝”的方印，这是乾隆八十大寿的嘉号。由此可知，乾隆对此画卷珍爱备至，尤其在老年之后，更是时常取出观赏，借以追忆昔日的故人故事。

乾隆画像之后，依次为孝贤皇后和慧贤皇贵妃两人的画像。这

①《心写治平》又名《乾隆帝后妃嫔图卷》，为乾隆与皇后及妃嫔共十三人的半身画像。大约于1860年英法联军之役中流出，现藏于美国克利夫兰美术馆。据陈葆真在《心写治平：乾隆帝后妃嫔图卷和相关议题的探讨》一文中的研究，前十幅可能为郎世宁及其助理所绘，后三幅为某宫廷画家以传统的中国画法绘成。

②其下各妃榜题均为乾隆自书。

一安排，自是顺理成章，毋庸赘言。接下来，第三、四位分别是纯妃苏佳氏（谥纯惠皇贵妃）和嘉妃金佳氏（即淑嘉皇贵妃），这两位皇贵妃均为乾隆未登基前的侍妾，排在前面也符合情理。其中，淑嘉皇贵妃祔葬乾隆地宫，纯惠皇贵妃则未能与乾隆合葬。不过，乾隆对她也算不薄，在裕陵妃园寝中，纯惠皇贵妃的宝顶最大，而且位于正中最前，以显示其地位高于其他嫔妃。

纯惠皇贵妃苏佳氏，苏召南之女，其与金佳氏等人一样，均为乾隆藩邸时代即已入侍。①雍正十三年（1735年），苏佳氏生下乾隆第三子永璋。乾隆即位后，被册封为纯嫔。乾隆二年（1737年）十二月，晋为纯妃。乾隆八年（1743年），生下乾隆第六子永瑢。两年后，晋为纯贵妃。也就在这一年，苏佳氏生下乾隆第四女即和嘉公主（其额驸即傅恒之子福隆安）。乾隆二十五年（1760年）四月，已病危的苏佳氏被晋封为纯皇贵妃。同月十九日，苏佳氏病逝，年四十八岁。

有些奇怪的是，纯妃苏佳氏在后宫中的名位一直比嘉妃金氏高，如乾隆二年册封时，前者封为纯妃而后者仅为嘉嫔。②之后，在同样诞育皇子的情况下，苏佳氏晋封贵妃也比嘉妃要早四年，而且苏佳氏在其生前即受封皇贵妃，而金氏之皇贵妃系死后追封。唯一的优势是，金氏比苏佳氏早死五年，这才抢到了地宫的一个位置吧？

苏佳氏未能祔葬乾隆地宫的原因想必也十分简单——没位置了。在其去世时，乾隆地宫中已有孝贤皇后、慧贤皇贵妃、哲悯皇贵妃、淑嘉皇贵妃四人的棺柩。而在此时，乾隆虽然仍未选定皇储，其继承人仍处于不确定状态，不过有一点是确定的，那就是苏佳氏所生皇子已被排除。就在苏佳氏去世后三个月，其所生皇三子永璋亦游黄泉，而皇六子永瑢则于前一年过继给了靖郡王允禧，已被排除了继位的可能。

---

①苏召南据说是康熙朝两江巡抚苏康恒孙辈。

②其主要原因是，纯妃已经诞育皇子，即皇三子永璋。

乾隆当然也考虑到，如果将苏佳氏也葬入自己的地宫，则祔葬的后妃将达到至少六人，因为下一任皇帝的母亲很有可能要与自己合葬，除非她比乾隆去世还要晚。再者，从开创皇贵妃祔葬皇帝地宫惯例以来，康熙仅敏妃章佳氏合葬，雍正仅年贵妃合葬，而自己一下祔葬了五六人，这未免有些说不过去。于是，苏佳氏丧失了祔葬地宫的殊荣。

作为补偿，乾隆有意将苏佳氏树为妃园寝之首，其宝顶、排场也明显大于其他妃子。在乾隆生前，其妃园寝一直被称为“纯惠皇贵妃园寝”。直到嘉庆年后，才改名“裕陵妃园寝”。因为苏佳氏的入葬，原妃园寝进行了一系列的扩建，其中增添了方城、明楼、宝城、东西配殿等，其等级在清东陵中算是高的。而这一切，和苏佳氏的入葬有着莫大的关系。

《心写治平》中的第五个妃子，即祔葬乾隆地宫的最后一个人，令妃魏佳氏。魏佳氏去世于乾隆四十年（1775 年），在此前的十年间，魏佳氏以皇贵妃统摄六宫之事，由此祔葬帝宫似乎也不奇怪。不过，这并不是最关键的，其主要原因还在于其所生皇五子永（颙）琰被选为皇储、继为皇帝，母以子贵而必须与乾隆合葬。

从《心写治平》的画像中来看，魏佳氏所穿的龙袍为香色，可见其当时身份为嫔。画中，“令嫔年轻娇嫩，一派清纯，似乎比其他的女子看起来更为美艳。她的脸呈长椭圆形，皮肤白里透红，似乎吹弹可破，杏眼微微上扬，眉毛乌黑而弯曲，口小唇红，楚楚动人。”据台湾研究者陈葆真的看法，此画极可能是出于郎世宁之手。①

《心写治平》中的第六个妃子为舒妃叶赫那拉氏。叶赫那拉氏生于雍正六年（1728 年）六月，满洲正黄旗人，侍郎永绶之女。乾隆六年（1741 年），十四岁的叶赫那拉氏入宫为贵人；同年十一月，册封为舒嫔。乾隆十四年（1749 年）四月，晋为舒妃。两年后，生下皇十子永玥，可惜不幸夭折。乾隆四十二年（1777 年）五月，叶赫

①陈葆真:《心写治平：乾隆帝后嫔妃图卷和相关议题的探讨》,《台大美术史研究集刊》第 21 期。

那拉氏去世，年五十岁。同年九月，葬入裕陵妃园寝。叶赫那拉氏为康熙朝权臣明珠之曾孙女，其出身不低，可惜子嗣不旺，因而未能在乾隆后妃中脱颖而出。其宝顶位于裕陵妃园寝第二排靠中间偏西的位置，但不是正中，所以也不是特别显眼。

位于裕陵妃园寝第二排正中位置的是庆恭皇贵妃陆氏，她是《心写治平》中的第七个妃子。陆氏为太常寺少卿陆士隆之女，其生于雍正二年（1724 年）六月，乾隆初年入宫为贵人，十六年(1751 年）六月晋为庆嫔，二十四年（1759 年）二月晋为庆妃，三十三年(1768 年）晋升为贵妃。有趣的是，陆氏基本是八年左右上升一个名位，非常有规律。乾隆三十九年（1774 年）七月十五日，陆氏去世，年五十一岁，次年葬入裕陵妃园寝。

陆氏生前无子嗣，而且最高只封到贵妃，不过在乾隆驾崩后，嘉庆立即将其追封为“庆恭皇贵妃”。原因无他，嘉庆幼年乃由其抚养，感情深厚，如嘉庆自云：“朕自冲龄蒙庆贵妃抚育，与生母无异，宜特隆典礼加进崇封。”[①]巧合的是，陆氏葬入妃园寝时，其宝顶正好位于第二排正中，从位置上说仅次于纯惠皇贵妃，而这与其后来追封的皇贵妃身份恰好是吻合的。冥冥之中，命数使然耳。

《心写治平》中的第八个妃子为颖嫔巴林氏。巴林氏生于雍正九年（1731 年）正月，蒙古镶红旗人，都统纳亲之女。其初入宫为贵人，乾隆十六年（1751 年）册为颖嫔，二十四年为颖妃。嘉庆三年(1798 年)，按太上皇乾隆的旨意：“颖妃在妃位年久，且年屈七旬，著加恩封为贵妃。”是以称“颖贵太妃”，居寿康宫。嘉庆五年二月十九日，年值七旬的巴林氏去世，次年葬入裕陵妃园寝，其宝顶位于第一排右侧，与纯惠皇贵妃并列。[②]

画卷中的第九个妃子为忻嫔戴佳氏。戴佳氏生年不详（可能是

---

①于善浦:《清东陵大观》,第 119 页。

②据说，嘉庆五年颖贵妃七十寿辰时，嘉庆同母弟永璘送去寿礼，无儿无女、寡居深宫的颖贵妃十分高兴。孰料嘉庆得知后十分光火，其将永璘招来训斥一通，并责以擅入后宫之罪。一番风波后，颖贵妃于二十天后(即二月十九日)去世。

乾隆初年），满洲镶黄旗人，总督那苏图之女。其于乾隆十八年（1753年）七月进宫，次年闰四月封忻嫔。二十年（1755年）生皇六女，二十二年（1757年）生皇八女，可惜二女均夭折而未封。二十八年（1763年）九月，戴佳氏晋为忻妃，惜于次年（1764年）四月二十八日去世，年约三十左右。值得一提的是，戴佳氏晋封忻妃时的金册金宝已经造成，但尚未接受，戴佳氏即已亡故。是以，乾隆特命在其棺椁前陈设绢册、绢宝，并添写贵妃字样。乾隆三十年（1765年）闰二月奉安时，以贵妃礼节葬入纯惠皇贵妃妃园寝。

《心写治平》中的最后三个妃子分别为惇妃、顺妃与循嫔。据研究，此三幅画像与前十幅存在明显差异，应非郎世宁及其弟子手笔而出自某宫廷画家之手，后者在艺术上明显逊色于前者。惇妃汪氏前文已述，这里介绍下顺妃与循嫔两位。先说最末一位循嫔。

循嫔，伊而根觉罗氏，满洲镶蓝旗人，总督桂林之女。其生于乾隆二十三年（1758年）九月，比乾隆小四十七岁。乾隆四十一年（1776年）时入宫封循嫔，五十九年（1794年）十二月晋循妃。三年后，循妃去世，后于嘉庆四年（1799年）九月以贵妃礼葬裕陵妃园寝。

顺妃钮祜禄氏是《心写治平》画卷上位列倒数第二的妃子，其生于乾隆十四年（1749年）十一月，总督爱必达之女。乾隆三十一年（1766年）六月，钮祜禄氏入宫初封常贵人，时年十八，比乾隆小三十八岁。乾隆三十三年（1768年）十月被册为顺嫔，四十一年（1776年）六月晋为顺妃。次年，由于孝圣皇太后去世而暂停举行册封礼，直到四十四年才与循妃、诚嫔一齐补行册封礼。乾隆五十三年（1788年）正月时，钮祜禄氏突然由顺妃降为顺贵人，其中究竟发生了什么，各史均未记载，至今仍是一大谜团。在此打击下，钮祜禄氏于当年即抑郁而终，年四十。同年十二月，以贵人身份葬入裕陵妃园寝，并排在了最后一排。

顺妃降为顺贵人一事和当年继皇后乌喇那拉氏被废事件有些类似，这也在某种程度上反映了乾隆气量窄小、睚眦必报的个性。毫无疑问，《心写治平》的画卷上不会出现乌喇那拉氏的画像，但以其被废之前的显赫地位，她不太可能会没有画像。不过，乾隆或许早就命人将其画像全部销毁，所以乌喇那拉氏，这位倔强的继皇后究竟长什么样，现在已经是无从得知了。更让人吃惊的是，乌喇那拉氏虽然生前已被打入冷宫，但毕竟没有被正式废黜，其死后居然没有单独的宝顶，而是被葬入纯惠皇贵妃的地宫中，不伦不类。

皇帝毕竟是皇帝，他不想看到谁，谁就得消失；他想看到谁，谁就会出现在《心写治平》的画卷上。据研究，《心写治平》画卷可能完成于乾隆四十二年（1777 年）左右，这也是乾隆个人生活陷入低潮的一段时期。在此前一年，乾隆已是六十六岁，而他的四十一位配偶仅存二十二位，其余均已过世。其二十七个子女中，也只剩下十人。换言之，乾隆的妻妾儿女共六十八人中，此时已有三十六人去世，其凄凉心情，可想而知。乾隆四十二年（1777 年），孝圣皇太后也以八十六岁高龄去世，这令乾隆更为伤恸。①

面对死亡的侵袭与岁月的摧残，年过六旬、垂垂渐老的乾隆自感健康大不如前，其生育能力的骤降即为明证。从乾隆三十一年（1766 年）皇十七子永璘出生到四十年（1775 年）皇十女和孝公主的诞育，中间竟有近十年的断档。在不断失去亲人的哀伤与人事无常的感叹中，乾隆也只能从记忆中寻找过去生活的美好感受。可以想象，每次乾隆展开这一画卷时，其心情必定是复杂的，其中混杂的思念与感伤或许会成为他继续前行的某种动力与激励。毕竟，生命只有一次，贵为皇帝也无例外。

岁月光阴，匆匆易逝。能让乾隆怀念还是不错的，其四十一个后妃中，除了那五个祔葬地宫及出现在《心写治平》的妃子，其他多数人恐怕就没有这个幸运了。聊举两例。如早在雍正时期即入侍藩邸的婉妃陈氏，其在乾隆十四年（1749 年）册封为嫔后，或许因为不被宠幸，加上未曾生育（两者当然是相辅相成），在之后四十五

①陈葆真:《心写治平：乾隆帝后嫔妃图卷和相关议题的探讨》,《台大美术史研究集刊》第 21 期。

年的漫长光阴里一直停留在嫔的位置上，未再晋升一步。直到乾隆五十九年（1794 年），已是七十九岁高龄的婉嫔才晋升为婉妃。

嘉庆六年（1801 年），陈氏被尊封为婉贵太妃。或许是因为习惯了孤独与寂寞，清心寡欲、与世无争的陈氏反而活到嘉庆十二年（1807 年）才去世，享年九十二岁。这也是乾隆后妃中享寿最久的人。正所谓，潜邸时期的无宠女子平安活到嘉庆朝，而最早一举得男的哲悯皇贵妃却活不到乾隆登基。命乎？运乎？信乎？否乎？

乾隆后妃中，最晚去世的是晋妃富察氏。富察氏是主事德克精额之女，其生年不详，事亦不详，只知她初入宫为贵人。按嘉庆二十五年（1820 年）八月谕："皇祖高宗纯皇帝嫔御，存者惟晋贵人一人，宜崇位号，以申敬礼，谨尊封为晋妃。"当年十二月，新帝道光为之举行了册封典礼。道光二年（1822 年）十二月初八，被尊为皇祖晋太妃的富察氏去世，享年不详。次年四月，富察氏入葬裕陵妃园寝，为乾隆所有妃嫔中最晚的一个。

按《国朝宫史》中的记载，清宫后妃分为八级，由下而上依次为答应、常在、贵人、嫔、妃、贵妃、皇贵妃、皇后。通常说，皇帝可以有一位皇后、一位皇贵妃、二位贵妃、四位妃、六位嫔，嫔以下贵人、常在、答应因是庶妃则无定数。其中，皇后居中宫，主内治；皇贵妃一位、贵妃两位、妃四位、嫔六位，分居东西十二宫，佐内治；贵人、常在、答应俱无定位，随居十二宫，勤修内职。

值得一提的是，清宫后宫各妃子生前、身后的待遇都大不相同。其中，除皇太后外，皇后在宫中名分待遇最高。按规定，皇后平时配宫女十名，每年白银一千两，皇贵妃以下则依次递减，到最低一级的答应时，配宫女两名，每年给白银三十两。就连生孩子，待遇也不一样，皇后生子满月时赏银一千两，衣料一百匹，但到了答应这里，只得赏银三十两，衣料十匹。当然，这只是通常规定，如皇帝高兴了，格外赏赐的另算。[1]

---

①朱子彦:《后宫制度研究》，第 16 页。

乾隆一生，有名位的后妃共计四十一人，其中皇后三人，皇贵妃五人，贵妃五人，妃六人，嫔六人，贵人十二人，常在四人。除孝贤皇后、孝仪皇后及慧贤皇贵妃、哲悯皇贵妃、淑嘉皇贵妃五人祔葬乾隆地宫外，其他均下葬裕陵妃园寝。在这片园寝中，以纯惠皇贵妃及庆恭皇贵妃为中线，其余嫔妃则分五排交错落葬。其中，著名的“香妃”，即容妃和卓氏葬于第二排东侧首位宝顶，曾打死宫女的惇妃位于其后，都不显山露水。

具体而言，妃园寝第一排共三位，纯惠皇贵妃宝顶居中，西侧为最长寿的婉贵妃宝顶，东侧为颖贵妃宝顶，两者构成对称之势；第二排七位，庆恭皇贵妃居中，西侧分别为循贵妃、愉贵妃、舒妃，东侧分别为容妃、豫妃、忻贵妃；第三排九位，多数为嫔一级，其中由西至东为白贵人、恭嫔、怡嫔、诚嫔、仪嫔、慎嫔、恂嫔、芳妃、惇妃；第四排十一位及第五排五位，主要为贵人和常在一级，很多不但生卒年不详，就连姓氏也不曾记载，这里就不一一列举了。①

乾隆后妃，有名位的就四十一人，无名位的是否存在，不得而知。许指严《南巡秘记》中说乾隆在热河避暑山庄畜有各地之妃，什么蒙古、朝鲜、新疆、西藏、日本、琉球、南洋、印度之美人，甚至还大肆描绘了一个名叫千代子的日本雏姬。如此毫无依据、信口胡诌，就未免近乎无聊了。②

---

①各妃子的详细情况可参考附录。

②许指严:《南巡秘记》,第 261 页。

挑选皇储：龙生九种，皇子遭遇各不同

如前文所述，乾隆八字气场太强，其结果就是克妻克子。其四十一名后妃中，有三十二个死在他前头，死亡概率近八成。令人匪夷所思的是，即便那些很晚进宫、比乾隆小二三十岁的年轻妃子，也难以幸免。如此看来，做乾隆的后妃，实在相当的凶险。

除后妃被克外，子女也同样被克。乾隆一生共二十七个子女（十七子、十女）。其中，十岁前夭折的有十二人，分别为皇二子、皇七子、皇九子、皇十子、皇十三子、皇十四子、皇十六子、皇长女、皇次女、皇五女、皇六女、皇八女；长到二十、未满三十去世的有八人，分别为皇长子、皇三子、皇四子、皇五子、皇十二子、皇四女、皇七女、皇九女。而在乾隆五十五年（1790 年）与乾隆五十七年（1792 年），年纪稍长的皇六子及固伦和敬公主又先后去世。换言之，乾隆总共二十七个子女中，只有五个活到其身后，即皇八子永璇、皇十一子永瑆、皇十五子永琰、皇十七子永璘及和孝公主。

对于老年人来说，白发人送黑发人当然是一件极其伤感而痛苦的事。但对乾隆来说，这一魔咒似乎笼罩其一生，由此给立储问题带来了极大的困扰。最开始，乾隆是刻意打算立嫡的。但不幸的是，孝贤皇后所生的皇二子永琏与皇七子永琮相继夭亡，而紧随其后是孝贤皇后本人。立嫡之愿，遂化为泡影。此后二十余年，乾隆再未认真考虑过立储之事。

之所以如此，并非乾隆有意为之，而是非其所愿。立嫡是不可能了，但回头想立长时，也不现实。乾隆十三年（1748年）的那场风波中，因为脸上无哀戚之色的皇长子永璜与皇三子永璋也躺着中枪。一番威吓之下，皇长子永璜于乾隆十五年（1750年）三月去世，而同样被排除继位可能的皇三子永璋也于十年后去世。

孝贤皇后去世后，乾隆身边还有四个待选的皇子，这就是皇四子永珹、皇五子永琪、皇六子永瑢和皇八子永璇。这四个皇子均为妃子所生。如果乾隆还迷恋立嫡的话，也不是没有机会，毕竟他当时只有四十岁左右，还属青壮力强之年。

乾隆十五年（1750年）后，原娴贵妃乌喇那拉氏被立为新后。而乌喇那拉氏也颇为争气，其于乾隆十七年（1752年）到二十年（1755年）这三年间先后生下二男一女，即皇十二子永璂、皇五女与皇十三子永璟。尽管后两个很快夭折，但皇十二子永璂毕竟顺利地长至成年。如果要立嫡的话，永璂还是完全符合要求的。

事实上，乾隆还真不是没想过这事。所谓“永璂”，即秉承基业，其与“永琏”、“永琮”的含义是一脉相承的。如果说名字还不能说明什么的话，那在永璂诞生的当天，乾隆在一条诗注中特意加了一句：“适中宫诞生皇子。”①这样的记载，在其他皇子出生时是绝无仅有的，由此也可见乾隆当时的心情颇为兴奋。

但不幸的是，乾隆三十年（1765年）四度南巡时，继皇后乌喇那拉氏与乾隆发生严重冲突而被打入冷宫。次年，乌喇那拉氏在凄凉无助中死去。由此，永璂的命运被迅速扭转，他由一个潜在的立储对象沦为了皇父眼中所厌弃的对象。在众人的白眼下，永璂隐忍苟活到乾隆四十一年（1776年）。当其以二十五岁之龄去世时，乾隆仍漠然视之。终乾隆一世，永璂不曾得过任何的爵位、封号、谥号和追赠头衔。什么都没有，只有一个皇子身份。

通常说，“母因子贵”、“子因母贵”，不过到永璂这里却成了

①清高宗《御制诗二集》第34卷，第12页。转引自陈葆真：《从四幅“岁朝图”的表现问题谈到与乾隆皇帝的亲子关系》，《台大美术史研究集刊》第28期。

"子因母罪"。作为一个成年的皇子，永璂至死也没有得到任何的爵位，这是乾隆诸皇子中唯一的特例。其他皇子，至少也要追封郡王，永璂的遭遇说明乾隆根本就不把他当自己的儿子看待。所谓"恨其母而及其子"，乾隆对乌喇那拉氏的怨毒之深，可见一斑。最后，还是嘉庆看不下去了，其亲政之后，才将这位不幸的兄长追封为多罗贝勒。

乌喇那拉氏去世后，乾隆不再立新皇后，其立嫡愿望也至此彻底落空。既然立嫡、立长都行不通，唯一的选择就只能立贤了。当时，皇十二子永璂已经被排除，剩下可供选择的皇子有皇四子永珹、皇五子永琪、皇六子永瑢、皇八子永璇、皇十一子永瑆和皇十五子永琰六人。不过，善于绘画、兼通天算的皇六子永瑢于乾隆二十四年（1759 年）出继为和慎郡王允禧之孙，皇四子永珹也在乾隆二十八年（1763 年）出继为履亲王允祹之孙。因此，这两位阿哥也从皇储候选人的名列中被排除。

最开始，乾隆对皇五子永琪颇为看好。永琪勤勉好学，擅长骑射，娴熟国语，乾隆对他很是满意，一度打算立他为储君。乾隆三十年（1765 年）十一月，二十五岁的永琪被封为荣亲王。继大阿哥永璜被追赠定安亲王后，这是乾隆第一次为在世的皇子授以亲王爵位。但人算不如天算的是，仅过了四个月，这位被乾隆默定为储君的阿哥一病不起，很快即离开人世，年仅二十六岁。

乾隆三十一年（1766 年），乾隆失去了钟爱的五阿哥永琪。不过作为补偿，他于当年五月又生了一个儿子，这就是最小的皇十七子永璘。经过一系列的挫折后，乾隆突然发现，上天似乎有意在立储问题上与他作对，当他想立哪个皇子为皇储时，这个皇子很快就会遭受厄运。

如乾隆自己说的，在孝贤所出二嫡子相继夭亡后，"以长以贤，则莫若皇长子、皇五子，亦相继病逝。设如古制之亟亟有册立之事，则朕在位而前星四陨，复成何事体?!"就连皇三子永璋，乾隆正打算原谅他，可后者也很快于乾隆二十五年（1760 年）去世，同样是二十六岁。

白发人送黑发人，儿子就算再多，那也经不起这样接二连三的死啊。关于立储，乾隆是不敢再想了。

事实上，在一系列的失败后，乾隆不到万不得已是不愿意立储的，正如其在谕旨中表达的观点："朕历览诸史，今古异宜，知立储之不可行。……盖一立太子，众见神器有属，幻起百端。弟兄既多所猜嫌，宵小且从而揣测。其懦者献媚逢迎，以陷于非。其强者设机媒孽，以诬其过。往往酿成祸变，遂致父子之间，慈孝两亏。"

这么一转眼功夫，乾隆就已经年过六十了。乾隆三十五年（1770 年），与乾隆同年所生的异母弟和亲王弘昼去世，享年六十岁。弘昼是定太妃所出，只比乾隆小四个月，兄弟俩从小一起读书，一起游戏，相处十分融洽契合。在《乐善堂全集》及《御制诗集》中，乾隆即有多首记载他们兄弟一起学习嬉戏的诗。

对于弘昼的去世，乾隆内心极为震悼，其作诗说，"一朝丧弟兼贤辅，自顾何心庆六旬!"其大意是，相处了几十年的同龄兄弟突然去世，自己准备已久的六十大寿也了无心绪了。可见弘昼的去世对其震动颇大。

令人感叹的是，仅两年后，弘昼的继承人永璧也突然去世。而更奇的是，永璧之后绵伦又在袭爵两年后去世！人世变幻，世事无常，这一系列的死亡事件难免对乾隆的心灵造成不小的冲击。对此，学者陈葆真认为："亲兄弟和其子两人相继亡故，引发了乾隆皇帝对生命无常的感慨和深刻的危机意识。他可能也因此而感到择立嗣君的迫切性。而他更不会忘记自己在刚即位时便向上天默祷：如他能在位六十年，届时必当归政给嗣君。而今嗣君未定，使他不安。"①

乾隆三十八年（1773 年），乾隆决定再次默定皇储。这时，除掉乌喇那拉氏所生的皇十二子永璂及已经过继的皇四子永珹、皇六子永瑢，可供挑选的皇子只剩四人了，这就是皇八子永璇、皇十一子永瑆、皇十五子永琰和皇十七子永璘。

①见陈葆真:《从四幅"岁朝图"的表现问题谈到与乾隆皇帝的亲子关系》,《台大美术史研究集刊》第 28 期。

在乾隆看来，这四人都不是理想的人选，但预立皇储对爱新觉罗皇族乃至大清国运至关紧要，他也是到了不得不选的地步了。那么，这四人中，谁的品格、能力较为突出呢？没办法，矮子里面拔将军，只能采取“排除法”一个个筛选了。

首先被排除掉的是皇八子永璇。永璇年龄居长本是优势，不过乾隆未必这么认为。因为乾隆一向自信自己会长寿，皇子太年长反成了劣势。试想乾隆八十多退政，届时永璇也届六十，这于国、于民、于己都未必是好事。是以，乾隆必须将此因素考虑进去。按说，永璇是极聪明的，诗好，字好，画也好，但其天性是公子哥儿、名士派头，让他去从政，不行。

有一年北方大旱，乾隆派诸皇子轮班前往西郊黑龙潭祈雨。按说这事挺严肃也挺辛苦，毕竟这烈日炎炎的，老这么干站着也不是个事。轮了几次不见下雨，永璇干脆借这个机会跑到城里玩去了。乾隆得知后，很是把他训了一顿。但是，永璇对此并不在意，虽经乾隆屡屡训饬，但仍我行我素，甚至沉湎酒色，毫无收敛。另据记载，永璇患有足疾，仪表有些欠佳，乾隆也只好将之放弃，只在乾隆四十四年（1779 年）将之封为仪郡王了事。

年长的不能要，那年幼的皇十七子永璘可以考虑吧？也不行。事实上，乾隆第一个排除掉的就是这个幺儿子。原因很简单，太不成器！俗话说得好，“三岁看大，七岁看老”，当时年仅八岁的永璘本不该过早下定论，但后来的事实证明，乾隆并没有看走眼。

据《啸亭杂录》记载，永璘“貌丰颀黧色，不甚读书，喜音乐，好游嬉。少时尝微服出游，间为狭巷之乐，纯皇帝深恶之”。这么看来，永璘是不爱读书爱玩乐的花花公子，而且还不守规矩，竟偷偷出宫寻花问柳，怪不得乾隆讨厌他了。不过，永璘的个性还不错，其“天性直厚，敦于友谊，与之交者，务始终周旋之。御下宽纵，护卫于众中与之倨傲嬉笑，亦不责也”。身为皇子而平易近人，可惜又是乾隆所不喜欢的。

乾隆五十四年（1789 年），这一年是乾隆八旬大寿，诸皇子均有封赏。但问题是，六阿哥永瑢封质亲王、十一阿哥永瑆封成亲王、十五阿哥封嘉亲王，唯独永璘被“降封贝勒”。此后，永璘也对皇位彻底死心。乾隆末年，由于储君仍未宣布，有人戏称永璘也有机会。永璘听后，撇嘴笑道：“使皇帝多如雨落，亦不能滴吾顶上。惟求诸兄见怜，将和珅邸第赐居，则吾愿足矣！”

这话什么意思呢？就是说：即便天上皇帝多如雨落，也不会有一滴儿落我头上。我嘛，也不去做什么当皇帝的白日梦。盼只盼将来哪位哥哥当了皇上，发发善心，把那和珅老儿的宅子赐给我，那我就心满意足了！

永璘这话颇有自知之明，后来还真让他说中了。乾隆驾崩后，和珅迅即倒台，其遗下的奢豪宅第真就归了永璘。这倒也好，永璘从此燕居邸中，惟以声色自娱，过上了幸福快乐的日子。①

也有人说，由于乾隆对皇子们都不满意，一度还打算从皇孙辈中挑选储君，这是否真有其事呢？这一说法还真不是空穴来风。乾隆四十五年（1780 年），朝鲜正使黄仁点即向国内报告称：“皇子、皇孙自七岁始受文学，习弓马。而皇长子缅王（原文如此）已死，有子二人。第二子（即绵恩）今年二十岁，最善诗文，武艺绝伦，故皇帝钟爱，不离左右，恩眷出诸皇子上云。”

乾隆五十八年（1793 年），朝鲜使臣又报告称：“归政既有定期，皇意必有所属，而至严至秘，无论朝士贱人，不敢开口，故无以探知。而皇子四人中，第八王（即永璇）沉湎酒色，又有脚病，素无人望；第十一王（即永瑆）、十五王（即永琰）、十七王（即永璘）三人中，十五王长在禁中，勤于学业云，而人望所在，亦无以得知。皇孙定郡王绵恩，即皇长子永璜之子，而最被恩眷，前下皇谕有曰：诸皇孙中，绵恩非但年纪最长，自派管旗营诸务以来，甚为妥，着加恩赏。绵恩益思勤勉，以期仰承恩眷。”

---

①原文是：“经睿皇帝屡加斥责，晚年深自敛饰，燕居邸中，惟以声色自娱而已。”以上关于永璘的记载，见昭梿：《啸亭杂录》，第 517 页。

另一名朝鲜使臣也报告说："皇子见存者四人，八王、十一王、十七王俱无令名，唯十五王饬躬读书，刚明有戒，长在禁中，声誉颇多。皇孙中皇长子永璜之子定郡王绵恩，才勇过人，自八岁已能骑射命中，派管旗营，最承恩宠。今年正月谕旨褒嘉，晋封亲王。彼中物议，皆以为上头属意者，不出此两人中云。"①

如此看来，乾隆恩宠孙辈绵恩是事实。绵恩是皇长子、定安亲王永璜次子。乾隆四十一年（1776年），其长兄、定郡王绵德因事削爵，遂以绵恩代之。乾隆五十八年（1793年），深受乾隆喜爱的绵恩晋封为定亲王。

曾多次随扈行在的军机章京赵翼在《簷曝杂记》中记了这样一段趣事：某次木兰行围时，"上坐较射，皇子、皇孙以次射。皇次孙绵恩方八岁，亦以小弓箭一发中的，再发再中。上大喜，谕令再中一矢赏黄马褂。果又中一矢，辄收弓矢跪于前。上若为弗解其意者，问：'何欲?'仍跪而不言。上大笑，趣以黄马褂衣之。仓促间不得小褂，则以大者裹之，抱而去。"

这段记载，可谓生动有趣，将乾隆和绵恩的性情刻画得栩栩如生。由此也可看出，绵恩自幼尚武，机警伶俐而不失活泼可爱。如是，乾隆如何能不对他格外垂青呢?

不过，在《啸亭杂录》作者昭梿的笔下，绵恩却成了一个极滑稽的对象，其中称："(绵恩)貌颀秀，猿臂，善射，騋马蹻捷如飞。举止详赡，趋跄有节，幼颇健偺，纯皇帝爱之，几夺储位。弱冠即领火器营总统，凡五十余年，年七十六始薨。"

说到这里，昭梿却笔锋一转，说绵恩"外美而内昏，不习政体，遇属吏禀事，莫能剖析是非，颔首画诺而已。护卫赵吉玉为之点缀园庭，任其通下吏，苞苴动辄巨万，有楚滨萼山之讽，火器营兵丁恨之切齿。性复吝啬，积财盈库，莫肯挥用。每晨入朝，惟啖鸡子糕二枚，近侍嫌其干脆，王曰：'以水沦之，殊可食也。'夙不解音

①转引自郭成康：《乾隆正传》，第578页。

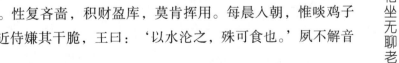

乐，尝演《王允议剑》剧，问粉面为谁，侍者以衍扮曹操对。次复观杨椒山剧曲，见赵文华冲场，笑曰：‘阿瞒之奸状故可哂也。’其愚暗若此，人传为笑柄云。”①

接着，昭梿又举了一例：“乾隆末，定王（即绵恩）屡摄金吾（即步军统领，亦称九门提督）印信，正阳门外火灾延及居民，王驰救之。有娼家避火，群立巷口粉白黛绿者数十人，王不识，诧曰：‘此家女子为何如此之多也！’人争笑之。”②

堂堂定亲王，做火器营统领五十余年，居然为属下愚弄；更可气的是，明明是家财万贯，却小气到每天早上只吃鸡子糕二枚；身为步军统领、九门提督，连娼家都不识，更不要说欣赏戏曲了。在昭梿的笔下，绵恩的形象呆萌傻憨，简直到了令人捧腹的地步。所谓外表英武，内则绣花枕头，乾隆怎么会把大清江山交给他呢？

《啸亭杂录》的作者昭梿生于乾隆四十一年（1776 年），系努尔哈赤次子礼亲王代善第六世孙，后袭为礼亲王，与绵恩算同时代人。当然，昭梿对绵恩可能另怀私怨、别有看法，绵恩也未必真像他描述的那样。毕竟，绵恩如无过人之处，为人一向挑剔的乾隆如何会殊爱于他？

不过，喜欢归喜欢，乾隆是决不会将皇位传给绵恩的。首先，绵恩是孙辈不说，其生于乾隆十二年（1847 年），明显年龄偏大；再者，乾隆在四十三年（1778 年）“金从善事件”后明确表态：“明太祖不立建文而立永乐，则元武门之变、金川门之难皆无自而起，何至骨肉伤残、忠良惨戮？此立嫡立长之贻害。”由此可见，乾隆对明初“靖难之变”颇具戒心，他如何会犯下与朱元璋一样的错误呢？

如此排下来，最后只剩下两个皇子，即皇十一子永瑆与皇十五子永琰。先说皇十一子永瑆。永瑆是八阿哥的同母弟，其母淑嘉皇贵妃金佳氏共生四子，分别为皇四子永珹、皇八子永璇、皇九子永

①昭梿:《啸亭杂录》,第 515 页。

②昭梿:《啸亭杂录》,第 409 页。

瑜（早殇）和皇十一子永瑆。除皇九子外，淑嘉皇贵妃所生皇子多高寿且富艺术气质，而永瑆之天赋更在永璇之上。

如《啸亭杂录》中所记，“成亲王（即永瑆）善书法，幼时握笔，即波磔成文，少年工赵文敏。又尝见康熙中某内监言：其师少时犹及见董文敏握笔，惟以前三指握管悬腕书之。故王推广其语作‘拨灯法’，谈论书法具备，名重一时，士大夫得片纸只字，重若珍宝。上特命刊其帖，序行诸海内，以为荣云。”①

赵文敏即赵孟頫，董文敏即董其昌，两者均为书法大家。在该太监的启发下，永瑆将“三指握笔、悬管写字”的技法发扬光大，并命名为“拨灯法”。除书法极佳外，永瑆的画亦超妙空灵，既能写生，又善山水，功力相当不差。

对于永瑆的艺术天赋与爱好，乾隆是一则以喜，一则以忧。喜的是永瑆天分颇高，而乾隆本人也爱好艺术并相当识货，他对永瑆的成就颇为欣赏，并经常临幸成亲王府第，观赏儿子的书画佳作。

但是，永瑆毕竟是皇子，其一味地寄情翰墨，流连诗酒，乾隆就难免有些不能接受了。乾隆三十一年（1766年）五月，乾隆见十五阿哥永琰手持一扇，扇上有诗有画，均颇为可观。乾隆遂索扇细看，见落款有“兄镜泉”三字。对于皇子们在外面与闲人称兄道弟，乾隆是很看不惯的，于是问永琰这个所谓的“兄镜泉”究竟是何许人也。永琰一看躲不过去，只好说这位老兄不是别人，正是十一阿哥永瑆的别号。

在乾隆看来，永瑆此时不过十四五岁，却附庸风雅，自号“镜泉”，未免濡染汉人文士陋习太过，而忘却了满洲传统的尚武之风。是以，乾隆颇为警惕，并下令众皇子今后一律不得自署字号。

既然是个艺术家，永瑆身上难免有些怪脾气。据《啸亭杂录》中说，永瑆“天性阴忮，好以权术驭人。持家苛虐，护卫多以非罪斥革。日用菲薄，库积银八十万，莫肯挥霍，一任其子孙盗窃。一日

①昭梿:《啸亭杂录》,第46页。

乘马毙，王命烹以代膳，是日即不举爨，其啬吝也若是。其妃乃傅文忠公女，奁资颇丰，而王皆索入封桩库中，妃惟日啖薄粥而已。”

积银八十万，一文不肯花。永瑆的福晋是大学士傅恒之女，其嫁妆自是丰厚异常，但这些金银财宝都被永瑆收了去，王妃竟只能“日啖薄粥”。所乘之马死了，永瑆竟令王府不准举炊而只准吃马肉，其吝啬到这种程度，难怪会成为昭梿笔下取笑的对象。

更令人绝倒的是，永瑆死前得了狂痫症，其“体不沐浴，发不枇栉”，大小便失禁，秽物从裤裆中流出来，“左右有劝更衣者，王曰：‘死后蛆食蛆骸，又谁为涤垢也？’卒以狂疾致死。”①永瑆去世于道光三年三月，年七十二岁。如此皇子，如何能承当社稷重任？

乾隆三十八年（1773 年）冬，当立储之事已经不可回避之时，乾隆难免被一种迷茫与失落的情绪所笼罩。试想太祖努尔哈赤时期，根本谈不上什么皇子的教育，但军务倥偬之际，皇太极、多尔衮、多铎、阿济格等大小贝勒几乎都是英武之材；圣祖康熙虽然同样被困于立储问题，但他的问题与乾隆恰好相反：康熙末年是儿子太多而且太有能力了，而乾隆这里却是乏善可陈、无人可选。

如此推算下来，除了皇十五子永琰，乾隆实际上已经没有更好的选择。十五阿哥永琰是令妃魏佳氏所出，而后者也是孝贤皇后去世后乾隆最宠爱的后妃，尽管她不曾被立为皇后，但毕竟是后宫中权位最高的女子。由此，永琰受到乾隆的较多关注也在情理当中。不过更重要的是，皇十五子永琰品行端正，为人稳重，处事刚明，而且不曾犯下任何让乾隆不能接受的过失。因此，未来储君的人选也就落在他头上了。

或许是担心永琰又像其兄长一样早逝，或许是对永琰还不够放心，需要继续考察，乾隆在立储人选密定之后，其表面上仍不动声色，对其他皇子态度照常，对永琰也无任何特殊待遇。事后，乾隆只将立储之事谕知军机大臣，但所选对象绝口不提。如此讳莫如深、

①昭梿：《啸亭杂录》，第 517 页。

深不可测的高明做法，乾隆一直维持到六十年（1795 年）正月，这一严防死守了二十二年之久的谜底才算揭开。

这一年的正月初二，已是八十六岁高龄的乾隆照例在乾清宫设家宴，与宴的皇子、皇孙、皇曾孙、皇元孙以及近支亲王、郡王等济济一堂，轮流到老皇帝跟前跪拜，恭贺新喜。当所有人都接受了赏赐，唯十五阿哥永琰仍仰望父皇，有所期待时，乾隆却在众目睽睽之下对他笑道："你还要银子有什么用?"一时间，永琰尚未品出皇父此话的含义，而其他聪明的皇子、皇孙们早已相视莞尔一笑矣。①

这一天，距乾隆正式宣布皇储尚不到九个月。

①郭成康:《乾隆正传》,第 573 页。

见习皇帝：大事还得我办，你且一旁看政

皇十五子永琰生于乾隆二十五年十月初六日丑时（1760 年 11 月 13 日凌晨两三点钟），地点在圆明园中之绮春园。此时，乾隆正与诸王公大臣在木兰行围。三天后，当消息传到其耳中时，乾隆并没有特别的惊喜而只是简单地询问数语，之后即挥退报喜的兵部专差，转身策马投入紧张的围猎之中。

乾隆二十五年，乾隆五十岁。永琰是他的第十五个儿子。乾隆三十八年（1773）冬，十四岁的永琰被秘密立为皇储。立储谕旨有两份，一份藏在一个硬木匣子里，安静地躺在乾清宫“正大光明”的匾额后面，另一份则由乾隆随身保管。

乾隆为何会选择皇十五子永琰为储君？日本学者中野美代子提出一个观点，即所谓易系辞中“天数二十有五，地数三十，凡天地之数五十有五”的天数理论。其认为，由于乾隆即位是在二十五岁，因此他对这个天数更具好感，且认为别具意义。而且，皇十五子永琰也正好出生在乾隆二十五年。因此，他更认为这是吉兆，所以对永琰有一份特殊的期望。再者，依照乾隆自己原先的构想，在其六十年（1795 年）归政时，永琰已经三十六岁，足以担当重任了。因此，他才会决定选择永琰为嗣君。①

①中野美代子的解释来自乾隆御制诗中所述。转引自陈葆真:《从四幅“岁朝图”的表现问题谈到与乾隆皇帝的亲子关系》,《台大美术史研究集刊》第 28 期。

是年冬至，乾隆在南郊天坛举行祀天大典。当着众阿哥的面，乾隆仰望苍穹，向上天默默祷告：“如所立皇十五子永琰能承国家洪业，则祈佑以有成；若其不贤，亦愿上天潜夺其算，令其短命而终。毋使他日贻误，予亦得以另择元良。朕非不爱己子也，然以宗社大计，不得不如此。惟愿为天下得人，以继祖宗亿万年无疆之绪。”①

这段祷语，听起来未免有些怪异而绝情了。乾隆的意思，似乎是请老天爷给他把把关：如果永琰是当皇帝的料，那就祈请保佑永琰，让他健康成长，顺利接班；否则，就令他赶紧短命而终，好让自己重新选择皇储，以免贻误。总之，祖宗的江山社稷、国家的前途命运至关重要。与之相比，父子之情算不得什么。

乾隆在祷告中用如此恶毒的语言加诸儿子头上，可谓古今罕见、人所难闻，由此也可见其对永琰信心不足，立之纯属无奈。在乾隆的规划中，万一永琰为天所殛，则立储密旨立即撤出毁弃，另作他图。对此，他是有心理准备的。

清史专家郭成康先生曾评价说，“如果说乾隆对和孝公主充满了慈父的爱心，有时甚至到了溺爱的程度。那么，对于阿哥们，则往往摈却感情的因素，绝对从政治上着眼，考察他们的品德才具能否担得起大清江山这副重担，考察他们是否有暗存争储的野心。因而，对待皇子，皇帝总是摆出一副严父面孔，有时甚至到了不近人情的地步”；“乾隆对儿孙辈的爱是慷慨又是吝啬的，关系到政治原则的大事，他从不以感情用事。付托神器，是何等重大之事，乾隆自然会自作主持，断然决策，绝对不可能为亲情所左右”。这一评价，可谓中的。②

这一次，老天爷总算没有捉弄乾隆，也没有对永琰“潜夺其算”，后者平平安安、顺顺当当的活到了乾隆六十年（1795年）。在归政之期即将到来之时，乾隆特于五十八年（1793年）降旨，宣布

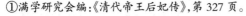

①满学研究会编：《清代帝王后妃传》，第327页。

②郭成康：《乾隆正传》，第567页、第581页。

从五十九年秋到新皇即位这三年间连续举行归政恩科乡、会试及嗣皇帝即位恩科乡、会试，以此为天下寒士在常科外多提供两次应试入仕的机会。次年，乾隆又下令将各省历年民欠钱粮一概豁免，此举一为推仁惠民，二为营造归政的欢庆气氛，其三也在于乾隆不想把自己在位时的旧账遗给新皇帝。

乾隆六十年是乾隆以“皇帝”名号在位的最后一年。据载，此年开端即有异兆，正月初一恰逢日食，元宵又逢月食，似为上天示警，大有不祥之感。当然，日食、月食早已被钦天监预测，不必惊慌，但这年冬天却是奇寒无比，不但乞丐冻毙路旁，就连来京参加禅位大典的安南国使臣也于除夕前日冻死在会同四译馆内，亦属奇闻！①

天降异兆，乾隆自是大为警醒。不过，这一年虽有白莲教等事端屡起，但毕竟皇宫安靖，并无大故。而且，乾隆身体依旧健旺，较往年并不见差。一番思量后，乾隆决定在九月初三，也就是六十年前其即位之日宣布传位密旨。是日，皇子、皇孙、王公大臣等群集于圆明园勤政殿，乾隆将三十八年（1773 年）亲自书写缄藏的传位密旨当众开启，其上赫然写着：“立皇十五子永琰为皇太子。”

接着，乾隆又连续宣布三件事：一、以明年为嗣皇帝嘉庆元年，皇太子永琰由“永”改“颙”，即日移居大内毓庆宫，以定储位；二、追谥皇太子永琰生母令皇贵妃魏佳氏为孝仪皇后，升奉先殿，列孝贤皇后之次；三、朕届时其将退居太上皇之位，但仍继续训政。

归政后又训政是怎么个搞法呢？乾隆对此早已胸有成竹，其宣布：归政后，其称“太上皇帝”，其谕旨称“敕旨”，太上皇帝仍自称“朕”；嗣皇帝生日称“万寿节”，太上皇帝生日称“万万寿节”；嗣皇帝登极后，主持处理“部院衙门并各省具题章疏及引见文武官员”等“寻常事件”，“凡遇军国大事及用人行政诸大端”，则太上皇帝“躬亲指教”，嗣皇帝“朝夕敬聆训谕”，来京陛见的文武大员及

①郭成康：《乾隆正传》，第 682 页。

新授道府以上官员均要到太上皇帝处谢恩，并恭请训示。

次日，还算聪明的永琰立即禀告父皇，说自己受封皇太子后，“五内战兢，局踏弥日”，恳请改元归政“敕停举行”，自己“谨当备位储宫，朝夕侍膳问安之暇，得以禀受至教，勉自策励”。看得出来，永琰真不是谦恭孝让，而是觉得“太上皇”在上，这“儿皇帝”真心难当啊！与其这样，倒不如请皇父把皇帝当到底，待其百年之后，自己再接手也不晚。

之后，和硕礼亲王永恩（即昭梿之父）又率王公、内外文武大臣及蒙古王公等合词奏请皇上俯顺“亿兆人之心”，“久履天位”。对这成规模、成系列的挽留，乾隆心里那叫十分受用。不过，乾隆虽老，但心里并不糊涂，子臣们的“殷殷期望”固然暖心暖胃，但其归政计划并不会因此而打断。之后，乾隆告诫皇太子及群臣“毋庸再行奏请”，归政按期实行。

与此同时，乾隆又再次宣谕说：“归政后，凡遇军国大事及用人行政诸大端，岂能置之不问？仍当敕几体健，躬亲指教。嗣皇帝朝夕敬聆训谕，可以知所禀承，不致错失；而大小臣工，恪恭尽职，亦可谨凛遵循。”话都说到这份上了，还恳请个什么呢？

至于永琰，当然还得表现得诚惶诚恐、小心谨慎才好。之后，其又叩请父皇明年仍用乾隆年号，不必用嘉庆年号。对于儿子的这份孝心，乾隆很是满意。只是，新皇帝的年号已经拟定，不用于礼不合；再者，如果继续沿用乾隆年号的话，势必会超过圣祖康熙皇帝的在位时间，这点是万万不可的。当然了，永琰有这孝心也是难得，那就这么办：每年印刷乾隆纪年的历书一百部，用于颁赏宫廷和赏赐御前近侍王公大臣。至于嘉庆元年的历书，仍照常颁行天下。①

很快，就到了这年的除夕。当晚，乾隆写下其在位六十年最后一天的最后一首诗：

---

①向斯：《乾隆养生之谜》，第302页。

此日乾隆夕，明朝嘉庆年。古今难得者，天地赐恩然。
父母敢言谢，心神增益虔。近成老人说，六十幸能全。

第二天，就是嘉庆元年（1796年）元旦了。这一天，文武百官、王公大臣及朝鲜、安南、暹罗等各属国使臣全部聚集在太和殿前，乾隆的归政传位大典即将举行。待吉时一到，乾隆乘舆出宫，永琰着皇太子冠服随行其后，经中和殿，来到太和殿。据说，其中有一细节：乾隆走向太和殿正中高高在上的宝座时，步履颇有些艰难。随扈在旁的和珅见状想扶掖一下，乾隆立即挥手制止。显然，乾隆并不愿让大臣们看到其衰弱的样子。

待乾隆在宝座上坐定后，大学士阿桂从御座左边香几请出“皇帝之宝”，跪奉到乾隆手上。这时，最有意思的一幕出现了：只见乾隆手捧这颗用了六十年的玉玺，端详良久，却并不交给匍匐在身前的皇太子颙琰。看了好大一会，乾隆才突然醒悟，恋恋不舍地将此“皇帝之宝”授给了皇太子颙琰。至此，归政传位大典总算是圆满完成。

乾隆在传位大典上的偶尔失态，后来衍生出诸多传闻。当时朝鲜使臣即说，乾隆禅位之时，并不想将“大宝”交给嗣皇帝。其传禅时，“临当受贺，高皇帝不肯与大宝，则刘墉止贺曰：‘古今安有无大宝之天子？’遂即入奏高宗曰：‘陛下不能无系恋天位之心，则传禅可已；传禅而不与大宝，则天下闻之，谓陛下如何？’半日力争，卒大宝而出，始行庆贺礼。”传位而不授玉玺，朝鲜使臣的这种说法虽不是事实，但也不算空穴来风。[①]

对于自己的守信归政，乾隆还是颇为洋洋得意的。其曾说：秦皇以后，禅让都是徒有虚名。三代之时，虽有尧舜禹禅让盛事，但是授受者都是异姓，充其量可称为“外禅”。只有自己的禅位大典堪称空前绝后的“内禅”，“不但三代以下所未有，以视尧舜，不啻过

①郭成康:《乾隆正传》,第688、691页。

之。”由此可见，乾隆将归政大典看成是他政治生涯中的压轴大戏。

归政当晚，乾隆又写了一首诗，其中最后一句是：“虽云归政仍训政，两字心传业与兢。”其中意义，自可玩味。有意思的是，早在乾隆三十五年（1770年）时，刚满六十的乾隆即下令修缮宁寿宫，以作为自己归政后优游颐养之所。但事实上，退政并非不理政，在其余生中，乾隆始终占据着本该由嘉庆“宵旰寝兴”的养心殿，宫中纪年也一直用到乾隆六十四年（即嘉庆四年）一月为止。对此，乾隆自辩说：自己“仍旧照常居此，非惟自便，兼欲便于大小臣工也。”其坦率地表示：“予即位以来，居养心殿六十余载，最为安吉。今既训政如常，自当仍居养心殿，诸事咸宜也。”[1]

乾隆归政后照常理事可不是说着玩的。这不，元旦没过几天，就有一个倒霉蛋碰到枪口上来了。原来，湖广总督毕沅上了个奏折，其中没有按照太上皇规定的书写格式。乾隆见后大发雷霆，其降旨切责：“本年传位大典，上年秋间即明降谕旨颁示中外：一切军国大事，仍行亲理，嗣皇帝敬聆训诲，随同学习。其外省题奏事件，并经军机大臣奏定款式，通行颁布。毕沅并不遵照办理，是何意见？……即自嘉庆元年以后，内而部院各衙门、外而督抚大吏等章奏事件，亦皆朕躬亲综揽，随时训示。岂因有授受之典，即自暇自逸，概置政事于不问乎？”[2]这下，大小臣工算明白乾隆归政是怎么回事了。

乾隆让位不让权，“归政仍训政”。此后，老爷子以“太上皇”的名义，每日仍与原来那样召对臣工，处理庶政，只可怜嘉庆坐在旁边，如同木偶。《世载堂杂忆》里记载了这样一个故事：嘉庆元年八月，某广东按察使觐见乾隆，当时他已七十岁，遂向乾隆请求退休。乾隆说，我知道你有才干，何必这么早就退休。你看啊，我比你还大十六岁，现在照样理政，我看你的精神尚好，不要那么早退休，再干一任吧。

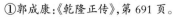

①郭成康：《乾隆正传》，第691页。

②向斯：《乾隆养生之谜》，第303页。

该按察使说，臣在前两年渡海巡查南澳，受了海风，到现在右耳仍作风涛耳鸣不止。乾隆说，你精神还好，耳也不聋。随后乾隆又问，你看我脸色如何？传位后亲政如何？该按察使说，臣六年前曾睹天颜，迄今如旧，现在亲理万机，以身设教嗣皇帝，普天悦服。整个过程中，嘉庆没有说过一句话，乾隆也没有征求过嘉庆的任何意见，真真是视如无物。

《朝鲜实录》中也记载说，嘉庆元年（1796年）朝鲜使臣李秉模回国后，向朝鲜国王汇报清朝新皇帝嘉庆的情况，说后者“侍坐太上皇（乾隆帝），上皇喜则亦喜，笑则亦笑，于此亦有可知者矣”。随后，他又报告在圆明园见乾隆的情形：“太上皇使阁老和珅宣旨曰：‘朕虽然归政，大事还是我办。你们回国，问国王平安。道路辽远，不必差人来谢恩。’”①

“上皇喜则亦喜，笑则亦笑”，把嘉庆的这个“见习皇帝”形容得惟妙惟肖；而“大事还是我办”，描绘乾隆做太上皇的情形可谓传神。对于乾隆恋权的表现，下面难免风声风语。乾隆得知后，特作一首明志诗，其中有两句曰：“敬天勤政仍勖子，敢谓从兹即歇肩？”这说来实在有些可笑了，明明就是恋权恋位，死死抓住权力不放，乾隆却非要把自己说成不肯偷闲、勤政不已的高大上形象。这是什么精神？

嘉庆元年（1796年）清明时，乾隆带着新皇嘉庆到东陵祭拜顺治、康熙二帝并禀告禅位之事。然后，乾隆又到孝贤皇后陵上酹酒，同时作诗告慰同陵中的令贵妃（孝仪皇后）：

吉地临旋跸，种松茂入云。暮春中澣忆，四十八年分。
携叩新皇帝，酹觞太上君。母应以子贵，名正顺言欣。

这一年，孝贤皇后已经去世四十八年了。而这一次，也是乾隆

①郭成康：《乾隆正传》，第692页。

最后一次来到孝贤皇后陵前酹酒。这时的他，已是真的垂垂老矣。

据记载，乾隆年过七十后记忆力衰退，“昨日之事，今日辄忘；早间所行，晚或不省”。有时，还经常出现这种情况，“皇帝早膳已供，而不过霎时，又索早膳。宦侍不敢言已进，而皇帝亦不觉悟。其衰老健忘，推此可知”。有一次，乾隆从热河回京，天气稍冷，即换上了暖帽。群臣见后，纷纷效仿。又过了几天，天气转暖，乾隆又戴凉帽，大臣们也忙着换帽子。乾隆还纳闷呢，你们这些人为什么要这么换来换去，仔细一想才恍然大悟，其苦笑着说：“不怨大臣，是朕年老所致也。”[①]

年老体衰，是无法克服的生理规律。年高而又要勤政，这无疑是高寿天子的两难之局。在皇帝终身制的前提下，此局无法破解，除非换一套制度，让老龄皇帝依制退休。但若是退休，又岂能称之为皇帝？乾隆归政为太上皇也不肯放权，此即原因。

不过，权力即意味着责任，既然自己归政后仍理政，乾隆也没有把国事责任推给儿皇帝嘉庆身上。如嘉庆二年（1797 年）十一月二十一日晚，乾清宫因火烛不慎而引起大火，火势一度危及交泰殿。所幸的是，后来风势逆转，火势被扑灭。为此，乾隆特作《悔过六韵》，其中即深切自责：突发火灾可能是因为自己处处幸蒙天庥而过于自满，所以上天以此示警。不过，由于他仍时时过问国政，因此有任何过失的话，责任在他而非嗣皇帝，这也表现出乾隆肯于负责的一面。[②]

对于乾隆“归政而训政”的朝政模式，同时代的史学家赵翼给予了高度评价，其表示：“惟我高宗纯皇帝当大一统之运，临御六十年，亲传宝位。犹时勤训政，享年到八十有九。今上自受禅后，极尊养之，诚无一日不亲承色笑。视宋孝宗之一月四朝，曾不足比数焉。

①陈捷先:《乾隆写真》,第 422 页。

②陈葆真:《从四幅“岁朝图”的表现问题谈到与乾隆皇帝的亲子关系》,《台大美术史研究集刊》第 28 期。

然则两宫授受，慈孝兼隆，福德大备，真开辟以来所未见，岂不盛哉！”①

康熙晚年，曾为众臣尚可休致退养、自己却一日不得休息而伤感痛心；而在另一边，皇太子胤礽却抱怨说，这世上哪有做四十多年的太子呢？由此可见，皇帝终身制不是什么好制度。如是，赵翼之言，果其然哉？

①向斯:《乾隆养生之谜》,第 304 页。

尾声

一个不受欢迎的远方来客

一个不受欢迎的远方来客

1792年9月26日，正当法国大革命进行得如火如荼之时，朴次茅斯港却是一片欢腾。在彩带的飘扬下，在送行者的祝福声中，英国战舰“狮子”号、“印度斯坦”号和小型护卫舰“豺狼”号在早潮翻涌时驶出港口——他们的目标不是法国，而是遥远的中国。

在拥有六十四门火炮的“狮子”号船头，马嘎尔尼勋爵踌躇满志，他望着深不可测的茫茫大海，畅快地呼吸着海上的空气。此时的他，正肩负着英王赋予的神圣使命：为英国商业打开中国的大门。

马嘎尔尼勋爵所率的这个使团，规模空前庞大，光正式人员就有近百人，包括外交官、青年贵族、学者、医师、画家、乐师、技师和仆役等，如果算上水手和士兵，整个舰队有将近七百人。

特别值得一提的是，“狮子号”是当时英国的一流战舰，而英国东印度公司为帮助马嘎尔尼完成使命特意为使团提供了公司吨位最大的商船“印度斯坦号”。在此之前，英国从未派出过如此庞大的使团，整个欧洲也不曾有过。

十八世纪的大英帝国，尽管它只有不到一千万的人口，但它拥有当时世界上规模最大的商业船队和最令人生畏的海军舰队，俨然接近于全球性的强国。在重商主义思想的传播下，英国人清醒地认识到，国家的富强和科技的进步很大程度上取决于贸易。

因此，他们并不想把全部赌注押在本土和毗邻的欧洲大陆上，他们要向全球扩张，特别是远东地区，以弥补十年前美洲殖民地独立所带来的损失。出于对未来商业的重视，大英帝国在很可能被法国革命拖入一场欧洲战争的情况下，马嘎尔尼使团仍旧被派往中国。

而在世界的另一端，英国东印度公司的特派员将一封预约函交到了驻广州的两广总督手中。信中说："英王陛下为增进两国朝廷间的友好往来，为发展于两国都有利的贸易关系，决定派遣马嘎尔尼勋爵为全权特使赴北京访问。"中国方面接到这封信时，正是马嘎尔尼使团出发之时。

航海新发现让地球变得更小，贸易则让各国变得更近。十八世纪的欧洲，工业革命刚刚起步，各国对通商贸易都寄予厚望。在对中国的贸易中，英国虽已超过葡萄牙而位列首位，但英国国王对当时的中英关系并不满意，此次派马嘎尔尼前往中国，目的就是要跟中国建立新的外交关系并达成以下协议：

> 一、英国派遣驻中国使节；
>
> 二、准许英国在舟山和天津进行贸易，并仿效澳门先例在舟山附近指定一个小岛，供商人居留和存放货物；
>
> 三、允许驻澳门的英国商人居住广州；
>
> 四、英国商品在中国内河运送时，争取免税或减税。

准确地说，马嘎尔尼是英国派往中国并准备常驻北京的首位大使。受命之后，马嘎尔尼将乔治·斯当东选为副使，后者是位长年跟随他的外交老手，如果马嘎尔尼发生意外，将由乔治·斯当东领导使团去完成既定任务。值得一提的是，斯当东的十三岁儿子，托马斯·斯当东，也跟随使团前往中国，并在后来的外交活动中发挥了重要作用，这也算是此次远航的意外收获。

当时船上还有四名中国传教士，李神父、周神父、安神父与王神父，他们此行是在意大利教廷完成学习后搭顺风船回国。趁着这个机会，小斯当东在旅途中苦学中文，后来一些照会的抄写也就交给了这位小朋友。成年后，托马斯·斯当东作为东印度公司专员长驻广州（1798至1816年），并用十年时间翻译了《大清律例》，这也是第一本直接由中文译成英语的著作。再后来，托马斯·斯当东成了知名的汉学家，同时也是中英关系专家。

1792年11月1日，舰队来到了非洲大陆的南端佛得角。面对浩瀚的大洋，马嘎尔尼迎着海风的吹拂，精神振奋，意气风发。

早在伊丽莎白一世时代，沃尔特·雷利爵士就曾说过：“左右商业的人左右世界的财富，因此也就控制了世界。”①当时的英国人，就像下面的歌词一样梦想飞扬：

> 统治吧，英国！
> 英国，统治那浩浩的浪波。

八百万英国人既然“统治了大海”，他们也就相信，这次前往中国一定会有不小的收获。不过，东印度公司驻广州的代理人却不这么认为，“中国政府对外国人一概蔑视，它对外国实力的无知使它过分地相信自己的强大。它认为派遣使团只是一种效忠的表示。”

长途的海上航行似乎也没有想象中的那么顺利。快到好望角时，天气变得极为恶劣，“豺狼”号一度失去联系，一直到进入亚洲海域，舰队才得以重新会合。更麻烦的是，船上疾病流行，不少船员中途丧命，他们的尸体和灵魂都被永远地抛入了途经的大海。

为显示英国的国力，马嘎尔尼的庞大使团带来了众多的礼品。很显然，英国人想把他们的最新发明介绍给中国，并猜想准会让中国人感到惊奇而高兴。为此，乔治三世还特意赠送了当时英国规模最大并装备有一百一十门大口径火炮的“君主号”战舰模型。也许，他想暗示六十四门火炮的“狮子”号在英国强大的海军舰队里是多

①伊丽莎白一世于1558至1603年在位。

么的微不足道。

马嘎尔尼的礼单中还特别准备了一些先进武器，如铜炮、榴弹炮（被称为西瓜炮）、卡宾枪、步枪和连发手枪等，为了便于当场演示，一小队炮兵也随同来访。英国人心想，这些东西一定会引起中国军官们的兴趣，但让他们大失所望的是，清朝大臣多数是文人出身，他们对此毫无兴趣。在他们看来，这些东西不过是些无用的奇技淫巧罢了。

天文仪器是马嘎尔尼使团最重要的礼物，其中包括结合了天文学和机械学的天体运行仪，这个仪器代表了整个宇宙，它能够准确地模仿太阳系天体的各种运动，如月球绕地球的运行、太阳的轨道、带四颗卫星的木星、带光圈及卫星的土星等。另外，还有一个地球仪，上面标有各大洲、海洋和岛屿，可以看到各国国土、首都以及大型山脉，当时航海探险的新发现也都标在上面。

由于中英两国语言不通，解释这些天文仪器的名称颇费思量。当时所有的照会和礼品，必须符合天朝的语言，以便中国皇帝能够加以理解，比如天体运行仪，就巧妙地写成了“天文地理音乐钟”。幸亏有个小斯当东，经过半年的中文速成训练，他已能凑合着写汉字了。当时照会的翻译与誊写，实在是出奇的复杂：中国神父不懂英文，使团必须先把英文译成拉丁文，然后再请神父把拉丁文译成普通中文，之后改为清朝的官话，最后的誊写工作则交给小斯当东了。

问题还不仅仅是语言。二十年后，托马斯·斯当东曾这样总结当年使团的不妙处境：“这个庞大的帝国过分相信自己的智力资源，所以不愿和欧洲各国建立关系。它幅员辽阔，别人无法强制它，它从不容许与西方发生任何关系。”

事实上，中国人特别是沿海居民并非一贯封闭，他们也不排斥洋商，因为海上贸易可以改善他们的生活。但是，历代统治者却不这么认为，海疆稍有风吹草动，往往就禁海锁国。如元世祖忽必烈消灭南宋后不久，即 1292 年下令“禁两浙、广东、福建商贾航海者”，明清两朝也都发布过“片帆不得下海”的类似禁令。

禁令也未必能压抑人的本性。早在元明时期，一些广东、福建人便侨居东南亚，郑和下西洋时就遇到有不少中国人在海外谋生。马嘎尔尼使团经过巴达维亚（雅加达）时，他们发现中国人已在这个荷兰殖民地从事着各种职业，如办事员、经纪人、零售商、佃农、仆人，等等，甚至种植甘蔗（给黑奴干的活）——他们中的一些人也靠做买卖发了财。

中国人的数量和取得的成功让荷兰人感到恐惧。1740 年，荷兰东印度公司听到反叛的传闻后对当地的中国人进行了一场大屠杀，大约有二至三万人因此丧生。荷兰害怕中国会对其在广州的荷兰人进行报复，于是派使团前来说明事由，并为此道歉。但令他们意想不到的是，中国皇帝竟毫不介意地答复说："我对于这些远离祖国贪图发财、舍弃自己祖宗坟墓的不肖臣民，并无丝毫的关怀！"

说这话的不是别人，正是乾隆皇帝。当马嘎尔尼来中国的那年，乾隆已经八十三岁了，而使团来得也真是时候，正值乾隆寿诞——英国人这不是给皇上贺寿来了吗？

出发九个月后，马嘎尔尼使团终于在 1793 年 6 月 19 日踏上了中国的土地。澳门休整数日后，使团继续北上天津，前往觐见中国的皇帝。初到大沽口即将登陆时，马嘎尔尼的心情极佳，"两岸青山，嫣然含笑，风景绝佳，皆可入画"。

但他的好心情并没有保持多久。刚一上岸，他们的队伍便被中国官员不由分说地插上了几面彩旗，上面写着几个大字："英吉利贡使。"无论在旗帜还是礼品清单上，中国官员都把"礼物"改成"贡物"。在天朝，送给皇帝的礼品从来都叫作"贡"。

马嘎尔尼决不认为自己是什么"贡使"，他是作为英国首任常驻大使派往中国的。尽管他一再抗议，但中国官员对此置之不理，他们从一开始就不接受这种区分，和对其他国家的使团一样，他们对英国人采用的是同样的措词和礼仪。

更让人哭笑不得的是，英王交马嘎尔尼转递乾隆皇帝的信也被改得面目全非。信的原文本是这样："英王陛下奉天承运，事事以仁慈为怀。践祚以后，除随时注意保障自己本土的和平和安全，促进自己臣民的幸福、智慧和道德而外，并在可能范围内设法促使全人类同受其惠。在这种崇高精神的指导下，英国的军事威力虽然远及世界各方，但在取得胜利之后，英王陛下对于战败的敌人也在最公平的条件下给以同享和平的幸福。除了在一切方面超越前代增进自己臣民的繁荣幸福外，陛下几次派遣本国最优秀学者组织远航旅行，作地理上的发现和探讨。”

经礼部大人们的修改后，乾隆看到的却是这样的版本：“英吉利国王热沃尔日敬奏中国大皇帝万万岁。热沃尔日第三世蒙天主恩，英吉利国大红毛及佛部西依拜尔呢雅国海主，恭维大皇帝万万岁，应该坐殿万万年；本国知道中国地方甚大，管的百姓甚多，大皇帝心里长把天下的事情、各处的人民时时照管。不但中国地方，连外国地方都要保护他。他们又都心里悦服，内外安宁。各所有各样学问各样技艺，大皇帝恩典，都照管他们，叫他们尽心出力，又能长进生发，交通精妙。本国早有心要差人来，皆因本境周围地方俱不平安，耽搁多时。如今把四面的仇敌都平服了，本境平安，造了多少大船，差了多少明白的人漂洋到各处。”

信还是小事。清廷接待官员发现了一个更大的问题——英国人居然不打算向皇帝下跪叩头！要知道，其他国家的贡使和传教士以前都是下跪的。但这次的马嘎尔尼——无论是他本国的礼节习俗，还是他的资历性格，都决定了他不会向中国皇帝下跪叩头。即使在英国国王面前，马嘎尔尼也只是行单膝下跪礼，只有在上帝的面前，他才会双膝下跪。他声称，自己决不对别国君主施高过自己国君的礼节。

乾隆听后，很不高兴。不过，英国人不远万里而来，也就姑且恩准了马嘎尔尼的单膝下跪。从形式上看，马嘎尔尼似乎取得了胜利，但他完全没有意识到，这次外交失败的前兆已经初露端倪。作为英国特使，马嘎尔尼认为单腿下跪是对大清皇帝表示尊重的合适方法，但在乾隆的眼里，这只是一种表示臣服的粗野方式。

礼节问题看似细微，无关紧要，但中西方文明的碰撞、英国与天朝的冲突，已经在这一问题上展现无遗。

当时的乾隆并不在北京而是在热河避暑，他要在寿辰庆典结束后才返回北京。为此，英国使团也被安排前往热河参加庆典，以便乾隆接见。让马嘎尔尼感到失望的是，他们的到来并未引起乾隆的特别重视。在皇帝的眼中，这些人不过是给庆典增加些异国风味罢了。

万寿节到来的那一天，在清廷接待官员的催促下，马嘎尔尼和随行人员于凌晨三点向皇宫出发。一片漆黑中，英国人走了近十里路，“队伍乱成一片，一些狗、猪和驴竟混入到我们的队伍中来了——中国的动物都是夜中之王”。

四点后，身着礼服的英国人终于来到灯火辉煌的宫殿面前，他们的队伍此时早已乱成一团。在这里，上千名天朝官员、各国贡使和他们的仆役，在无边的黑暗中等待皇帝的到来。所幸的是，周围尚看不清楚，倒没有太多的人注意到英国人的狼狈。趁着这个间隙，英国人在灯笼的微弱灯光下赶忙整理衣裳，免得自己过于失态。

静静地等待中，天色渐亮，曙光乍现——皇帝来了！

在司礼太监的号令下，全体人员呼喇喇地跪下，英国人也照样做了，但只是单腿下跪。当大家叩头时，英国人只是低下头；大家抬起身子，英国人也抬起了头。当大家又重新趴下时，英国人低头；大家站起来时，他们也就站了起来。

多醒目的一群人！在乾隆的眼中，这群人是多么无礼！其他人下跪叩头时，他们居然比周围的人高出许多！

随后，马嘎尔尼向乾隆呈递了英王问候信，并奉上数只精美的西洋表作为礼品。皇帝回赠了马嘎尔尼一件雕刻精美的如意。接着，斯当东父子上前向皇帝致礼，乾隆也赠给斯当东一块与大使一样的玉石。看到小斯当东后，乾隆将他召了过去，并解下身上的一只黄色荷包送给了这位可爱的异邦小友。小斯当东的反应很快，他当即用中文感谢了皇帝送的礼品，这让乾隆颇感到有些意外。

觐见结束后，乾隆命和珅、福康安等大臣陪英国使团参观热河行宫。在看到园内放着数不尽的西洋玩具、挂钟和地球仪后，英国人感到十分扫兴，因为这些东西绝不比他们的礼品逊色。陪同马嘎尔尼游览的官员还告诉他，比起圆明园内收藏的东西，这些西洋珍宝都算不了什么。听了这话，英国人一阵尴尬的沉默——中国的皇宫居然到处是英国人引以为荣的礼品物件。

不过，英国人随后扳回一局。马嘎尔尼发现了一些英国制造的八音盒，福康安见他对此兴趣盎然，于是傲慢地问，英国是否也有这些东西，但当他听说这些东西就是从英国运来时，他也感到十分扫兴。

由于福康安的显赫地位，马嘎尔尼很想获得他的好感，于是邀请他观看英国使团警卫准备已久的操练。但福康安拒绝了，他对此毫无兴趣。在当天的日记里，马嘎尔尼写道："真蠢！他一生中从未见过连发枪，中国军队还在用火绳引爆的枪。"[①]

让马嘎尔尼感到遗憾的是，他们引以为傲的军事技术并没有得到展示的机会。回北京后，英国人曾想表演试射炮弹，但他们的炮兵很快被打发回来——中国人告诉英国人，他们懂得发射技术。1860年，英法联军火烧圆明园时，英国人惊奇地发现，这些大炮与炮弹都完好无损地摆放在那里，它们从未被使用过。于是，在被冷落了半个多世纪后，这些"英国造"又被重新运回了它们的故乡。

在中国期间，天朝并没有对英国使团进行特别优待。相反，因为礼节问题——英国人竟然不给皇上叩头——而增加了乾隆对英国的恶感。这些远道而来的英国人，根本没有受到他们想象中的欢迎，相反，在表面的热情和礼貌下，是天朝接待官员的极度厌烦和戒备，因为还有人因为礼节问题丢了官。

关于马嘎尔尼使团究竟有无行下跪礼，各方记载不一，至今仍是疑案。马嘎尔尼在自己的日记中并未提及，小斯当东后来追忆则称行单膝跪地礼。不过，使团秘书温德记载说，系按当地方式行礼，

---

①马嘎尔尼著，刘半农译：《1793：乾隆英使觐见记》，第113页。

即“跪地，叩头九下”。接待大臣和珅的报告称马嘎尔尼使团行的三叩九拜礼，在场的朝鲜使臣称英国人“不知礼数”。

随扈行在的军机处章京管世铭写诗称：“献琛海外有遐帮，生梗朝仪野鹿腔；一到殿廷齐膝地，天威能使万心降。”管于诗下附注：“西洋英吉利国贡使不习跪拜，强之，止屈一膝。及至引对，不觉双跽俯伏。”

嘉庆年间，英国阿美士德使团再次来华时，同样因为礼仪问题发生冲突，嘉庆即说：“乾隆五十八年尔使臣行礼跪叩如仪，此次岂容改异？”由此或可推测，马嘎尔尼使团可能在招待会时行单膝跪地礼，而在引见时行了中国礼，即三叩九拜。①

离开热河后，马嘎尔尼再也没有机会和乾隆见面，他们的外交请求也只得到了皇帝黄色诏书的回应，仅此而已。如马嘎尔尼的随员安德逊说的，“我们的整个故事只有三句话：进北京时像乞丐；在那居留时像囚犯；离开时像小偷。”②当年情景，跃然纸上。

乾隆的诏书又是怎样写的呢？

诏书上说，“回去告诉你们的国王：鉴于你们倾心中华文化，不远万里派遣使节前来叩祝我的万寿，我见你们词意恳切恭顺，深为嘉许。但你们说要派人长驻天朝，照管你国买卖，这和天朝体制不相符合，万万不行。西洋国家很多，又不只你一国，如果大家都派人留居北京，如何是好？所以不能因你一国请求而破坏天朝制度。天朝富有四海，奇珍异宝早已司空见惯，看在你们诚心诚意、远道而来的份上，我已下令让有关部门收纳你们的贡品。天朝的恩德和武威，普及天下，任何贵重的物品，应有尽有，所以不需要你国货物，特此告知。”③

诏书的不屑与生硬，是当时天朝国力与文化的必然体现。用乾

①参见陈捷先：《乾隆写真》，第 366-372 页；郭成康：《乾隆正传》，第 669 页。

②爱尼斯·安德逊：《英国人眼中的大清王朝》，第 148 页。各版本翻译措辞或有不同。

③秦国经、高换婷：《乾隆皇帝与马嘎尔尼》，第 144 页。

隆的话来说，“天朝物产丰盈，无所不有，原不藉外夷货物以通有无。特因天朝所产茶叶、瓷器、丝斤，为西洋各国及尔国必需之物，是以加恩体恤……”实事求是地说，这并不是乾隆的发明，明代早已有此说法：“中国之物自足于用，而外国不可无中国之物。”

在傲慢的天朝面前，狂妄的英国人碰了一鼻子灰。

事已至此，英国人只好灰溜溜地离开北京，前往广州。在那里，他们的舰队已等待多时了。为了让英国人见识一下天朝的地大物博，乾隆特安排马嘎尔尼一行人由陆路返回广州。临走前，乾隆感到了英国人的不快，于是他下了一道密诏给沿途接待的官员：“英吉利夷性狡诈，此时未遂所欲，或至寻衅滋事，固宜先事防范。但该国远隔重洋，即使妄滋事端，尚在二三年之后。况该贡使等目观天朝法制森严，营伍整肃，亦断不敢遽萌他意。此时惟当于各海口留心督饬，严密巡防。”可怜天见，乾隆还是知道他把英国人得罪了。

经过数月的艰难跋涉后，英国使团终于见到了等待已久的“狮子”号与“印度斯坦”号，战舰鸣礼炮十九响，迎接他们的归来。但是，马嘎尔尼却一点也高兴不起来，对他来说，这实在是一次极其失败的出使。

事后，更有一段令人喷饭的小插曲。在陪同马戛尔尼从北京南下杭州后，接待官员松筠向乾隆报告，“英吉利贡使恳请仍由广东行走，当经松筠峻词斥驳。而该贡使等泪随言下，亦只可准其所请。奴才又将浙江省停泊夷船擅自开行一节向其明切严谕，据称他们管船之人如此不遵教令，我等实在羞愧无地。奴才遵将恩旨宣示，该贡使免冠屈膝，喜溢于色，据称我等蒙大皇帝怜悯从此得有活命平安回国。复称前蒙大皇帝恩典准我等在宁波地方买些茶叶、丝斤，但我等所带银两无多，现在浙省停泊之船原系一只货船，不知可以将洋货出售？奴才谕以宁波地方向无洋行，尔等既称乏银，想在宁波断不能多买茶叶、丝斤，况尔等又可赴澳门、黄埔，尔等所存货物仍应赴彼处交易。该地方自然钦遵恩谕概免纳税。”

松筠在奏折中对英国人贪图货利的描绘可谓活灵活现，什么

“泪随言下”、“羞愧无地”、“免冠屈膝，喜溢于色”——形象到家了。乾隆接奏后，一面露出宽宏大量的微笑，一面用朱笔用力批道：“总不知足！”①

柏杨在《中国人史纲》里指出，要感知同一世界，必须属于同一世界，也就是说要具备同样的心理结构。英国人和中国人之间的状况并非如此：两者在对方眼里都是精神病患者，互相平等的仪式在天朝皇帝眼里纯属荒诞可笑——但英国人何尝不是这样认为呢？

①秦国经、高换婷：《乾隆皇帝与马嘎尔尼》，第165页。

余论

望九老翁心不足

十全更有十不全

望九老翁心不足　十全更有十不全

乾隆四十五年（1780年），在其七十大寿时，乾隆引杜甫“人生七十古来稀”之句刻了一方“古稀天子之宝”。同时，他又意在自满地写了一篇《古稀说》，其中即提到：三代以下为天子而寿跻古稀者，惟汉武帝、梁高祖、唐明皇、宋高宗、元世祖及明太祖六人；但要说到“得国之正，扩土之广，臣服之普，民庶之安”，本朝“虽非大当，可谓小康”；更让他觉得骄傲的是，“前代所以亡国者，曰强藩，曰外患，曰权臣，曰外戚，曰女谒，曰宦寺，曰奸臣，曰佞幸，今皆无一仿佛者”。

四年后，乾隆又作《南巡记》，其中称：“举大事者，有宜速而莫迟，有宜迟而莫速。……予临御五十年，凡举二大事，一曰西师，一曰南巡。西师之事，所为宜速而莫迟者。……南巡之事，则所为宜迟而莫速者。”文中，乾隆颇为自信地表示：“予之举两大事，而皆幸以有成者。”由于这次是乾隆最后一次南巡，这篇文章也算是对以往各种质疑的统一答复与辩解。从文中可以看出，乾隆对“西师、南巡”二事非但未有悔意，反而视之为极大的事功。

乾隆最后一次南巡时已是七十四岁高龄，按说他不应该再度南下。但是，也正因为是最后一次，因而各地接待都极为隆重，规格远超前五次。南行途中，乾隆兴致极高，一路欢声笑语。天颜既霁，诸随行官员和当地接待官员也自然乐得轻松。

当年闰三月初八，南巡人马到达江宁。正当乾隆于龙潭行宫休息时，从京师飞马赶来的信使带来了一个让乾隆牵挂已久的大好消息：皇曾长孙奕纯阿哥生下一子！得此喜讯后，乾隆五世同堂的夙愿终于得以实现。当晚，乾隆命摆宴款待随扈王公大臣、江南文武官员及安南陪臣等，以示庆贺。晚宴结束后，乾隆又写下一首七律，以记此难得的祥瑞：

飞章报喜达行轩，欢动中朝与外藩。
曾以古稀数六帝，何期今复抱元孙？
百男周室非五代，三祝尧封是一言。
重耋人多兹鲜遇，获兹惟益凛天恩。

也许是太激动了，乾隆这首诗的韵都未尝在意，不过其中意思倒是很明白：六位古稀天子中，唯独他一人喜得元孙，实现五世同堂。[①]如此，他又破了一个记录，离“千古一帝”又进了一步。

事后，乾隆特发恩谕：“奕纯阿哥系朕之曾长孙，今又得生元孙，实为国家祥瑞，朕深为欣悦。奕纯阿哥著加恩赏戴宝石顶、双眼花翎。”皇元孙载锡的祖父、此前被革爵的绵德也跟着沾光，其事前即被加恩晋封为固山贝子。乾隆在谕旨中说：“朕庆抱元孙，五世一堂，实为古稀盛事。自应特沛恩施，以衍奕祀云初之庆。”[②]南巡回京后，乾隆还亲幸绵德府第，“视皇元孙载锡。”

乾隆喜抱元孙，其高兴之余，又于当年谕令各省总督巡抚，查明五世同堂之家，以加恩赏。次年正月，待各地将统计结果报上来后，乾隆下谕说：“朕仰承天眷，上年喜得五世元孙”，“因令各督抚查明所属绅士庶民，有身及五代同堂者，加恩赏赉。今据各地造册咨送军机处，共有一百九十二人，其中郭有英、张羽、刘湘、钟

①其避康熙“玄烨”的名讳，故而将“玄孙”称“元孙”。

②绵德系乾隆皇长孙，三十七年因事降郡王，四十一年又因与礼部郎中秦雄褒私下往来、馈遗书画而被革爵，改由其弟绵恩承袭郡王。载锡出生前，乾隆即发恩谕，封绵德为固山贝子。

君宠四人俱寿逾百岁，曾元绕膝，洵为升平人瑞。朕亲制诗一章，分赏四家，并各御书匾额赐与，用示宠眷”，“所有应赏银两、缎匹及建坊之事，著该部照例具题”，“以昭锡福推恩，同登寿宇之至意”。

这年正月，乾隆又在乾清宫举行“千叟宴”，亲王以下三千余人参加，殿庭内外摆设宴席八百张。按上年十二月的旨意，凡参加千叟宴的，“官民年九十以上者，许其子孙一人扶掖；大臣七十以上，如步履稍艰，亦许其子孙一人扶掖。”当天与宴者中，年龄最高的寿星是一百零五岁的福建人邓钟岳，其在子孙的扶掖下入京赴宴，一时传为盛事。①

乾隆晚年，一味求全、求满，他甚至亲自去查史书，看历史上那些君主，看谁能比得过他。比过之后，乾隆不但沾沾自喜，而且还要在全国人民面前炫耀。五十六年（1791 年）夏，年逾八旬的乾隆带着皇子、皇孙、皇曾孙、皇元孙，五代人同往承德避暑山庄行围避暑，以享天伦之乐。八月十二日，乾隆临御山庄宫门观看皇孙等射箭，十三岁的皇孙、质郡王绵庆中三矢，八龄幼童、皇元孙载锡也中三矢。乾隆见后大喜，赐绵庆黄褂、三眼花翎，赐载锡黄褂、双眼花翎，并御制《命诸幼皇孙皇元孙来山庄随围遂观其射诗》，以志其喜。

这首观射诗，其重点在最后一句：“一身七代瞻神御，家法天恩永佑征。”什么意思呢？乾隆在之后谕旨中有解释：“现在八旬开衮，元孙业已长成就傅，计朕寿跻九旬时，又可见六代来孙，同堂称庆。……今思朕逮事皇祖、皇考，复得元孙，朕已亲见七代，笃庆锡光，更为古今罕有。著交八旗都统、步军统领、顺天府尹及各直省督抚，详查臣民中如有实曾亲身上见祖父、下逮元孙有指证者，据实奏闻。俟朕优加恩赉，用昭寿寓同登之盛。”②原来，乾隆又想

①康熙朝曾于五十二年(1713 年)及六十一年(1722 年)举行过两次千叟宴。于是，乾隆也于嘉庆元年(1796 年)正月第二次举千叟宴。向斯：《乾隆养生之谜》，第 149 页，第 277 页。

②周远廉：《乾隆皇帝》，第 598 页。

向天下臣民炫一下自己“一身七代”的荣耀了！

次年十月，趁着廓尔喀乞降的机会，乾隆做《十全记》一文，其中称：“十功者，平准噶尔为二，定回部为一，扫金川为二，靖台湾为一，降缅甸、安南，各一。即今二次受廓尔喀降，合为十。”乾隆还特意加了一句：“内地之三叛麡，弗屑数也！”

古稀天子，五世同堂，西师南巡，十全武功。乖乖，如此洪福齐天，按说乾隆该知足了吧？但还不行，还嫌不够。乾隆的下一个目标是六世同堂，于是他又开始打皇元孙载锡的主意了。嘉庆元年（1796年）正月，乾隆在圆明园举行家宴，皇子、皇孙、皇曾孙、皇元孙及近支宗藩上百人一一上前为太上皇捧觞祝福，太上皇回赐大家祝酒时则笑吟吟地说：“再过四五年，即可望来孙之喜了。”此时，皇元孙载锡虚岁十三。

嘉庆三年（1798年）春，十五岁的载锡奉旨成婚。乾隆心想，再过两年就是自己的九旬万寿，说不定那时载锡已经生子。如果真是如此，那六世同堂，简直是亘古未有的佳话了。乾隆秉承其母、皇太后钮钴禄氏的长寿基因，加上爱好旅行，饮食有节，工作生活都很有规律，所谓“事烦心不乱，食少病无侵”，虽然这年已是八十八，但他认为自己活到九十岁毫无问题。

是年八月初九，系太宗皇太极忌辰，乾隆心想自己是太宗玄孙，自太宗以来已有一百七十余年，其感慨之余，又赋诗一首：

仰望如霄上，俯临欣目前。一身亲七代，百岁待旬年。

写到这里，乾隆又想到皇元孙载锡，他心想载锡得子应该不会太久吧，自己或许能“一身亲八代”。但转念一想，乾隆又觉得自己有些不知足，而又盼着能实现愿望。矛盾心理下，乾隆又续了四句：

顾谓元兮勉，喜瞻来者连。自知不知足，又愿庶应然。

最终，老天爷也看不下去了，第二年新正的爆竹声犹在耳，乾隆的生命划上了休止符，其刻意追求的寿登九秩、同堂六世的美梦破灭了——皇元孙载锡还不曾繁育子孙，而乾隆已走到了人生途路的终点。①

嘉庆三年（1798年）除夕前，乾隆还在漱芳斋接见了朝鲜、暹罗使臣。除夕当天，乾隆仍撑持着身体参加了在重华宫举行的盛大筵宴。正月初一日，乾隆写下这一年的第一首诗，也是他人生中的最后一首诗——《望捷》：

> 三年师旅开，实数不应猜。邪教轻由误，官军剿复该。
> 领兵数观望，残赤不胜灾。执讯迅获丑，都同逆首来。

到这时，乾隆还在挂念剿灭白莲教之事，并盼着报捷的红旗早日驰入重重宫阙。但是，乾隆终究是老了，这一天他没能像往常那样在太和殿而是临时改到了乾清宫接受群臣的朝贺。当日，由于殿堂较为狭窄，只有嘉庆率诸王、贝勒及二品以上大臣入殿朝拜，而其他大臣及各国使臣均在殿外行礼。由此，小道消息不胫而走——乾隆皇帝恐怕要龙驭宾天了！②

确实，乾隆是真的不行了。次日，八十九岁的太上皇“圣躬不豫”，嘉庆来到养心殿陪侍父皇。仅一天后，乾隆即告驾崩。按满洲人习俗，嘉庆于御塌前捧足痛哭。一代巨皇，就此辞别人世。从初二犯病到初三离世，时隔仅一天时间，大故来得平静，乾隆走得也毫无痛苦，可谓喜丧。初三日的太阳升起时，乾隆已不能再看到第一丝的曙光了。③

毫无疑问，乾隆是中国历史上五百多位帝王中极其幸运的一个，其十二岁被秘密立储，二十五岁登基，在康雍大业的继续推动下，

---

①郭成康：《乾隆正传》，第576页。

②郭成康：《乾隆正传》，第706页。

③向斯：《乾隆养生之谜》，第143页。

清朝进入全盛时期。乾隆在位六十年，又接着当了三年多的太上皇，实际掌权在六十三年零四个月之久。其驾崩之时八十九岁高龄，是中国历代帝王中统治时间最久、寿命最长的双料冠军。

乾隆乾隆，“乾隆”这个年号就取得好。按汉语的解释，“乾”在《易经》中代表了宇宙的原始洪荒力量，“乾”、“隆”两个字合起来即为“上天繁盛、宇宙繁荣”之意。而按满语的解释，“乾隆”又为“上天佑助”的意思。[①]是为天命乎？

客观地说，乾隆确实天资聪颖，勤奋好学，而其性格亦承接祖辈之刚强，是以开创一代文治武功，亦非虚言。乾隆好文，其《御制文集》三集共一千三百五十余篇；《御制诗》五集四百三十四卷，共收诗四万一千八百余首，加上太上皇时期《御制诗余集》的七百五十首及当皇子时《乐善堂全集》中所录之诗，其一生作诗数量之多，无人能及。当然，乾隆之诗与其文赋一样，水平不是很高，其中也有不少是应时之作或词臣代补代作。不过，乾隆作诗通常纪事，作为诗史仍有极大的历史价值。[②]

乾隆在其他方面也颇具天赋，比如艺术，比如语言，比如收藏。乾隆好书法，水准较之诗文也远胜一筹。其常年书写不倦，加之好游、好写，无论皇宫、京城还是热河、江南，所到之处，名山古迹，无不留下他的墨迹。诚可谓“御笔遍天下”矣。好在字写得不差！

在艺术鉴赏和收藏方面，乾隆也具备相当高的水准。其所收书画、瓷器、铜器等，无一不是精品，其所编《石渠宝笈》、《三希堂法帖》等更是之后沿用数百年的收藏鉴定宝典。以此而论，乾隆堪称从古至今之天下第一收藏家。当然，这是作为康乾盛世时期的皇帝才能具备的条件和优势，但若反过来说，也不是所有的皇帝都有此意识、有此水平，并为后世保存了大量的文物艺术品。如是，乾隆岂无功乎？

---

①欧立德：《乾隆帝》，第 17 页。

②周远廉：《乾隆皇帝》，第 576 页。

再有，乾隆时期不断开疆拓土，为了更好地实行统治，乾隆通过自己的努力，其一生通晓满、汉、蒙、维、藏及安多（藏语的四川西北部方言）等至少五种文字，而其语言天赋与成就对中国的大一统是大有好处的。

当然，仅有天赋是远远不够的。治国安邦，勤政爱民，关键还落脚于“勤政”。乾隆一生身体强健，精力过人，由此能数十年如一日，兢兢业业，勤理朝政。乾隆的座右铭是，“为政之道莫先于勤”，其律己亦律人，尝屡责群臣贪睡晚起，贻误公事，曰：“凡朕御门听政，辨色而起。每遣人询问诸臣会齐集否？数次之后，始云齐集。即今日亦复如是。诸臣于御门奏事，尚且迟迟后期，则每日入署办事，更可想见”；又云：“近见各部奏事，率过辰而至巳（早上七点至九点间），朕昧爽而兴，惟流连经史，坐以俟之而已。此岂君臣交儆、勤于为治之义耶”？

“辨色、昧爽”，都是天刚蒙蒙亮的时分。《礼记》中云：“朝，辨色始入”；《尚书》中云：“先王昧爽丕显，坐以待旦”。可见，乾隆乃恪守传统帝王之学而非有意为难众臣，虽说前者有东道主之便而大臣们须更早起来赶往皇宫，但臣下让皇上“坐以俟之”，终究有违上下之道而不成体统。

按清制，皇帝每天早起后须阅实录与训谕，乾隆每年自十二月二十四日后，从寝宫出，每过一门，必鸣爆竹一声。无他，提示皇帝即将上朝理政也。[①]《啸亭杂录》中亦记载，“上自甲戌后，平定西域，收复回疆，以及缅甸、金川诸役，每有军报，上无不立时批示，洞彻利害，万里外如视燎火，无不辄中。每逢午夜，上必遣内监出外问有无报否。尝自披衣坐待竟夕，直机密近臣罔敢退食，其勤政也若此。”[②]

历史学家郑鹤声曾评价说：“高宗英武睿明，善承绪业，继康、

①刘德增：《皇帝的一天》，第11、32页。小横香室主人：《清朝野史大观》，第31页。

②昭梿：《啸亭杂录》，第15页。

雍二朝之余烈，国内太平，乾隆六十年中，武功文治，并臻极盛。凡其所为，皆为开创而兼守成之事业，故高宗功业虽为康、雍以来休养生息之结果，实亦由于自身之励精图治、发扬光大之力也。”

既有开创，又兼守成，这无疑是乾隆执政生涯颇具公允的评价。从内心深处说，乾隆汲汲于政六十余年，其最大动力与精神支柱正是继承父祖遗志，以不负皇祖皇考两代深恩重托的情感因素。乾隆这种独有的帝王人格，既有自身的主动性和积极性，同时也夹杂着特殊的使命感和成就感，这在中国数千年历史中，无疑留下了无比精彩的一页。

矛盾而有趣的是，乾隆一生念念不忘要做前无古人、后无来者的“千古一帝”，他非常想，但又不敢明目张胆地超越其皇祖康熙。乾隆是中国历史上寿命最长的皇帝，其六度南巡、在位六十年皆为刻意之举。无他，敬祖不逾也。

如前文所述，乾隆在很多方面实际上都已超越了康熙。以清朝之“旷典”——蠲免钱粮为例，康熙六十一年中，蠲免钱粮“有一年蠲及数省者”，也有“一省连蠲数年者”，但全国普免只在康熙四十九年（1710年）一次；乾隆六十年中，普免天下钱粮四次，普免各省漕米三次（一次四百万石），加上其他因遇灾或因南巡而蠲免个别省或数省钱粮的，累计蠲免赋银当在二万万两之上。清朝赋税本就不高，而屡次蠲免后，国库存银每年仍有六七千万两，这在中国几千年历史上无疑是空前绝后的，亦可称之为难得的盛世仁政了。①

再如文化方面，乾隆朝完成了两大文化工程，其一为历时百年修成的《明史》，这也是中国传统史学的一大巅峰；其二为《四库全书》，这是继明朝《永乐大典》、康熙朝《古今图书集成》后的一大文化盛举，几乎囊括了乾隆前中国古代最主要、最具价值的文献典籍，其规模更是《永乐大典》的三倍以上。虽然同时期有文字狱及

①乾隆分别于十年、三十五年、四十三年、五十五年及嘉庆元年五次普免全国一年钱粮。嘉庆亦于二十四年(1819年)普免过一次,数额为二千一百二十九万两。嗣后,再无如此旷典。

禁书毁书之举，但充其量“一过九功”，当下时评实不宜过度贬损这些留惠后人的重大文化成果与遗产。

清史专家戴逸先生曾说：所谓盛世，应具备的条件包括国家统一、经济繁荣、政治稳定、国力强大、文化昌盛，等等。就此而言，中国历史上的盛世有三个，其一为西汉“文景之治”到汉武帝、昭帝、宣帝时期，约一百三十年；其二为唐太宗“贞观之治”到唐玄宗开元年间，约一百二十年；其三即清朝的“康雍乾”盛世，从康熙元年到乾隆六十年，计一百三十四年。康雍乾盛世是中国历史上发展程度最高、最兴旺繁荣的盛世。

戴逸先生认为，康雍乾时期之所以发展为盛世，一方面原因是三代帝王励精图治、勤政务实及其独有的个性与战略眼光，加之军机处、秘密建储、耗羡归公、养廉银等制度革新，由此政治局面安定，疆域不断扩大。另一方面，也与其他朝代所不具备的外部因素有关，如这一时期大量白银流入中国。据统计，十八世纪一百年间外部输入数亿银元，而中国自产只有五千万两。作为商品交换的货币媒介，大量输入中国所稀缺的白银无疑大大刺激了康乾时期经济的发展并迅速扩大了经济总量，于国于民都大有好处。①再者，从美洲传来的玉米、土豆、番薯、花生等开始广泛种植，其他粮食作物，如水稻等的耕作技术有所提高，产量也增长明显。

由此，在短短一百余年中，中国人口从康熙初年的六七千万连续突破一亿、二亿，进而在乾隆五十五年（1790年）突破三亿人口，这几乎是此前人口高峰三倍之多。此后，中国人口进一步增长，至嘉庆年间突破四亿。咸丰年间，由于太平天国的兴起，中国人口减少了数千万，但清末仍维持在四亿人口以上。

从数据上说，康雍乾时期也无愧为盛世。据安古斯·麦迪森在《中国经济的长期表现》及保罗·肯尼迪在《大国的兴衰》中的研究，

①来源：《中华读书报》2002年3月20日文史天地栏目，作者洪波，原题《盛世的沉沦》。另据《白银资本》一书的说法，十六世纪后二百多年中，全世界白银总产量12万吨，其中约一半流入了中国。另见郭成康等：《康乾盛世历史报告》，第56页。

在乾隆辞世的十八世纪末，中国的经济总量占到全世界份额的三分之一，这比当下美国占全球经济总量的份额还要多，而在当时世界制造业总产量中，中国所占的份额超过整个欧洲近五个百分点，大约相当于英国的八倍、俄国的六倍。当时的中国人口，也接近于全世界人口的三分之一。当时世界有十个五十万以上居民的城市，其中有六个在中国（北京、江宁、扬州、苏州、杭州、广州）。①

再者，乾隆朝在统一新疆后，中国疆域面积达到了一千四百五十三万平方公里，这也是整个中国历史上除元朝外第二大的疆域。而且，和以往朝代所不同的是，乾隆朝的军事能力是强大的，对整个疆域内的实际控制力也是历代最强的。从这个意义上说，乾隆朝是中国古代史上最富强的一个时代。而从横向对比看，乾隆治下的大清帝国也是当时世界上最强大的国家。否则，马嘎尔尼及大英帝国岂能就此忍辱负重、善罢甘休？

但是，如中国哲学所言，利弊相因，福祸相倚，乾隆朝看似繁花似锦，但盛世光环下隐藏着重重隐患。开国既久，大清帝国内部的各种惰性与弊病自不必说，随着新航线的开辟，尤其是十八世纪末工业革命勃兴所带来的欧美崛起，东西方的静止平衡即将被打破。面对即将席卷而来的世界一体化及外部世界的挑战，乾隆有幸，崩于“三千年未有之大变局”前。毫无疑问，一个以农业社会为基础的东方古老帝国无法迎接这些新挑战，乾隆在世，亦不例外。

当然，以晚清的衰败辱国来质疑“康雍乾盛世”，存在逻辑上的漏洞，毕竟以之后的历史屈辱去度量此前的历史成就并不合理。而公道地说，近代中国的衰弱也不能完全归因于乾隆，毕竟具有划时代的重大科技突破有一定的偶然性。以马嘎尔尼使团为例，其使用的仍旧是风帆动力，乾隆又何从知道蒸汽机的重大效用，更何况鼓励国民去发明蒸汽机呢？蒸汽时代煤铁大工业，毕竟属于十九世纪。

①近代以前各国经济总量的计算方法在学术界存在争论，安古斯·麦迪森与保罗·肯尼迪的看法只是其中之二。参见郭成康等：《康乾盛世历史报告》，第 6 页；《学习时报》编辑部：《落日的辉煌》，第 5-6 页。

一个国家的强大固然要不断鼓励科技创新，不过退一步说，文明的进步也未必需要每个国家去争做第一个发明者，科技的应用同样能让愿意接受与学习的国家跟上世界潮流。在乾隆看来，以中国之地大物博，实在看不出有何必要去了解英吉利、了解西方，而仅有的几次接触，如马嘎尔尼使团也没有展示足够的力量引起乾隆的重视。中国人对西方、对世界的改观，恐怕还要等到半个世纪后第一次鸦片战争的爆发。而事实上，第一次鸦片战争的爆发也未能触动中国人的心灵，之后还有第二次鸦片战争乃至甲午战场的惨败，才算真正痛醒了中国人。这已经是乾隆驾崩近一百年后的事了。

乾隆晚年自满而好表现，可谓承接其父而甚于其父。就康雍乾三代帝王精神而言，实可谓一代不如一代：乾隆好大喜功，不如雍正之励精图治；而雍正刻薄，又逊于康熙之宽仁。乾隆晚年之好大喜功，几乎到了扭曲的地步。如乾隆四十六年（1781 年）时，前大理寺卿尹嘉铨被处以“绞立决”，而其罪何在呢？说来十分滑稽，竟是“朕御制《古稀说》，颁示中外，而伊竟自号‘古稀老人’”！真是大胆无理！敢与老皇帝争“古稀”！由此可见，乾隆之珍爱“古稀”称号并禁人用之，亦可谓“稚态”可掬矣。

古人常云，“寿高则辱”。乾隆一生文治武功，五世同堂，表面圆满，实则缺少真正的天伦之乐，其内心是孤独的，情感是无助的。固然，儿孙辈对他敬畏有余，而真正发自胸臆的挚爱却是不足。乾隆的家庭生活，其实并不像他自己吹嘘的那样，蒙上天“覆载眷佑之福”，美满到无以复加的地步。

正如本书之脉络，乾隆富力之年而丧元妻，由此成终身之遗憾；因皇太后压力而立继皇后，结果又成怨偶，几乎成为全国之笑柄；其子女二十七人，但多数去世于其生前；虽说是“五世同堂，孙曾绕膝”，但似乎又缺少了一点真正意义上的暖意融融的家庭气氛。以此而论，乾隆贵为天子，却还不如一般的清寒圆满之家。

“古希（稀）天子古希词，幻以为欣幻以悲。十七男惟剩斯五，好逑配早赋其离。释迦曾是说无法，尼父则尝云未知。归政犹须浃旬多，即今敢懈日孜孜。”这首名为《古稀词》的诗，系乾隆于四十九年（1784年）所写，其中情绪十分苦涩低沉，而老皇帝晚景之孤独悲凉，亦可见一斑。

乾隆归政前，做了一件十分奇怪的事，即将其做宝亲王时期住过的重华宫重新布置成一个小博物馆。按其要求，重华宫必须恢复到雍正朝时的原貌，其与富察氏（即孝贤皇后）当时居住的房间更为重点。为此，富察氏当年的嫁妆之一——一个大柜子也被重新搬了回来。此外，乾隆未登基时得到的各种礼物也都被郑重其事地摆放在堂屋的各柜子中。其中，东边柜子放的是当年康熙皇帝赐给小弘历的礼物，而西边两个柜子则是其父母赏给他的各种东西。

乾隆对子孙们说：“（此）皆朕潜邸常用服物。后世子孙随时检视，手泽口泽存焉，用以笃慕永思，常怀继述。是则孝之大者，正不在多为崇奉，以致蹈‘礼烦则乱’之戒也”。①

乾隆建立自己的私人纪念堂并极力还原重华宫，其用意无非是希望自己能回到那个美好的时代。摆放这些留存的物件，主要目的还是缅怀那些曾经珍爱而又早逝的人。也许只有在这里，乾隆才不再是高高在上的天子，而是一个普通的凡人。

---

①欧立德:《乾隆帝》,第246页。

附　录

乾隆家事年表

康熙五十年（1711 年） 一岁

八月十三日（9 月 25 日），生于雍亲王府邸（今雍和宫），宗人府循例起名“弘历”。父胤禛，即雍亲王；母钮祜禄氏，时为格格。

十一月二十七日，异母弟弘昼生。

康熙五十五年（1716 年） 六岁

雍亲王府就傅受学。

康熙五十八年（1719 年） 九岁

开始入学读书，塾师为翰林院庶吉士福敏。又学射于贝勒允禧，学火器于庄亲王允禄。

康熙六十一年（1722 年） 十二岁

三月，皇祖康熙携之至宫中养育。

四月至九月，随皇祖康熙至热河避暑山庄。

十一月，康熙驾崩，父胤禛即位，是为雍正皇帝。

雍正元年（1723 年） 十三岁

正月，受教于徐元梦、张廷玉、朱轼、嵇曾筠诸师傅，兄弘时、弟弘昼同时受教。

八月十七日，雍正秘行建储，弘历成为密立的储君。

雍正五年（1727 年） 十七岁

七月，与出身满洲名门的富察氏结为夫妻。

是年，弘时因放纵不谨，削宗籍。

雍正六年（1728 年） 十八岁

五月，长子永璜生，母庶妃富察氏（即哲悯皇贵妃）。

雍正八年（1730 年） 二十岁

六月，雍正病，召庄亲王、果亲王等面谕遗诏大意。是月，次子永琏生。

是年夏，将所著论赋诗词等编成十四卷之《乐善堂集》。

雍正十一年（1733 年） 二十三岁

二月，受封为和硕宝亲王，弟弘昼被封为和硕和亲王。

雍正十二年（1734 年） 二十四岁

参与讨论准噶尔议和，咨决大计。

雍正十三年（1735 年） 二十五岁

二月，与弘昼、鄂尔泰等共同办理西南事务。

五月，三子永璋生，母纯惠皇贵妃。

八月二十二日，雍正皇帝驾崩，年五十八岁。弘历继位，以庄亲王允禄、果亲王允礼、大学士鄂尔泰、张廷玉四人为辅政大臣。

九月初三日，即皇帝位于太和殿，以次年为乾隆元年。

十二月，皇太后钮祜禄氏被尊为崇庆皇太后。

乾隆元年（1736 年） 二十六岁

七月，宣谕密书建储谕旨，以皇二子永琏为太子。

乾隆二年（1737 年） 二十七岁

十二月，册立嫡妃富察氏为皇后。

乾隆三年（1738 年） 二十八岁

十月，皇储永琏病殁，谥端慧皇太子。

乾隆四年（1739 年） 二十九岁

正月，皇四子永珹生，母金氏。

十月，庄亲王允禄、理亲王弘皙结党营私案发，革允禄议政大臣、理藩院尚书职，弘皙削爵圈禁，贝勒弘昌等革降、停俸有差。

乾隆五年（1740 年） 三十岁

乾隆六年（1741 年） 三十一岁

二月，皇五子永琪生，母为珂里叶特氏。

七月，首次举行秋狝典礼。

乾隆七年（1742 年） 三十二岁

乾隆八年（1743 年） 三十三岁

十二月，皇六子永瑢生，母为苏佳氏。

乾隆九年（1744 年） 三十四岁

乾隆十年（1745 年） 三十五岁

四月，大学士鄂尔泰去世。

六月，首次普免全国钱粮。以讷亲为首席军机大臣。

乾隆十一年（1746 年） 三十六岁

七月，皇八子永璇生。

乾隆十二年（1747 年） 三十七岁

十二月，皇七子永琮殇，年二岁。

乾隆十三年（1748 年） 三十八岁

三月，东巡返程至德州，皇后富察氏于舟中去世。

六月，责皇长子永璜、皇三子永璋于皇后之丧无“哀慕之诚”，不得继承大统。

七月，皇九子生，母嘉妃金佳氏。

十二月，亲审张广泗，处斩。命军前斩讷亲。

乾隆十四年（1749 年） 三十九岁

正月，大金川土司莎罗奔、土舍郎卡投降，命傅恒班师，特封忠勇公。

四月，御太和殿，册封娴贵妃乌喇那拉氏为皇贵妃，摄六宫事。

十一月，削致仕大学士张廷玉宣勤伯爵，仍准配享太庙。

乾隆十五年（1750 年） 四十岁

三月，皇长子永璜去世，追封定安亲王。

八月，册立皇贵妃乌喇那拉氏为皇后。

乾隆十六年（1751 年） 四十一岁

正月，首次南巡。

五月，结束南巡返京。皇十子生，母舒妃叶赫那拉氏。

八月，孙嘉淦“伪奏稿”案发。

十一月，崇庆皇太后六旬万寿。

乾隆十七年（1752 年） 四十二岁

二月，皇十一子永瑆生。母金氏。

四月，皇十二子永璂生。母继皇后乌喇那拉氏。

乾隆十八年（1753 年） 四十三岁

乾隆十九年（1754 年） 四十四岁

乾隆二十年（1755 年） 四十五岁

三月，胡中藻《坚磨生诗钞》案发，处斩。鄂昌唱和赐自尽。鄂尔泰撤出贤良祠。

四月，致仕太保大学士张廷玉去世，遵雍正遗诏配享太庙。

十二月，皇十三子永璟生，母继皇后乌喇那拉氏。

乾隆二十一年（1756 年） 四十六岁

乾隆二十二年（1757 年） 四十七岁

正月，二次南巡。

七月，皇十四子永璐生，母令妃魏佳氏。

乾隆二十三年（1758 年） 四十八岁

正月，命兆惠等，平定大、小和卓木叛乱。

乾隆二十四年（1759 年） 四十九岁

七月，清军攻克喀什噶尔、叶尔羌，新疆叛乱平定。

乾隆二十五年（1760 年） 五十岁

十月，皇十五子永琰（即后来之嘉庆帝）生，母令贵妃魏佳氏。

乾隆二十六年（1761 年） 五十一岁

十一月，崇庆皇太后七旬庆典。

乾隆二十七年（1762 年） 五十二岁

正月，第三次南巡。

三月，至海宁阅海塘。与皇太后临视织造机房。

十一月，皇十六子生，母令贵妃魏佳氏。

乾隆二十八年（1763 年） 五十三岁

五月，果亲王弘瞻因干预朝政削王爵为贝勒，和亲王弘昼因仪节僭妄，罚俸三年。

乾隆二十九年（1764 年） 五十四岁

乾隆三十年（1765 年） 五十五岁

正月，第四次南巡。

六月，晋封令贵妃魏佳氏为皇贵妃。

十一月，封皇五子永琪为荣亲王。

乾隆三十一年（1766 年） 五十六岁

五月，皇十七子永璘生，母皇贵妃魏佳氏。

七月，皇后乌喇那拉氏去世，命丧仪照皇贵妃例。

乾隆三十二年（1767 年） 五十七岁

乾隆三十三年（1768 年） 五十八岁

二月，令傅恒赴云南，经略征缅事宜。

五月，因两淮盐务积弊匿而不报，尹继善、高晋均下刑部严议。

七月，秋狝木兰。纪昀因泄漏籍没前运使卢见曾谕旨，革职，谪戍乌鲁木齐。

乾隆三十四年（1769 年） 五十九岁

十一月，命傅恒班师。

乾隆三十五年（1770 年） 六十岁

正月，因六十寿辰，明年皇太后八十万寿，下诏普免全国额征地丁钱粮。

七月，和亲王弘昼、大学士傅恒相继去世。

乾隆三十六年（1771 年） 六十一岁

十一月，举行皇太后八旬万寿庆典。

乾隆三十七年（1772 年） 六十二岁

乾隆三十八年（1773 年） 六十三岁

三月，开馆纂修《四库全书》。

十一月，秘立皇十五子永琰为储君。

乾隆三十九年（1774 年） 六十四岁

乾隆四十年（1775 年） 六十五岁

正月，皇十女和孝公主出生，母惇妃汪氏。

四月，和硕亲王、固伦额驸色布腾巴尔珠尔去世。

乾隆四十一年（1776 年） 六十六岁

正月，定郡王绵德因与礼部司员交结而削爵，命其弟绵恩承袭。

乾隆四十二年（1777 年） 六十七岁

正月，崇庆皇太后去世，上尊谥为孝圣宪皇后，葬泰东陵。普免全国钱粮一次。

乾隆四十三年（1778 年） 六十八岁

正月，追复睿亲王多尔衮封爵及礼亲王代善、郑亲王济尔哈朗、豫亲王多铎、肃亲王豪格、克勤郡王岳托原爵，配享太庙。

九月，东巡回程路上，锦县生员金从善上言建储立后，以妄肆诋毁处斩。公布归政之期。

乾隆四十四年（1779 年） 六十九岁

正月，大学士、两江总督高晋去世。

乾隆四十五年（1780 年） 七十岁

正月，第五次南巡。

八月，举办七旬万寿庆典。

乾隆四十六年（1781 年） 七十一岁

乾隆四十七年（1782 年） 七十二岁

四月，山东巡抚国泰、于易简亏空库帑案发，和珅等查办后命处死。

乾隆四十八年（1783 年） 七十三岁

乾隆四十九年（1784 年） 七十四岁

正月，第六次南巡。

乾隆五十年（1785 年） 七十五岁

正月，举千叟宴礼，亲王以下三千余人参加。

十一月，以乾隆六十年乙卯正旦推算日食，宣谕来年归政。

乾隆五十一年（1786年） 七十六岁

乾隆五十二年（1787年） 七十七岁

八月，命福康安为将军，赴台进剿林爽文起义。

十二月，福康安以镇压林爽文之功，晋公爵。

乾隆五十三年（1788年） 七十八岁

二月，晋和珅三等伯爵。

乾隆五十四年（1789年） 七十九岁

乾隆五十五年（1790年） 八十岁

正月，普免全国各直省钱粮。

八月，举办八旬万寿庆典。

乾隆五十六年（1791年） 八十一岁

十一月，令福康安率军赴藏，征廓尔喀。

乾隆五十七年（1792年） 八十二岁

八月，廓尔喀战败乞降，福康安班师。

九月，令福康安、孙士毅等定西藏善后事宜。定金奔巴瓶抽签制度。

十月，《十全武功记》写成。

是年，与俄签订《恰克图市约》。

乾隆五十八年（1793年） 八十三岁

六月，英使马嘎尔尼来华。

八月，于热河接受马嘎尔尼使团入觐。

乾隆五十九年（1794年） 八十四岁

是年，全国人口达到三亿一千三百万。

乾隆六十年（1795年） 八十五岁

九月三日，宣示建储密旨，立皇十五子永琰为皇太子，定次年归政，改为嘉庆元年。

十月，颁嘉庆元年时宪书。普免明年地丁钱粮。

嘉庆元年（1796年） 八十六岁

正月，举行归政大典，自为太上皇帝，军国重务仍奏闻，秉训裁决，大事降旨敕。

嘉庆二年（1797 年） 八十七岁

八月，阿桂去世，和珅为首席军机大臣。

嘉庆三年（1798 年） 八十八岁

八月，王三槐举义被擒，再谈“武功十全之外”，又“成此巨功”。

嘉庆四年（1799 年） 八十九岁

正月初六，乾隆驾崩，终年八十九岁，嘉庆皇帝亲政。逮和珅，旋赐死。

四月，上尊谥为“法天隆运至诚先觉体元立极敷文奋武孝慈神圣纯皇帝”，庙号高宗。

九月，葬于裕陵。

（注：本表主要为乾隆后宫事，同时参入本书涉及的相关大事。）

乾隆后妃列表

一、皇后三人

1.孝贤皇后　富察氏（1712—1748），满洲镶黄旗人，察哈尔总管李荣保之女，生于康熙五十一年，雍正五年七月赐婚为宝亲王（乾隆）嫡福晋，年十六岁。雍正六年生皇长女，八年六月生皇二子永琏，九年生皇三女固伦和敬公主，乾隆十一年生皇七子永琮。乾隆二年册为皇后，年二十六岁。乾隆十三年三月十一日，东巡返程至德州时崩逝，年三十七岁。谥孝贤诚正惇穆仁惠徽恭康顺辅天昌圣纯皇后，葬裕陵。

2.孝仪皇后（令妃）魏佳氏（1727—1775），内管领清泰之女，正黄旗包衣管领下人出身，后抬入满洲镶黄旗。雍正五年出生，比乾隆小十六岁。初入宫为贵人，乾隆十一年封令嫔，十四年晋为令妃。二十一年生皇七女，二十二年生皇十四子永璐，二十三年生皇九女。二十四年晋为贵妃。二十五年生下皇十五子永琰（即嘉庆皇帝），时年三十四岁。二十七年生皇十六子，早殇，未命名。三十年晋升为皇贵妃，次年生皇十七子永璘。乾隆四十年正月二十九日崩，年四十九岁，谥令懿皇贵妃，祔葬裕陵地宫。嘉庆即位后追谥为皇后，谥孝仪恭顺康裕慈仁端恪敏哲翼天毓圣纯皇后。

3.废皇后　乌喇那拉氏（1718—1766），满洲正黄旗人，佐领那尔布之女，生于康熙五十七年。乾隆即位前为藩邸侧福晋。乾隆二年册为娴妃，年二十岁。十年十一月册为贵妃。乾隆十五年封为皇后。乾隆十七年生下皇十二子永璂，十八年生皇五女，二十年生皇十三子永璟，早殇。乾隆三十年南巡时因剪发而被打入冷宫。次年七月十四日薨，年四十九岁。葬于裕陵妃园寝纯惠皇贵妃墓穴内，无谥号，无享祭。

二、皇贵妃五人

4.慧贤皇贵妃　高氏（？—1745），大学士高斌之女，内务府包衣下人出身，后抬入满洲镶黄旗，改为高佳氏。初为藩邸侧福晋，乾隆二年册为贵妃，十年正月二十六日去世，追谥慧贤皇贵妃。乾隆十七年祔葬裕陵地宫。

5.哲悯皇贵妃　富察氏（？—1735），佐领翁国图之女。乾隆藩邸时期入侍，雍正六年生皇长子永璜，九年生皇二女。雍正十三年七月三日乾隆即位前夕去世。乾隆元年追封为哲妃，十年正月封皇贵妃，四月谥哲悯皇贵妃。乾隆十七年祔葬裕陵地宫。

6.淑嘉皇贵妃　金氏（1713—1755），祖籍朝鲜，上驷院卿三保之女，其兄为吏部尚书金简，正黄旗包衣人，初隶内务府汉军旗，赐姓金佳氏。乾隆二年十二月封为嘉嫔，六年晋为嘉妃，十四年四月晋封为贵妃。乾隆四年正月生皇四子永珹，十一年生皇八子永璇，十三年生皇九子永瑜（早殇），十七年生皇十一子永瑆。乾隆二十年正月十六日去世，年四十三岁。追谥淑嘉皇贵妃，祔葬裕陵地宫。

7.纯惠皇贵妃　苏佳氏（1713—1760），苏召南之女，生于康熙五十二年五月。雍正年间入侍藩邸，雍正十三年五月生皇三子永璋，乾隆二年册为纯妃，乾隆八年十二月生皇六子永瑢，十年十一月册为贵妃，同年十二月生皇四女。二十五年四月晋为皇贵妃，同月十九日薨，年四十八岁。后追谥纯惠皇贵妃，葬于裕陵妃园寝。

8.庆恭皇贵妃　陆氏（1724—1774），陆士隆之女，生于雍正二年六月。乾隆初年为贵人，十六年六月晋为庆嫔，二十四年二月晋为庆妃，三十三年为贵妃。三十九年七月十五日去世，年五十一岁，次年葬入裕陵妃园寝。由于嘉庆幼年由其抚养，嘉庆四年特追谥为庆恭皇贵妃。

三、贵妃五人

9.忻贵妃　戴佳氏（？—1764），满洲镶黄旗人，总督那苏图之女。其生年不详（应为乾隆初年），乾隆十八年七月进宫，次年闰四月封忻嫔。二十年生皇六女，二十二年生皇八女，二女均夭折未封。二十八年九月晋忻妃，二十九年四月二十八日去世，年三十左右。

10.愉贵妃　珂里叶特氏（1714—1792），员外郎额尔吉图之女，生于康熙五十三年五月。雍正时入侍高宗藩邸，乾隆初为贵人。乾隆六年生皇五子永琪，同年十一月晋为愉嫔。乾隆十年十一月晋为愉妃。乾隆五十七年五月二十一日去世，年七十九岁，次年入葬裕陵妃园寝。

11.循贵妃　伊而根觉罗氏（1758—1798），满洲镶蓝旗人，总督桂林之女，生于乾隆二十三年九月，比乾隆小四十七岁。乾隆四十一年入宫为循嫔，五十九年十二月晋循妃，嘉庆二年十一月二十日薨。嘉庆四年九月以贵妃礼葬裕陵妃园寝。

12.颖贵妃　巴林氏（1731—1800），蒙古镶红旗人，都统纳亲之女，生于雍正九年正月。初入宫为贵人，乾隆十六年册为颖嫔，二十四年为颖妃。嘉庆三年加恩封为贵妃，称颖贵太妃，居寿康宫。嘉庆五年二月十九日去世，次年二月葬入裕陵妃园寝。

13.婉贵妃　陈氏（1717—1807），陈延璋之女，生于康熙五十五年十二月。雍正时入乾隆藩邸，乾隆初为贵人，十四年四月册封为婉嫔。乾隆五十九年册为婉妃，期间历时四十五年。嘉庆六年尊封为婉贵太妃，嘉庆十二年二月初二日去世，年九十二岁，为乾隆后妃中最为长寿的一位。嘉庆十二年十一月入葬裕陵妃园寝。

四、妃六人

14.舒妃　叶赫那拉氏（1728—1777），满洲正黄旗人，侍郎永绶之女，生于雍正六年六月。乾隆六年十四岁时入宫为贵人，同年十一月册封为舒嫔。十四年四月晋封为舒妃。十六年生皇十子（夭折）。四十二年五月三十日去世，年五十岁。同年九月葬入裕陵妃园寝。

15.豫妃　博尔锦吉特氏（1729—1774），塞桑根惇之女，生于雍正七年十二月。乾隆二十三年十一月入宫为多贵人，时年已三十岁。二十四年十二月册为豫嫔，二十九年七月晋豫妃。三十八年十二月二十日薨，终年四十五岁。乾隆四十年十月葬入裕陵妃园寝。

16.惇妃　汪氏（1746—1806），满洲正白旗人，都统四格之女，生于乾隆十一年三月，比乾隆小三十五岁。乾隆二十八年八月入宫为永常在，时年十八岁。三十六年正月晋为永贵人，同年十月为惇嫔，三十九年九月晋为惇妃。乾隆四十年正月生皇十女和孝公主，为乾隆最小最宠爱的女儿。惇妃恃宠而骄，乾隆四十三年因打死宫女而被降为嫔，不久又复位。嘉庆十一年正月十七日去世，年六十一岁。次年十一月葬入裕陵妃园寝。

17.芳妃　陈氏（？—1801），陈延纶之女，生年不详，来自江南。乾隆三十一年十一月册为明常在，四十年为明贵人，五十九年十月改为芳嫔。嘉庆三年十月，奉太上皇敕旨，尊芳嫔为芳妃。嘉庆六年去世，年五十余，当年十一月葬入裕陵妃园寝。

18.晋妃　富察氏（？—1823），主事德克精额之女，生年不详。初入宫为贵人。嘉庆二十五年八月谕：“皇祖高宗纯皇帝嫔御，存者惟晋贵人一人，宜崇位号，以申敬礼，谨尊封为晋妃。”当年十二月举行册封典礼。道光二年十二月初八日去世，尊为皇祖晋太妃，三年四月入葬，为乾隆所有妃嫔中最后去世并入葬裕陵妃园寝最晚者。

19.容妃　和卓氏（1734—1788），即传说中的香妃，生于雍正十二年九月，乾隆二十五年入宫封为和贵人，年二十七岁。二十七年册封为容嫔，三十三年六月晋为容妃。乾隆四十三年四月十九日去世，年五十五岁，葬入裕陵妃园寝。

五、嫔六人

20.仪嫔　黄氏（？—1736），雍正时为高宗藩邸格格。乾隆元年九月去世，同月追封为仪嫔。十一年十月首批葬入裕陵妃园寝。

21.怡嫔　柏氏（？—1757），柏士彩之女，生年不详。初为贵人，乾隆六年十一月册封为怡嫔。二十二年去世，同年十一月葬入裕陵妃园寝。

22.恂嫔（？—1761）霍硕特氏，亦作郭氏，台吉乌巴什之女，生年不详。乾隆二十四年六月新封郭常在，二十五年晋郭贵人，二十六年八月扈从木兰，当月二十七日突发急病，去世于行在。二十七年四月葬入园寝，后追封为恂嫔。

23.诚嫔　钮祜禄氏（？—1784），二等侍卫兼佐领穆克登之女，生年不详。乾隆二十二年六月进宫，初封兰贵人。四十一年十一月封诚嫔，次年因孝圣皇太后丧，未举行册封礼。四十四年补行册封礼。乾隆四十九年九月葬入裕陵妃园寝。

24.慎嫔　拜尔噶斯氏（？—1764），德穆齐塞音察克之女，生年不详。乾隆二十四年六月初封伊贵人，二十七年五月册为慎嫔。二十九年去世，次年葬入裕陵妃园寝。

25.恭嫔　林氏（？—1805），拜唐阿佛音之女，生年不详。初封林常在，乾隆十六年六月赐为林贵人。五十九年十二月册封为恭嫔。嘉庆十年十一月去世，年七十余。嘉庆十二年十一月葬入裕陵妃园寝。

六、贵人十二人

26.白贵人　某氏（？—约 1805），生年不详。乾隆十五年时为白常在。五十九年十月封白贵人。嘉庆十年三月葬入裕陵妃园寝。

27.金贵人　某氏（？—约 1778），生年不详。乾隆四十一年与循嫔一同入宫，五月初八日新封金常在。四十二年九月封金贵人。四十三年九月葬入裕陵妃园寝。

28.慎贵人　某氏（？—约 1781），生年不详。乾隆二十九年三月新封武常在，四十五年为慎贵人。四十六年十二月收慎贵人遗物，四十九年九月与诚嫔一同葬入裕陵妃园寝。

29.新贵人　某氏（？—约 1775），生年不详。乾隆二十七年六月新封新常在。四十年闰四月初九日收新贵人遗物，四十九年九月初八日与诚嫔、慎贵人一同葬入裕陵妃园寝。

30.瑞贵人　索淖洛氏（？—约 1766），礼部尚书德保之女，生年不详。乾隆二十年后为贵人。三十一年九月收瑞贵人遗物，当月二十八日葬裕陵妃园寝。

31.福贵人　某氏（？—1765），生年不详。乾隆二十八年十月新封福常在。二十九年八月病死于承德。三十年闰二月初二日葬入裕陵妃园寝。

32.秀贵人　某氏（？—1745），生年不详。乾隆十年十月去世，次年十月与仪嫔等首批葬入裕陵妃园寝。

33.寿贵人　柏氏（？—1809），生年不详。乾隆二十九年三月新封那常在。五十九年晋寿贵人。嘉庆时尊为寿太贵人。嘉庆十四年二月薨，三月葬入裕陵妃园寝。

34.顺贵人　钮祜禄氏（1748—1788），总督爱必达之女，乾隆十四年十一月生。乾隆三十一年六月进宫初封常贵人，年十八岁，比乾隆小三十八岁。乾隆三十三年十月册为顺嫔，四十一年六月晋为顺妃。四十二年因孝圣皇太后丧，未举行册封礼。四十四年与循妃、诚嫔一齐补行册封礼。乾隆五十三年正月降为顺贵人，原因不明。不久即抑郁而终，年四十。五十三年十二月葬入裕陵妃园寝。

35.鄂贵人　西林觉罗氏（？—1808），巡抚鄂乐舜之女，生年不详。乾隆十五年为鄂常在，五十九年十月封为鄂贵人。嘉庆时尊为鄂太贵人。嘉庆十三年四月去世。次年三月与寿贵人一同葬入裕陵妃园寝。

36.武贵人　某氏（？—约 1781），生年不详。乾隆二十九年三月封为武常在。乾隆四十六年十二月收武贵人遗物，四十九年九月与诚嫔、慎贵人、新贵人一同葬入裕陵妃园寝。

37.陆贵人　陶氏（？—约 1788），亦称禄贵人，与芳妃陈氏同样来自江南，其生年不详。乾隆二十五年十二月新封禄常在。四十年为禄贵人。五十三年十二月与顺贵人一同入葬裕陵妃园寝。

七、常在四人，是乾隆帝诸位妃嫔中等级最底的人物，一生不得志，生平记载也很少

38.张常在　张氏（？—1745），乾隆十年十月薨，十一年十月首批葬入裕陵妃园寝。

39.宁常在　某氏（？—约1781），生年不详。乾隆二十八年新封宁常在，四十六年十二月收宁常在遗物，四十九年九月与诚嫔、慎贵人、新贵人、武贵人等一同葬入裕陵妃园寝。

40.揆常在　揆氏（？—约1757），生年不详。乾隆十五年时为常在，二十二年十一月葬入裕陵妃园寝。

41.平常在　某氏（？—约1778），生年不详。乾隆三十三年五月新封平常在，四十三年九月与金贵人一同葬入裕陵妃园寝。

（共计四十一人，其中皇后三人，皇贵妃五人，贵妃五人，妃六人，嫔六人，贵人十二人，常在四人。）①

①本列表参照于善浦：《清东陵大观》，第103—134页。

乾隆子女列表①

乾隆生有十七子

皇长子永璜，雍正六年五月二十八日生，母哲悯皇贵妃富察氏。乾隆十五年三月十五日去世，年二十三岁，追封定安亲王。

皇次子永琏，雍正七年六月生，母孝贤纯皇后富察氏。乾隆三年十月病疫，年九岁，谥端慧皇太子。

皇三子永璋，雍正十三年五月二十五日生，母纯惠皇贵妃。二十五年七月十六日去世，年二十六岁。追封循郡王。

皇四子永珹，乾隆四年正月生，母淑嘉皇贵妃金佳氏。乾隆二十八年出为履懿亲王允祹后，袭履郡王。四十二年去世，年三十九岁。嘉庆四年追封履亲王。

皇五子永琪，乾隆六年二月生，母愉贵妃珂里叶特氏。乾隆三十年封荣亲王，次年三月初八日去世，年二十六岁。谥纯。

皇六子永瑢，乾隆八年十二月生，母纯惠皇贵妃。乾隆二十四年出继为慎靖郡王允禧之孙，袭贝勒。三十七年晋封为质郡王。五十四年封质亲王，次年五月去世，年四十八岁。

皇七子永琮，乾隆十一年四月生，母孝贤皇后富察氏。乾隆十二年十二月殇，未满两岁。追封哲亲王。

①参考冯其利、周莎:《重返清代王爷坟》。母妃统一用最高名位，不按生育时名位。

皇八子永璇，乾隆十一年七月十五日生，母淑嘉皇贵妃金佳氏。乾隆四十四年封仪郡王，嘉庆四年封仪亲王。道光十二年（1832年）八月初七日去世，年八十七岁。谥慎。

皇九子永瑜，乾隆十三年七月初九日生，母淑嘉皇贵妃金佳氏，次年四月二十七日早殇。随葬端慧皇太子园寝。

皇十子永玥，乾隆十六年五月十九日生，母舒妃叶赫那拉氏。乾隆十八年六月初七日早殇，年三岁，随葬端慧皇太子园寝。

皇十一子永瑆，乾隆十七年二月初七日生，母淑嘉皇贵妃金佳氏。乾隆五十四年封成亲王，道光三年三月去世，年七十二岁，谥哲。

皇十二子永璂，乾隆十七年二月生，母继皇后乌喇那拉氏。乾隆四十一年正月二十八日去世，年二十五岁。嘉庆四年追封贝勒。

皇十三子永璟，乾隆二十年十二月二十一日生，母继皇后乌喇那拉氏。乾隆二十二年七月二十四日早殇，未满两岁。

皇十四子永璐，乾隆二十二年七月十七日生，母孝仪皇后魏佳氏。乾隆二十五年三月十八日早殇。年四岁。

皇十五子颙琰，乾隆二十五年十一月十三日生，母孝仪皇后魏佳氏。乾隆五十四年封嘉亲王，后继位为嘉庆皇帝。嘉庆二十五年崩，年六十一岁。

皇十六子，乾隆二十七年十一月生，早殇未命名，母孝仪皇后魏佳氏。

皇十七子永璘，乾隆三十一年五月生，母孝仪皇后魏佳氏。乾隆五十四年封贝勒，嘉庆四年晋庆郡王。嘉庆二十五年三月晋庆亲王，当月去世，年五十五岁。谥僖。

乾隆生有十女

皇长女，雍正六年生。幼殇未封，母孝贤皇后富察氏。

皇次女，雍正九年生，幼殇未封，母哲悯皇贵妃富察氏。

皇三女，雍正九年生，三公主，固伦和敬公主，母孝贤皇后富察氏。乾隆五十七年去世。

皇四女，乾隆十年生，四公主，和硕和嘉公主，母纯惠皇贵妃苏佳氏。乾隆三十二年去世。

皇五女，乾隆十八年生，五公主，幼殇未封，母继皇后乌喇那拉氏。

皇六女，乾隆二十年生，六公主，幼殇未封，母忻贵妃戴佳氏。

皇七女，乾隆二十一年生，七公主，固伦和静公主，母孝仪皇后魏佳氏。乾隆四十年去世。

皇八女，乾隆二十二年生，八公主，幼殇未封，母忻贵妃戴佳氏。

皇九女，乾隆二十三年生，九公主，和硕和恪公主，母孝仪皇后魏佳氏。乾隆四十五年去世。

皇十女，乾隆四十年生，十公主，固伦和孝公主，母惇妃汪氏。道光三年去世。

御制古稀说

余以今年登七秩，因用杜甫句刻“古稀天子”之宝。其次章即继之曰“犹日孜孜”，盖予宿志，有年至八旬有六即归政，而颐志于宁寿宫。其未归政以前，不敢弛乾惕，犹日孜孜，所以答天庥而励己躬也。正寿之庆，群臣例当进献辞赋，于是彭元瑞有古稀之九颂。既以文房等件赐之，以旌其用意新而遣辞雅。顾一再翻阅，颇有不得不为之说，以申予意者。

其词曰：古人有言，颂不忘规。兹元瑞之九颂，徒见其颂，而未见其规，在元瑞为得半而失半。然使予观其颂，洋洋自满，遂以为诚若此，则不但失半，又且失全，予何肯如是？夫由斯不自满，歉然若有所不足之意充之，以是为敬天之本，必益凛旦明，无敢或渝也。以是为法祖之规，必思继前烈而慎聪听也。以是勤民，庶无始终之变耳。以是典学为实学，以是奋武非黩武，以是筹边非凿空，以是制作非虚饰。若夫用人行政，旰食宵衣，孰不以是为慎修思永之枢机乎。如是而观元瑞之九颂，方且益深予临深履薄之戒。则其颂也，即规也。更惓思之，三代以上弗论矣。三代以下，为天子而寿登古稀者，才得六人，已见之近作矣。至夫得国之正，扩土之广，臣服之普，民庶之安，虽非大当，可谓小康。且前代所以亡国者，曰强藩，曰外患，曰权臣，曰外戚，曰女谒，曰宦寺，曰奸臣，曰佞幸，今皆无一仿佛者。即所谓得古稀之六帝，元明二祖为创业之君，礼乐政刑，有未遑焉。其余四帝，予所不足为法，而其时其政，亦岂有若今日哉？是诚古稀而已矣。夫值此古稀者，非上天所赐乎？天赐古稀于予，而予设弗以敬承之，弗励慎终如始之志，以竭力敬天法祖，勤政爱民。古云适百里者半九十里，栗栗危惧，诚恐耄荒而有所陨越，将孤天恩，予又何敢如是。然则元瑞九颂，有裨于予者大焉，故为之说如右。乾隆四十五年八月。

御制南巡记

举大事者，有宜速而莫迟，有宜迟而莫速。于宜速而迟，必昧机以无成。于宜迟而速，必草就以不达。能合其宜者，其惟敬与明乎？敬者敬天，明者明理。敬天斯能爱民，明理斯能体物，千古不易之理也。予临御五十年，凡举二大事，一曰西师，一曰南巡。西师之事，所为宜速而莫迟者。幸赖天恩有成，二十余年，疆宇安晏，兹不絮言。若夫南巡之事，则所为宜迟而莫速者。我皇祖六度南巡，予藐躬敬以法之，兹六度之典幸成，亦不可以无言。我皇祖荡荡难名，予藐躬瞠乎景仰，述且弗能，作于何有？然而宜迟莫速之义，则不可不明示予意也。盖南巡之典，始行于十六年辛未，是即迟也。南巡之事，莫大于河工，而辛未、丁丑两度，不过敕河臣慎守修防，无多指示，亦所谓迟也。至于壬午，始有定清口水志之谕。丙申乃有改迁陶庄河流之为。庚子遂有改筑浙江石塘之工。今甲辰，更有接筑浙江石塘之谕。至于高堰之增卑易砖，徐州之接筑石堤并山，无不筹度咨诹，得宜而后行。是皆迟之又迟，不敢欲速之为。夫臣之事君，其有知不可而强诤者鲜矣。河工关系民命，未深知而谬定之，碌者惟遵旨而谬行之，其害可胜言哉。故予之迟之又迟者以此，而深惧予之子孙自以为是，而后之司河者之随声附和，而且牟利其间也。与其有聚敛之臣，宁有盗臣。在他事则可，在河工则不可。河工而牟利，宣洩必不合宜，修防必不坚固，一有疎虞，民命系焉，此而不慎可乎？然而为君者一日万几，胥待躬亲临勘而后剔其弊，日不暇给焉。则仍应于敬天明理根本处求之，思过半矣。予之举两大事，而皆幸以有成者，其在斯乎？其在斯乎？若夫察吏安民，行庆施惠，群臣所颂以为亟美者，皆人君本分之应为。所谓有孚惠心，勿问元吉，予尝以此自勖也。至于克己无欲，以身率先，千乘万骑，虽非扈跸所能减，而体大役众。俾皆循法而不扰民，亦亟其难矣。斯必有以振其纲而絜其要，然后可以行无事而胥得宜，实总不出敬明两字而已。故兹六度之巡，携诸皇子以来，俾视予躬之如何无欲也，视扈跸诸臣以至仆役之如何守法也，视地方大小吏之如何奉公也，视各省民人之如何瞻觐亲近也。一有不如此，未可言南巡。而西师之事，更不必言矣。敬告后人，以明予志。乾隆四十九年三月。

御制十全记

昨准廓尔喀归降，命凯旋班师，诗有“十全大武扬”之句。盖引而未发，兹特叙而记之。夫记者，志也。虞书朕志先定，乃在心。周礼春官掌邦国之志，乃在事。旅獒志以道宁，则兼心与事而言之。然总不出夫道。得其道，乃能合于天，以冀承乎贶。则予之十全武功，庶几有契于斯，而可志以记之乎。十功者，平准噶尔为二，定回部为一，扫金川为二，靖台湾为一，降缅甸、安南各一。即今二次受廓尔喀降，合为十。其内地之三叛麿，弗屑数也。前已酉廓尔喀之降，盖因彼扰藏边界，发偏师以问罪。而所遣鄂辉等，未宣我武。巴忠乃迁就完事，致彼弗惧。而去岁复来，以致大掠后藏，饱欲而归。使长此以往，彼将占藏地，吓众番，全蜀无宁岁矣。是以罪庸臣，选名将，励众军，筹储饷。福康安等，深感朕恩，弗辞劳苦，于去岁冬月，即率索伦四川降番等精兵，次第由西宁冒雪而进。今岁五月，遂临贼境，收复藏边，攻克贼疆，履线险如平地，渡溜要若蹄涔。绕上袭下，埋根批吭，手足胼胝，有所弗恤。七战七胜，贼人丧胆。及兵临阳布，贼遂屡遣头人，匍匐乞降。将军所檄事件，无不谨从。而独不敢身诣军营，盖彼去岁曾诱藏之噶布伦丹津班珠尔等前去，故不敢出也。我武既扬，必期扫穴犁庭，不遗一介，亦非体上天好生之意。即使尽得其地，而西藏边外，又数千里之遥。所谓不可耕而守者，亦将付之他人。乃降旨允降班师，以蒇斯事。昔唐太宗策颉利曰：示之必克，其和乃固。廓尔喀非颉利之比，番边殊长安之近。彼且乞命吁恩，准之不暇，又安敢言和乎？然今日之宣兵威，使贼固意求降归顺，实与唐太宗之论，有所符合。昔予记土尔扈特之事，于归降归顺，已悉言之。若今廓尔喀之谢罪乞命，归降归顺，盖并有焉。以其悔过诚而献地切也，乃知守中国者，不可徒言偃武修文，以自示弱也。彼偃武修文之不已，必致弃其故有而不能守，是亦不可不知耳。知进知退，易有明言，予实服膺弗敢忘。而每于用武之际，更切深思，定于志以合乎道。幸而五十七年之间，十全武功，岂非天贶？然天贶逾深，予惧益切，不敢言感。惟恐难承，兢兢惶惶，以俟天眷，为归政全人，夫复何言。乾隆五十七年十月。

参考书目

1.郭成康:《乾隆正传》,中央编译出版社 2006 年版。

2.周远廉:《乾隆皇帝》,陕西人民出版社 2008 年版。

3.陈捷先:《乾隆写真》,浙江文艺出版社 2003 年版。

4.欧立德:《乾隆帝》,社会科学文献出版社 2014 年版。

5.戴逸:《乾隆帝及其时代》,中国人民大学出版社 1992 年版。

6.孙文良、张杰、郑川水:《乾隆帝》,江苏教育出版社 2005 年版。

7.向斯:《乾隆养生之谜》,文化艺术出版社 2006 年版。

8.吴十洲:《乾隆一日》,山东画报出版社 2006 年版。

9.徐鑫:《香妃画像》,山东大学出版社 2010 年版。

10.于善浦:《乾隆皇帝的香妃》,江苏教育出版社 2006 年版。

11.綦彦臣:《乾隆爷那些事儿:笔记野史中的南巡故事》,新华出版社 2009 年版。

12.文武、韩春艳:《乾隆帝国:华丽而又停滞的王朝》,哈尔滨出版社 2010 年版。

13.李景屏:《乾隆六十年:1795 年》,华艺出版社 2009 年版。

14.郭成康等:《康乾盛世历史报告》,中国言实出版社 2002 年版。

15.《学习时报》编辑部:《落日的辉煌》,中共中央党校出版社 2001 年版 。

16.林飞:《乾隆江南地图》,南方日报出版社 2007 年版。

17.高王凌:《乾隆十三年》,经济科学出版社 2012 年版。

18.杨珍：《清朝皇位继承制度》，学苑出版社 2001 年版。

19.杨启樵：《揭开雍正皇帝隐秘的面纱》，上海书店出版社 2002 年版。

20.孟森：《心史丛刊》，辽宁教育出版社 1998 年版。

21.高冕：《玄机：清王朝皇权角逐中的平步青云者》，作家出版社 2004 年版。

22.高阳：《乾隆韵事》，华夏出版社 2008 年版。

23.高阳：《古今食事》，华夏出版社 2006 年版。

24.高阳：《柏台故事》，华夏出版社 2008 年版。

25.刘德增：《皇帝的一天》，山东画报出版社 1995 年版。

26.向斯：《中国皇帝游乐生活》，新华出版社 1994 年版。

27.喻大华：《道光皇帝》，江苏文艺出版社 2009 年版。

28.朱子彦：《后宫制度研究》，华东师范大学出版社 1998 年版。

29.崔陟（主编）：《宫廷礼俗探幽》，中国文史出版社 2006 年版。

30.崔陟（主编）：《帝后生活全景》，中国文史出版社 2006 年版。

31.秦国经、苑洪琪：《紫禁城皇家生活》，时事出版社 2006 年版。

32.马嘎尔尼：《1793：乾隆英使觐见记》，天津人民出版社2006 年版。

33.斯文·赫定：《帝王之都：热河》，中信出版社 2008 年版。

34.徐广源：《正说清朝十二后妃》，中华书局 2005 年版。

35.满学研究会（编）：《清代帝王后妃传》，中国华侨出版社 1989 年。

36.林乾、王虹（编著）：《乾隆皇帝轶事》，山西人民出版社 1993 年版。

37.纪连海：《历史上的和珅》，中国民主法制出版社 2006 年版。

38.纪连海：《历史上的纪晓岚》，中国民主法制出版社 2006 年版。

39.李景屏：《乾隆与和珅》，中国城市出版社 2008 年版。

40.李安瑜：《中国历代皇后全书》，中国友谊出版公司 1990 年版。

41.于善浦：《清东陵大观》，河北人民出版社 2000 年版。

42.冯其利、周莎：《重返清代王爷坟》，北京燕山出版社 2007 年版。

43.徐广源：《清朝皇陵探奇》，新世界出版社 1998 年版。

44.常润华：《圆明园兴衰始末》，北京燕山出版社 1998 年版。

45.李秀梅：《清朝统一准噶尔史实研究》，民族出版社 2007 年版。

46.谭伯牛：《天下残局：断章取义晚清史》，同心出版社 2006 年。

47.赵翼：《檐曝杂记》，中华书局 1982 年版。

48.昭梿：《啸亭杂录》，中华书局 1980 年版。

49.萧奭：《永宪录》，中华书局 1959 年版。

50.小横香室主人：《清朝野史大观》，中央编译出版社 2009 年版。

51.孟森等著：《清代野史：一个王朝模糊的背影》，中国人民大学出版社 2006 年版。

52.蔡东藩：《清史演义》，山西人民出版社 2009 年版。

53.许指严：《南巡秘记》，山西古籍出版社 1999 年版。

54.刘桂林：《孝贤皇后之死及丧葬风波》，《故宫博物院院刊》1981 年第 4 期。

55.陈葆真：《心写治平：乾隆帝后嫔妃图卷和相关议题的探讨》，《台大美术史研究集刊》第 21 期。

56.陈葆真：《从四幅“岁朝图”的表现问题谈到与乾隆皇帝的亲子关系》，《台大美术史研究集刊》第 28 期。

57.阿兰·佩雷菲特著，王国卿等译：《停滞的帝国：两个世界的撞击》，生活·读书·新知三联书店 1993 年版。

58.秦国经、高换婷：《乾隆皇帝与马嘎尔尼》，紫禁城出版社 1998 年版。

后　记

读者看到这里的时候，“康雍乾”系列就算是接近尾声了。

在这里，或许应该交代下这个系列的来龙去脉。早在 2007 年时，我从某家上市公司辞职出来从事职业写作，所写的第二本书就是这个系列的第一本。当时，其实还不能叫书，只是在天涯煮酒上发布连载，名字就叫《康熙和他的儿子们》。

后来，大概因为点击的人比较多，著名图书策划人、时任职广州漫友的丹飞兄找上我，说要出这本书。我自是十分愿意，因为我那时虽有两个稿子签出，但要说实体书，却是一本也没有。结果，丹飞兄果然厉害，操作速度飞快，虽然是第三个签约的稿子，却成为我出版的第二本书。其中有一细节我记忆犹新——出版前，丹飞打电话给我说：书名已经确定了，但不是连载的那个名，书名先不告诉你，保密。结果书出来了，名叫《向康熙学习》。可真没想到！

有丹飞兄的操作，书是卖得很好的。也就一年多点吧，书即告售罄。后来人事变动，丹飞离开了广州漫友，而后者又主推漫画类产品，这本书遂无声无息矣。2012 年，我和漫友方面沟通后提前终止了合同，尔后同李鑫兄交流了将此书扩张为一个系列的想法。很高兴，得到了李鑫兄和山西人民出版社的大力支持。“康雍乾”帝王系列即由此而出。

近年来，康熙、雍正、乾隆三代帝王都是图书界及影视界长盛不衰的热门历史人物，看的人多，写的人也多。论专业研究，有冯尔康、郭成康等老先生；论通俗作品，有阎崇年、纪连海等位老师；小说当然还有二月河、高阳等人的作品。总之，这是个历史写作的金矿，尽管写的人多，但仍有挖掘的空间，属于常说常新的品种。

但怎样才能独辟蹊径呢？求全肯定不行，这是专家学者的活；求通俗，也不够劲，现在通俗的东西多了，让人看了没印象。笔者想来想去，还是按照第一本《康熙和他的儿子们》的思路，不求全，不求大，只求精，只求好看。方法就是从康熙、雍正、乾隆三朝中各截取一个角度或层面，把问题说清了，把故事讲圆活了，这个系列就算成功了。

系列的大概情况如下：第一本《夺位战争：康熙和他的儿子们》，不用说，这是讲“九王夺嫡”的，本身就够复杂、够精彩；第二本《治官手册：雍正和他的大臣们》，这是讲官场、讲理政的，相对严谨一些，但并不十分严肃——严肃就输了；第三本《皇城秘史：乾隆和他的妃子们》，说是妃子，其实是讲乾隆的家庭、婚姻与相关的政事。如此，各取一个侧面，各成一书，合为一个系列。

如果说，《夺位战争》是开胃菜、《治官手册》是正餐牛排，那《皇城秘史》就是餐后甜点。三本书写于不同的时期，期间相隔近八年。当然，《夺位战争》是《向康熙学习》那本的修订版，《治官手册》与《皇城秘史》分别写于2014年和2015年，基本是每年推出一本。

实话实说，第一本我大概只花了两个月时间写就，第二、第三本却都在半年时间以上。从天涯时代的“快手”到现在的越写越慢，一方面是因为当前的生活不像以前那么催迫，另一方面也是希望“慢工出细活”，写出经得住读者、市场和时间考验的好作品。

最后我要感谢一些人。首先是天涯和天涯的朋友们。那时的天涯煮酒，是一个极好的历史写作平台，有很好的作者，有海量的网友。现在，随着各种新媒体的壮大，天涯社区相对冷清了，但我始终记得我是从天涯走出来的人，也很怀念那个年代和那时的朋友。

感谢丹飞兄和康熙那本的第一版责任编辑茅道兄。这本书之后，丹飞兄又帮我操作了三本书，非常厚道、非常够意思。茅道兄已经脱离图书界而投身报刊界，这老兄在当地组织了一个餐饮俱乐部，天天在微信朋友圈里发美食，而且每次选择午夜时分，真是让人眼馋得想打人。写一本书，做一本书，可以让人成为朋友，成为同道，亦为难得的机缘。

感谢这个系列的责任编辑李鑫兄。李鑫兄是我合作过的最认真负责的编辑，他看稿子比我看得还仔细。我自己一时半会看不出来的毛病，他都能挑出来，诚属不易。如是，书交给他，我很放心。而且，李鑫兄非常为作者考虑，这点我很感激。

最最后，我要感谢山西人民出版社。从 2013 年开始合作以来，社里已为我出版了四本书。除这个系列外，尚有《退潮的革命：宋教仁的 1913》和另一本再版书《武夫治国：北洋枭雄的发达往事》。此外，社里还安排笔者前往山西省图书馆、山西大学做讲座宣传等。非常感谢！

好了，书到这里，就算告一段落了。我的微信号：woshijinmanlou，今日头条号：坑爹史册，都会不定期地发布新文章，以共同分享交流。请广大读者继续支持我呀！

金满楼

2016 年 1 月 20 日